U0113671

典藏版

乾陵巍巍　石碑无言

武则天
无字碑之谜

蒋焱兰
刘明军
编著

WUZETIAN
WUZIBEI
ZHIMI

中国文史出版社

图书在版编目（CIP）数据

武则天无字碑之谜 / 蒋焱兰，刘明军编著. —北京：
中国文史出版社，2022.6
ISBN 978-7-5205-3584-7

Ⅰ. ①武… Ⅱ. ①蒋… ②刘… Ⅲ. ①武则天（624—
705）-人物研究②唐墓-研究-乾县 Ⅳ. ①K827＝421
②K878. 84

中国版本图书馆 CIP 数据核字（2022）第 149446 号

责任编辑：方云虎
封面设计：三味书屋

出版发行：**中国文史出版社**
社　　址：北京市海淀区西八里庄路 69 号　　邮编：100142
电　　话：010-81136630
印　　装：廊坊市海涛印刷有限公司
经　　销：全国新华书店
开　　本：710 毫米×1000 毫米　　1/16
印　　张：20.75
字　　数：235 千字
版　　次：2023 年 1 月北京第 1 版
印　　次：2023 年 1 月第 1 次印刷
定　　价：68.00 元

武则天像

　　武则天，名武媚娘、武曌，生于唐高祖武德七年（624 年），卒于神龙元年（705 年），她是中国历史正统王朝中唯一一个女皇帝，也是即位年龄最大的皇帝（67 岁即位），又是寿命最长的皇帝之一（终年 82 岁）。唐高宗时为皇后（655—683）、唐中宗和唐睿宗时为皇太后（683—690），后自立为武周皇帝（690—705），改国号"唐"为"周"，并尊号"圣神皇帝"，定都洛阳，号其为"神都"，史称"武周"或"南周"。705 年退位，之后唐中宗上尊号"则天大圣皇帝"。

　　武则天一生既创建有煌煌赫赫的历史功绩，也干下了罄竹难书的滔天罪恶，可说是功过难评、是非难断。武则天死后葬于乾陵，墓前屹立一座巨大的石碑，但石碑虽然高大，却未着一字，那么武则天立下此碑，到底想要告诉世人一些什么？本书将为您解答关于武则天的乾陵无字碑之谜。

前　言

中国历史上的帝王有三百余人，却只有一位女性，就是武则天。李唐王朝一共有 28 位帝王，共历时二百九十年，而武则天一人执政就近半个世纪。

武则天，名武媚娘、武曌，生于唐高祖武德七年（624 年），卒于神龙元年（705 年），她是中国历史正统王朝中唯一一位女皇帝，也是继位时年龄最大的皇帝（67 岁即位），又是寿命最长的皇帝之一（终年 82 岁）。唐高宗时为皇后（655—683）、唐中宗和唐睿宗时为皇太后（683—690），后自立为武周皇帝（690—705），改国号为"周"，并尊号"圣神皇帝"，定都洛阳，号称"神都"，史称"武周"或"南周"。705 年退位，之后唐中宗上尊号"则天大圣皇帝"。

武则天一生既创立了声名显赫的历史功绩，也犯下了罄竹难书的滔天罪行，可以说功过难评、是非难断。武则天死后葬于乾陵，墓前屹立一座巨大的石碑，但石碑上却未着一字，那么武则天立下此碑，到底是警示世人什么呢？本书将为您解答乾陵无字碑之谜的问题。

在中国封建社会，从来都是男尊女卑、龙主凤从，不管女人的地位如何显赫、尊贵，都逃不过附属于男人的命运。但武则天偏偏不甘心受命运的摆布，跻身到一直被男人主宰的帝王的行列，并且成为前无古人、后无来者的唯一女皇，这不得不让人为之惊叹。

了解武则天生平事迹的人，大都会作出这样的评价：好事做绝，坏事干尽。她从不被先皇宠幸的小才人，到坐上大周皇帝的宝座，有许多反对派和无辜之人死于她的手下。在执政期间，她采用了许多残

1

酷甚至卑下的手段，但她始终驾驭着中华帝国这驾马车跃过了许多坎坷与曲折，保持着统一与强大。在此过程中，她实行了许多进步的开明政策，如提高了妇女地位、加强对外交往、实行开放自由的文化政策、为国家的强大不停地开拓进取等，这些都为她身后的开元盛世的到来创造了条件。她在国家大事面前所表现出来的果决干练的风度和舍小求大的清晰思路还是值得称道的。

但自古道："人过留名，雁过留声。"多少人为了留名，费尽心机为自己树碑立传。而武则天显然无须作此考虑，就其中国第一位女皇帝的身份，历史就会记住她的，而她一生的所作所为，更是给人们留下了无尽的评说，正如一首词中说："是非成败转头空，青山依旧在，几度夕阳红。白发渔樵江渚上，惯看秋月春风。一壶浊酒喜相逢，古今多少事，都付笑谈中。"回望历史，大唐的风尘依旧在飘洒，武则天主宰了风云的变幻，将她的印记深深地刻在了历史之碑上，而她的墓碑有字无字，已经不那么重要了。或许我们应该宽容甚至感谢武则天留下的是无字碑，因为正是由于其无字，才让人们更加关注那段扑朔迷离的历史，好奇于历史背后的故事，让人从中真切地感受历史的神秘、空灵与浪漫。

但无论怎样，神秘的乾陵无字碑，都还在向人们诉说着关于武则天的传奇，并让人们一直为之诉说下去……

目　录

第一编

一座无字碑，一代女强人

第二编

追求权力不择手段，因罪而悔石碑不言

第三编

功绩卓著垂范千秋，煌煌伟业不屑言说

第四编

是非功过过眼云烟，一切归零何须言谈

第五编

时局动荡功过难评，争议太多不了了之

第六编

死去元知万事空，石碑巍然悄无声

第一编

一座无字碑，一代女强人

第一章 乾陵巍巍 石碑无言

在我国广袤的国土上，分布着不计其数的皇家陵墓，这些陵墓规模宏大，工程复杂，耗资巨大，很多比埃及金字塔犹有过之，而在这些皇陵中，陕西省咸阳市乾县的乾陵尤为引人注目。

乾陵

乾陵是唐高宗李治和皇后武则天的合葬墓，因为武则天生前也曾自立为皇帝，所以这座墓也是我国历史上唯一一座埋葬着两位皇帝的墓葬。乾陵位于陕西咸阳市乾县城北 6 公里的梁山上，是陕西关中地区唐十八陵之一，因为唐高宗和武则天的在位时间占去了大唐繁盛时代近一半的时间，仅高宗在位时此墓就修了23年，所以乾陵一直被后世考古学家、盗墓者所关注，此墓工程之浩繁，规模之宏大，让人叹为观止。

乾陵陵区仿京师长安城建造，气势雄伟壮观，从乾陵头道门踏上石阶路，走过537级台阶后，即是一条平宽的道路，又称司马道，在道路的两侧是石刻群，在道路尽头的西侧，便是唐高宗的陵墓，墓前耸立着一座高大古朴的石碑，即"唐高宗陵墓"碑，该碑又称"述圣记碑"，碑高6.3米、宽1.68米、重61.6吨，上有庑殿式顶盖，下有线刻兽纹基座，中间为5段，共7节，也称"七节碑"。是为了纪念李治的"功绩"而立的，碑文即《述圣记》，是由武则天撰文，唐中宗李显楷书上去的，大约5600字，因字体"填以金屑"，至今部分文字仍是金光闪闪。

唐高宗"述圣记碑"

述圣记碑是中国历史上的重要碑刻，因为其上的文字和雕刻，使此碑具有了丰富的文化价值、历史价值、书法价值和艺术价值。但此碑的名声和影响力与武则天墓前的石碑比就差得远了。

武则天的碑由一块巨大的整石雕成，是中国历代群碑中的巨制，比唐高宗"述圣记碑"还要高大，此碑高 7.53 米、宽 2.1 米、厚 1.49 米、重量达 98.9 吨，给人以凝重厚实、浑然一体的美感。碑头雕有 8 条互相缠绕的螭首，饰以天云龙纹。根据乾陵建筑对称布局的特点，这座碑很可能是由武则天在高宗去世时与"述圣记碑"同时主持竖立的。"述圣记碑"是唐高宗李治的功德碑，那么这座碑就应该是武则天预先为自己准备的"功德碑"。但是让人不解的是，此碑上竟然空无一字，这是为何呢？中国历史上唯一的女皇帝打的什么算盘，后世人为之已疑惑了千余年。

武则天无字碑

5

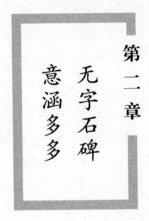

要探究武则天无字碑之谜，必须先探究无字碑本身所包含的意义，那么无字碑到底有何意义和秘密呢？众说纷纭，我们不妨先看一看我国历史上一些知名的无字碑，看看它们都包含了怎样的历史内蕴和价值。

一、泰山登封台无字碑

泰山登封台无字碑坐落在泰山玉皇顶的大门下，登封台的北边。碑高5.2米，碑身上段稍细，顶上有覆盖，碑色黄白，两面无字。有人说它是无字碑，但也有人说它是石表或石函。所以有人说："秦始皇泰山立无字碑，解者纷纭不定。或以为碑函，或以为镇石，或以为欲刻而未成，或以为表望，皆臆说也。"

关于这座无字碑的来历，自古有两种说法：

第一种说法是秦始皇立的，明朝张铨说："袖携五色如椽笔，来补秦王无字碑。"他认为是秦始皇所立。而其原因又有两种说法，一是因秦始皇的功德之大，难以用文字形容，故无字；二是秦始皇"焚书坑儒"后无人会写字了，故无字。两种说法中第一种的可能性大些，秦始皇"焚书坑儒"对文化和知识分子的摧残固然是很大的，但也远没有到无人会写字的地步，不过这两种说法都无据可考。

泰山登封台无字碑

第二种说法是汉武帝刘彻立的，但也一直没有定论。《岱览》的编者唐仲冕，引用了《考古录》中顾炎武的一段话。顾炎武在阅读了《史记·封禅书》和《后汉书》以后，说："岳顶无字碑，世传为秦始皇立。按秦碑在玉女池上，李斯篆书，高不过五尺，而铭文并二世诏书咸具，不当又立此大碑也。考之宋以前，亦无此说。因取《史记》反复读之，知为汉武帝所立也。"（选自《日知录·泰山立

7

石》）郭沫若在 1961 年登泰山时，在他写的《观日出未遂》一诗中说"磨抚碑无字，回思汉武年"，也肯定了是汉武帝所立。

二、谢安无字碑

谢安无字碑位于南京梅岗，为东晋谢安（也称谢太傅）的墓碑，"有石而无其辞，人呼为'无字碑'"。原因是"以（谢）安之功德，难为称述，故立白碑"（选自明顾起元《客座赘语》卷四）。所谓白碑即言碑上无字。在淝水之战中，谢安以八万之众胜前秦苻坚的近百万大军，使东晋又偏安 38 年，也因此之故，为谢安之墓竖一通无字碑，盖"伟绩丰功不胜记也"。另一说法为谢安临终之前，问他请谁撰写碑文，他不语，也有人提到陶潜和王献之，他摇头，直到死也未确定谁写碑文，只好立无字碑了。还有一说是谢安功高盖世，褒既难，贬又不该，只好空着了。

三、秦桧无字碑

秦桧无字碑位于南京牧牛亭，是南宋权臣、卖国贼秦桧的。其碑"有其额而无其辞，卧一石草间"（选自明顾起元《客座赘语》卷四）。秦桧是妇孺皆知的大奸臣，他残害岳飞，干尽了坏事，老百姓用各种方式方法诅咒和鞭挞他。他的无字碑不会是他自己设计的，应该是在他死后，人们"奉送"给他的。所以无字，当是人们觉得他确实无颜以对世人，更是无字可写。

另外还有一种说法，是说秦桧 66 岁病死后，其家人还请了不少人为其撰写碑文，由于他"阴险如崖阱，深阻竟叵测"，"晚年残忍太甚，数兴大狱，而又喜诛佞，不避形迹"（《宋史·本传》），所以没有一人为秦桧撰写碑文，于是只好立一块没有碑文的无字碑。

四、十三陵无字碑

在北京昌平区北有座天寿山，这里山林优美、绿水长流，地下躺着明朝的十三位皇帝，合称明十三陵，是明代大多数皇帝的陵墓所在地。天寿山原名黄土山，明成祖朱棣为了给自己选一块风水宝地当作长眠的寝宫，曾经不辞辛苦来到这里做了细致的实地考察，经过一番严密的论证后，朱棣觉得自己万年之后躺在这里会比较舒服，所以改黄土山为天寿山，取"万年寿域"的意思。

作为怀古之地，十三陵的美景和遗迹自然很多，这里的石碑更是巍峨壮观，雕饰精美。但让人奇怪的是，这里除长陵外，所有陵门前的石碑上都空无一字。

按照常理来讲，历代皇帝归天之后，不管他生前的政绩是好是坏，负责撰写碑文的文官们都要昧着本心写出洋洋洒洒的溢美之词，要不然，死去的老皇帝的在天之灵也会指挥嗣皇帝砍下文官们的脑袋作祭品。

但是，事情总有不然。明太祖朱元璋作为明朝的开国皇帝，战功显赫，政绩斐然，同时也是个嗜杀的皇帝，许多忠臣良将都死于他手。一天，他似乎突然对自己的行为有所忏悔，希望给子孙们留一个经验教训，便对身边的大臣们说："皇陵碑记都是大臣们的粉饰之文，不能教育后代子孙。"言外之意，是希望自己在盖棺的时候，能有一个比较公正的说法。于是，翰林院的学士们就再不敢写皇帝的碑文了，皇家学者们个个心知肚明，这是个两头不讨好的差事，无论往不往先帝的脸上贴金，项上的人头都有搬家的危险。所以，学者们以太祖的"名训"作挡箭牌，将写碑文的任务，推给了嗣皇帝。所以，孝陵（太祖）碑文是明成祖朱棣撰写的，而长陵（成祖）的碑文则是明仁宗朱高炽写的。太祖的陵墓远在南京紫金山，所以，十三陵里只有长陵有碑文。

十三陵无字碑

　　自明仁宗以后，为何嗣皇帝不写碑文了呢？原来，从仁宗以后的皇帝，在陵门前都没有碑亭和碑，到了世宗（嘉靖）时才着手建造碑亭。碑亭落成之后，曾有大臣上书世宗皇帝请他为安眠在天寿山的七位皇帝撰写碑文。可惜这位嘉靖皇帝，一心迷恋仙术，整天想着如何升仙得道，个人生活也不检点，迷恋酒色不说，性情也喜怒无常，光是正宫皇后就册立过三位，整天忙着这些事情，哪里还有心思写那么多的碑文？

　　而嘉靖以后的各陵，又因祖宗开了无字的先例，嗣皇帝们就更有理由让它们空着了。其另一原因在于，明朝中后期的皇帝们多数没什么出息，他们笃信方术，重用宦官，搞得京城上下乌烟瘴气。立一块无字碑，也许更能掩饰一位位帝王的腐败和无能，因而干脆不写了。所以，十三陵各无字碑陵其实反映了明朝中期以后政治上的不作为和腐败。

五、布达拉宫无字碑

如果你要去看布达拉宫，在经过第三道检查后，首先映入眼帘的是一座无字碑。此碑修建于 17 世纪末，该碑是为纪念布达拉宫红宫落成而立的。

布达拉宫无字碑

1654 年，五世达赖喇嘛听取原摄政的建议，决定重修布达拉宫。1682 年其圆寂，1690 年，桑杰嘉措又在原有的白宫基础上加修五世达赖喇嘛的灵塔殿，也就是现在的红宫。他隐瞒了五世达赖喇嘛圆寂的消息，事实上他是那个时代掌握西藏政权的人，他修建的红宫坐落在白宫的凹处，两者结合得天衣无缝，实是世界上罕见的土木石建筑工程。1693年布达拉宫红宫竣工时，举行了隆重的落成典礼，桑杰嘉措没有赤裸裸地标榜自己的伟大功绩，而是仿效武则天为自己竖立了这块无字碑。但是他的寓意很明显，就是希望自己的威信要比这高高矗立的布达拉宫还要高，该碑称为"内碑"，另说这块无字碑是用修建布达拉宫最后一块石料修建的。

六、孙中山无字碑

南京中山陵是孙中山先生的长眠之地。孙中山先生是革命的先行者，一生为革命奋斗不息，为推翻封建帝制功不可没，建立"中华民国"，赢得了世人的广泛拥戴和赞扬。但他陵前的墓碑却也是无字碑，这是为何呢?

孙中山先生逝世后，为先生撰写墓志铭，本来是顺理成章、理所应当的事情。不料却一波三折，终归遗憾。原来，起初讨论立碑撰文时，原计划由汪精卫、胡汉民等人分别撰写铭文和墓志铭。后来遭到不少人的反对。大家考虑再三，认为唯有与孙中山先生友谊密切、且国学功底极深的章太炎先生能胜此大任。章太炎先生也说："论与中山先生友谊之深、互知之深，其墓志铭唯我能胜，也只有我有资格写，我欲为中山先生做墓志铭。"就这样，章太炎写下了古朴典雅、凝练审慎的《祭孙公文》。

谁知，章太炎当仁不让地拟写墓志铭，也使得蒋介石丧失了一次捞取政治资本的机会。为此，蒋介石记恨在心，他以中山陵建筑总监的身份和党国代表的名义，拒绝使用章太炎拟写的墓志铭。因此，中山陵建成之后，碑亭虽在，却没有墓志铭。后来，不得已而将"天下为公"四字刻于亭中以代之。

后来，人们似乎又觉得，没有墓志铭的中山陵，也许是天意。先

中山陵无字碑

生的一生丰功伟绩，岂能用寥寥文字所能表达详尽。此陵无字胜有字，先生的功绩、恩泽，雕刻在亿万人民心中，珍藏到永远。

另外还有一些其他原因形成的无字碑，如带有预留性质的无字碑，比较典型的是曹魏黄初元年（220年），魏文帝曹丕下令重修孔子旧庙，庙中立有孔子像，以及两侧的弟子像，又"庙立七碑，二碑无字"。又如安徽凤阳明太祖朱元璋老家的皇陵，在200多米长的神道上起点两侧各立两座高大的石碑，均有碑亭庇护，一是朱皇帝亲撰的《皇陵碑》；二是自刻立之日起就不着一字的无字碑。

再有就是自然和人为原因形成的无字碑，前者如郦道元《水经注》中就记录了不少这样的古碑，如晋阳城南介子推祠的石碑、九嶷山大舜庙前的石碑等等，他当时就说"今文字剥落，无可寻也""文字缺落，无可复识"。后者如苏州玄妙观无字碑，出自大名鼎鼎的明建文皇帝的侍读大学士方孝孺之手，那是明洪武四年（1371年）方孝孺写的一篇记。银钩铁画，大气磅礴。可是后来，因方孝孺违抗圣命，不肯为篡权夺位的明成祖朱棣草拟登位诏书，因此被株连十族，连立在玄妙观里石碑上面的手书也未能幸免，被全部铲除，成了无字碑。

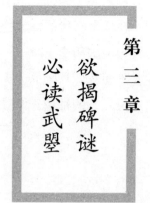

第三章

欲揭碑谜
必读武曌

前面所述这些无字碑固然知名，但比起武则天无字碑的知名度来，全都是小巫见大巫了，以至于现在人们一说起无字碑，仿佛就是指的武则天的墓碑。

武则天一生功过难评、是非难断，无字碑也给人们留下了巨大的想象空间。千余年来，人们对她的无字碑作出了各种各样的猜测，却都难下个定论。

无字碑，无论有字无字，它都是武则天的墓碑。那么是武则天真的不打算在墓碑上写字吗？应该不是，因为考古学家在它的正面发现了3600多个为镌刻文字而刻画的方框。为什么有碑有框而无字，这又增加了我们去揭开谜底的渴望。

武则天本是唐高宗的皇后，继承的也是唐高宗的基业，在唐高宗较为短暂的独立执政生涯中，虽然也干出了很好的政绩，但由于他长期有病，正常处理朝政的时日有限，后期又有武则天的掺和与掣肘，但不论在当时还是在历史上，武则天的魄力和作为都在他之上。而在唐高宗死后，武则天为唐高宗立的墓碑上作了《述圣记》，上面八千雄文华彩照人。而本应正面评价武则天的同样高大的石碑却空无一字，两人在碑记上的反差之大，实在超乎人们的想象。

千余年来，虽然人们对无字碑的各种猜想和评论数不胜数，但其中也有公认的说法，那就是武则天无字碑与墓主人本身的争议有很大关系。那么关于武则天都有什么争议呢？她一生都有什么样的功过事迹呢？在那个时代的皇宫之中，她到底做了些什么样的事情呢？她是怎样成为中国历史上唯一一位女皇帝的呢？为什么后世人对她毁誉不一呢？下面我们从她的生平是非入手，通过深入的分析和评判，来解开这座最知名的神秘无字碑之谜。

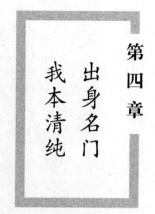

第四章
出身名门
我本清纯

　　每个人出生时都像是一张白纸，将来他要写就什么样的文章，与他小时候的生长环境和所受的教育是密切相关的。那么武则天到底有什么样的童年和少年时代呢？以致留下两面评价，身后的无字碑都不着一文？下面就让我们从其家庭出身来详细了解一下。

　　武则天为唐开国功臣武士彠次女，母亲杨氏。武士彠是并州文水县（今山西省文水县）人，原是个木材商人，后来做了小官，认识了李渊，便认定他必成大事，开始追随左右，所以两人的关系非比寻常，从李渊未反隋时，武士彠就完全和他站在一起，并建议他自创大业，李渊太原起兵时，武家曾资助过钱粮衣物，后李渊率军向长安进发，武士彠追随其后，忠心为之效力。

　　617 年末，唐军攻破长安。次年四月，宇文化及在扬州缢死隋炀帝，隋朝灭亡。五月，李渊称帝建立唐朝，改元武德，于长安太极殿（即隋大兴殿）下诏书敕封 14 人为开国元勋，武士彠为 14 元勋之一，授光禄大夫，加封太原郡公，后又封为工部尚书、黄门侍郎、判六尚书事、扬州都督府长史、利州（今四川省广元市）都督、荆州都督等职，贞观中，改封应国公。

　　武士彠来到长安后七年，武则天出生了（一说出生于利州，有争议），其时是唐高祖武德七年（624 年 2 月 17 日酉时，有争议）。

　　武则天的母亲并非武士彠的原配夫人，而是燧宁公杨达的女儿，

唐高祖李渊像

武士彟的原配夫人相里氏死得较早，给武士彟生了三个儿子，最小的一个早夭，她伤心过度，也随之去了。李渊听说后，因感念武士彟的忠心，就指令女儿桂阳公主做媒，把杨达的女儿嫁给武士彟做续妻，杨达是前朝炀帝的堂弟，而桂阳公主又是杨达兄长之子杨师道的妻子。隋朝虽已灭亡，但旧王室的成员仍属名门望族，因李渊女儿桂阳公主下嫁杨达之侄，又成了唐朝皇室的姻亲。对于武士彟这么一位寒门将军来说，能与贵族联姻，自然求之不得。所以当李渊一提，他赶紧满口答应，却并没有去考察杨氏之为人。

此时的杨氏已四十有余，不知以前是嫁过还是未嫁，要是嫁过，便有克夫之嫌，或者不为婆家所容，要是未嫁，这杨氏要是品性良好，何以会剩到40岁？所以，杨氏绝不是什么好女人，其实从她培养出武则天这样心狠手辣的女儿来看，她的品性大致也类似于此。

唐朝习俗，男女婚配，很强调男方要比女方年龄大，有"男大十岁，同年同岁"的说法。可杨达之女已是40多岁了，和武士彟的年龄差不多，同这位武将军相伉，实有些不够般配。但皇帝开口，他又岂敢不遵?

唐武德三年（620年），在桂阳公主的主持下，武士彟与杨氏举行了盛大的婚礼。杨氏女幼笃佛事，虽未养成佛心，却是诗画兼能，婚后二人感情上还过得去，两年后，杨氏生了一个女儿，就是后来被唐高宗所封的韩国夫人。

又过两年，杨氏第二次怀孕。武士彟夫妇都盼着能生个儿子，杨氏自幼信佛，如今更加虔诚，吃斋念佛，求佛祖菩萨赏她一子。产期一天天接近，武德七年（624年）冬日的一个夜晚，杨氏腹疼阵阵加剧，是临产的征兆。年近半百的武士彟心情焦急，在厅堂里来回踱走，突然"哇哇"的哭声传来，特别响亮的婴儿啼哭冲破长安的夜空，是格外嘹亮的啼声，此时的武士彟绝不会想到，他的这第二个女儿未来将以一己之力改写历史，篡得他一直在追随的人建立的天下。

起先，杨氏对武则天的降生并不高兴，因为她是很想生儿子的。武士彟倒没有太在意。武则天幼时的名字，有说叫媚娘，是父亲给取的，有说是入宫后太宗赐的，有说生后不久李渊给取的。有说叫媚，是本家长辈给起的，即称武媚。有说根本就未起名，大女叫"大囡"，顺着大女称"二囡"。其实这几个名都不大可信，具体叫什么后世人并不清楚。

但后来武则天为自己的名字单独造了个字，这就是中国汉字中单独指一个人名字的"曌"（音照），是"日月悬空，普照大地"之意义。至于她如何叫武则天，乃是因为她死后被尊为"则天大圣皇帝"和"则天大圣皇后"，史家习惯称尊号，所以武则天成了她最为通行的名字。

武则天出生仅几个月，武士彟就被调到扬州任职，杨氏母女则留居长安，住在平康坊府邸。不久，长安城便发生了"玄武门之变"，秦王李世民杀死太子李建成和齐王李元吉等兄弟，李渊被迫立秦王为太子，并禅让皇帝位，改元贞观，贞观元年为627年。唐太宗即位

西安玄武门

后，立即把外住的高祖旧臣召回长安，是考察他们对自己发动政变的态度，防止不赞成者在外地制造祸乱。扬州都督李孝恭和长史武士彟均在被召之列。所以，武士彟在扬州任职仅一年。武士彟回长安后大抵因为对政变的态度明朗，并无差错，于贞观二年（628年）被外放到蜀中任利州（今四川省广元县一带）都督，兼理数州军事和利州政务。武士彟的这次外放，不仅官高职实，也说明在政变发生的非常时期，他得到新皇帝李世民的信任。这时的武则天已经4岁，便随父母亲来到四川利州。

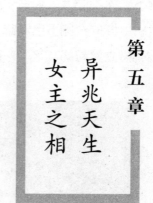

　　武士彟任利州都督 4 年，颇有政声。武则天随父母在利州度过她 4 岁到 7 岁稚幼童年。在古代，但凡一个人后来有了大名声，他的童年便常被赋予一些神秘的征兆，武则天是女皇帝，这点上当然不能例外。

　　首先是对于武则天的出生，说武则天之母杨氏夜梦有龙入室，与之交接而生武则天。这种传说并不新奇，中国古代神话中此说多所存在，几乎为王为霸者多与龙、凤、麟、蛇等有渊源。

　　关于武则天在利州的传说，最为惊人的还是《大唐新语》的记述，说的是唐初名满天下的相术大师袁天罡为武士彟一家看相算命的故事，说得活灵活现，预示武则天是皇帝的相。

　　袁天罡是四川成都人。父亲袁玑，任梁州司仓，祖父袁嵩，北周时先后担任犍为地区浦阳、蒲江二郡的郡守和车骑将军。曾祖袁达，南梁时做过江、黄二州的刺史，北周时连续担任过天水、怀仁二郡的郡守。袁天罡是在孤独与贫穷中度过他的少年时代的。他喜欢做学问和学习技艺，精通相术。他的看相故事，新旧唐书皆有传述。

　　袁天罡初仕隋末，为盐官令，官政空暇，以相术为雅谈。隋炀帝大业末年，窦轨寄居在剑南德阳县，跟袁天罡住在一起。窦轨当时的境遇困苦不堪，于是，让袁天罡给他看看面相，预卜一下未来的命运。袁天罡说："你前额到发际骨骼隆起，一直连到脑后的玉枕处，

21

你的下巴浑圆肥大。今后十年之内，你一定会富贵的，成为朝廷的贤臣良将。你的右侧下巴隆起，而且明洁光亮，应当以梁、益二州为分界线，树立显赫的功名。"窦轨说："如果真像你说的那样，不敢忘你的大德。"

袁天罡塑像

开始，窦轨官任益州行台仆射，到任后便请袁天罡，对他说："从前你我在德阳县相见，怎么能忘啊？"说完，深施一礼，又请袁天罡为自己相面。袁天罡望了他许久，说："你的面相和过去没有什么不同，然而眼睛色红连着瞳仁，说话浮躁，面色赤红，做了武将怕是要多杀人的啊，但愿你要警戒自己。"

唐高祖武德九年，窦轨被召前往京城。临行前，他问袁天罡，说："我这次应召进京，还能得什么官？"袁天罡回答说："看你脸，面上佳人，座位不动，下巴右侧有光泽，看来是又有好消息等着你。到了京城一定会得到皇上的恩遇，还将回到本地任职。"这一年窦轨果然被授予益州都督，重新回到益州。

有一年，袁天罡在洛阳曾给杜淹、王珪、韦挺三人相面，预言杜淹将以文章显贵而名扬天下；王珪不出十年将官至五品；韦挺面相如虎，将出任武官。并预言三人为官后都要遭贬谪，届时大家还会见面。果然在唐高祖武德年间，杜淹以侍御史入选天策学士；由太子李建成举荐王珪当上五品太子中允，韦挺出任武官左卫率。

三人正当仕途一帆风顺时，没想到受宫廷政变牵连一起被贬巂州，果然在这里又遇到了袁天罡。袁天罡再次相面预测"公等终且贵"，最后都要官至三品，三人前程及结局后来验证都不出其所料。

唐高祖武德年间，袁天罡担任过火井令，到唐太宗贞观六年任期届满来到京城长安。此时袁天罡以相术预测已是名扬天下，唐太宗李世民对其术数之精奇深奥也大为称赞，于是太宗召见袁天罡。对他说："巴蜀古时候有个严君平擅长占卜，我看你要胜过他啊。"袁天罡回答说："严君平生不逢时，才华未能全部显露出来，我遇到了圣明的皇上，所以我应该要胜过他啊。"之后唐太宗在九成宫让他为贞观重臣张行成、马周等人看相，所预测后事无不准确。

据说袁天罡还是李淳风的师傅，他们都是隋末知识渊博的高道。袁天罡曾经筑舍居于阆州蟠龙山前，李淳风因久慕其名，故带着金条自远而来，拜于门下。

在民间传说中，袁天罡的神奇故事就更多了，认为袁天罡乃是天罡星中智慧之星下凡，流传最广泛的传说就是唐太宗李世民曾让李淳风与袁天罡两人为他去踏勘选择陵园龙穴。先是李淳风跑了九九八十一天，找到九嵕山龙穴吉壤，埋下一个铜钱；又让袁天罡出去寻找，用了七七四十九天也找到了这个地方，便从头上拔一根银钗插下去。唐太宗让人验证二人所选龙穴吉壤是否一致，结果挖开一看，袁天罡的银钗正好插在铜钱的方孔中。

武士彟初任利州都督时，袁天罡从成都奉唐太宗的诏命进京，途经利州。武士彟认为机会难得，就请他到自己的府中，给家人们相面。袁天罡首先为杨氏看相，说："夫人骨相非凡，一定生有贵子，可请公子小姐出来一看。"此时杨氏尚未生子，一听"生贵子"，顿时笑逐颜开。武士彟令前妻相里氏所生二子元庆及元爽让袁天罡观看，袁说："此二子贵可做到刺史，堪为保家之主。"他又端详了杨氏所生长女说："此女亦大贵之相，但也会不利丈夫之事。"

武士彟听了虽然很高兴，但他总认为难免奉承，不大为意。此时，年方4岁多的武则天也由乳母领着站到袁天罡面前。当时武则天身着男孩服装，袁天罡看了半天不说话，突然大惊道："这个郎君神采爽澈，将来实不可测！"他提出让武则天走上几步，再抬头目示袁天罡，他寻思半晌才说："此子龙睛凤顶，贵之极也！"他又围绕武则天转了一圈，前后端详一会儿，摇着头表示不敢相信，似自言自语："如果是个女孩，将来当为天下之主的！"关于这点《旧唐书》与《大唐新语》所记相同。

武士彟听后吓得心惊肉跳，叮嘱全家，谁也不许向外泄露。武士彟从此却对女儿另眼相看，即使不能把她培养成个女皇帝，也要把她培养成个女豪杰，培养成母仪天下的皇后。

24

第六章 自幼好学 天赋异禀

　　武则天之母杨氏出身贵族，文才、书法都很优秀。在父母的影响教育下，武则天多才多艺。她天性聪颖，性情活泼，爱好广泛。她对诗、文、书法、音乐、绘画兴趣都很大；同时喜爱骑射，父亲是武官，骑射是常务，习练条件很充分。武则天有多种诗文见诸史册，收入《全唐诗》的四十多首。文集有《臣轨》《金轮集》《垂拱集》等。书法真草兼备，韵味十足，自成一体。音乐天赋也很高，入宫后写了很多祭祀配曲和歌词。她的骑术尤其高超，幼时多穿男装，喜爱烈马。

　　武则天的求知欲和好奇心也极其强烈，七八岁就爱听宫中、朝中的事情，尤其爱听父亲随高祖、太宗打天下的事，她总是认真地听，有时很激动，犹如身临其境。还不到 10 岁时，她就同父亲一起看文件，看着父亲写奏疏，询问着父亲。父亲很爱这个天真聪明的女儿，总是耐心地解释。武则天接受教育早，懂事也早，父亲的讲述，让她对唐太宗产生了崇敬感，慢慢地成了她心中的偶像。后来她辅佐高宗和对儿子的要求，总以太宗为楷模，希望他们都能像太宗那样治国爱民、威服四方、驾驭百官。后来她自己做了女皇，也基本是以太宗为模范，所以才能传承贞观之治。

　　贞观五年（631 年），唐朝官制改革，地方部督被裁撤并，仅留四个都督府，利州都督被裁，武士彟被调往荆州任都督。荆州是长江流域的一个要区，物产富饶，人才荟萃。武则天随父在荆州过了四年。

第七章
兄长相逼
母女漂泊

　　贞观九年（635 年）五月，李渊在长安病逝，武士彟心情很悲伤，因为武士彟与李渊的关系是非比寻常的，他不但是李渊成就大业的铁杆追随者，也是战友和好朋友，李渊的死让他悲伤过度，使哮喘痼病恶化，终致呕血而死，此时武则天年仅 12 岁。

　　对武家来说，武士彟的死就如遇上天崩地裂，他是家庭的梁柱，梁柱一倒，一家人便由官属变成平民百姓，妻子儿女再无依靠和庇护，武士彟一死，家里余下寡母幼女，两个儿子元庆和元爽是前妻相里氏所生，同后母及其所生姐妹不能一心相待，家庭也立即产生了危机。

　　古人讲究叶落归根，武士彟要入归祖坟，从荆州至山西文水，相去数千里，武氏一家扶柩北上，走了一月有余，州县官见武氏一门再无可依恃，也不再登门问顾，武家由显赫的官府之家，一下萧如九秋，武则天幼小的心灵，也开始清醒地认识社会。

　　武士彟死后，武则天和母亲受到族兄的排挤与虐待。也许武家有亲人相残的家风，特别是武则天同父异母的哥哥武元庆和武元爽，二人对杨氏十分不敬。贞观十年春，杨氏被迫带着武则天投奔长安杨氏的故旧。杨氏娘家是名门望族，一个是自己的堂兄杨师道，即高祖女儿桂阳公主的驸马，桂阳公主又是杨氏与武士彟的主婚人。另一个是自己的娘家侄女齐王妃，齐王李元吉在玄武门之变中伏诛，长孙皇后

26

顾念妯娌情谊，将她们接至自己的宫里居住。

唐长安城遗址

　　史书亦有一说，齐王伏诛后齐王妃被唐太宗纳为淑妃，即兄纳弟妻者，但正史中的太宗后妃里没有这个杨淑妃。或许因齐王杨妃住在太宗妃宫中使人们产生的误会；或许已被太宗接纳，正史避而不传者。但实已接纳，并生有皇子。

　　这样，杨氏母女为堂兄和侄女杨妃欣纳，便在长安城住了下来，直到被选入宫中，做了唐太宗的才人为止。

27

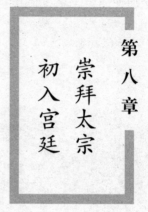

第八章
崇拜太宗
初入宫廷

　　武则天是如何选为才人的，据说是这样，杨氏领武则天见到了堂侄女齐王杨妃和桂阳公主后，这一妃一公主便惊叹于武则天的美丽和才华，之后她的名声便在皇宫和长安城传开了。这事传到了唐太宗耳中，于是便宣"武媚娘"进宫，并让她做了自己的才人。

　　也有史书是这样记载的：是杨妃和桂阳公主向唐太宗推荐，唐太宗直接让武则天进宫。见武则天貌美且有才华，便宣她为才人，并说因见武则天貌美，当即给她起了个"媚娘"的名字。

　　另有一种说法是，唐太宗向民间选美，武则天自投罗网，被选入宫中的。武则天满13岁那年，唐太宗的爱妻长孙皇后故去了，因太宗太爱长孙皇后了，她活着时就不大选美入宫，长孙氏故去，后宫空虚，皇后虚位，内侍省向太宗上奏选宫女充实后宫，恰在此时杨妃通过桂阳公主说武则天的美艳和才华，直接下旨，内侍省向杨家宣召，把武则天宣进宫的。

　　另外也有"自荐说"，即太宗要选宫女，武则天让母亲到宫里去活动杨妃和桂阳公主，才得以入宫的。并说武则天有入选宫女之想，母亲杨氏极不同意，自己的宝贝女儿才13岁，选去那个深不见底的后宫，在众妃、宫女的争斗、倾轧下，弄不好终生被压在底层，永无出头之日。

　　杨氏是前朝皇亲，对宫中生活极为熟悉，害怕女儿一去再也见不到面，这样的说法也是很合理的。但是才十几岁的武则天肯定不这么想，那时的她活泼、好奇、淘气，并有些野性，对皇宫充满了好奇，对皇帝李世民怀有崇拜，对男女之事正一无所知，所以她巴不得立即进入宫中去感受一下呢。并且当时她们母女处境尴尬，在长安无立身之地，是寄人篱下的客人身份。要摆脱目前的窘境，就必须去争取，利用一切机会去争取，入宫便是一个不可放弃的机会，或者说是唯一的机会，有机会就不能白白放过。这些想法正符合武则天的性格，而且她很自信，认为以个人的才干、知识，是可以争取到美好的未来的。

不管怎样，武则天都是很顺利地进入了皇宫，见到了她向往已久的李世民。她的入宫，也标志着她的人生，开始走向人们熟知的属于女皇武则天的轨道。

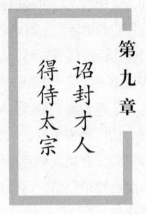

第九章

诏封才人
得侍太宗

　　武则天的入宫，曾引起许多小说家的遐想，在他们的笔下，一个美丽的小姑娘，一入宫就被太宗所"宠幸"，而且得到了"专宠"。如有一部书中曾这样写道：

　　甘露殿的浴房里，紫檀木桶内热气腾腾，美丽的花瓣浮在水面。武则天上身赤裸被一群侍女忙碌而程序繁复地清洗着。然后她那裸体被华丽的丝绸织锦毯包裹起来像一床卷席筒一样，太监们高举着她如祭品般擎出去。

　　夜很黑灯很黄，穿过一个个庭院、回廊、宫门、台阶……最后到达甘露殿寝宫。

　　太监们把武则天竖着立在地上。武则天从全身包裹着的丝绸织锦毯的卷席筒上方露出头来，她似乎毫不胆怯甚至有些好奇。她看见那个统御天下的大唐皇帝，但在她面前他只是个40岁的男人。

　　李世民瞥了一眼问道："你叫什么？"

　　"我叫武曌。"武则天答道。

　　"哪一个照？怎么写法？什么意思？"

　　"日月凌空。含义是日月普照、永世光明。"

　　"朕一生读书破万卷，从未识得此字。"

　　武则天莞尔一笑："这个字是我自己造的。"

　　李世民惊奇地审视着她那双令人销魂蚀骨的丹凤眼，他从墙上取

唐太宗李世民像

下那把青铜剑，割断她身上如卷席筒般丝绸织锦毯上扎着的丝带，丝绸织锦毯随之掉落下来，露出她那仅穿着件红兜肚和薄纱的背影。

她自信地站在宫殿中央，望着眼前的大唐皇帝。

李世民十分简单地指了指那张奢华的龙床："那就……来吧。"

武则天缓缓走向龙床。李世民一件件脱去外衣，露出他那剽悍的身材……

小说描述的这样的情景是有可能出现的，但应该是入宫的几年后，因为武则天面临着众多的竞争对手，皇帝后宫美女如云，哪个不漂亮能被选进宫？若论才华，还有一个比她更高的徐惠。

武则天和徐惠是太宗命诏入宫的说法是可信的。但是，太宗选她们二位，不是因为她们如何美丽，主要是偏向于她们的才情。唐太宗是历史上渴求人才的明君，他对女性有才者也是重视的，例如他自主选拔的才人徐惠，史书上说她4岁就通《论语》《诗经》，8岁就写出好文章，以给太宗上"用兵和营建"的名疏而在史册上留名。他宣武则天入宫任才人，侧重于他了解武士彟对这个女儿的教育，听说她能诗能文，书法、音乐皆好的原因。

因此，太宗诏宣武则天进宫后，亲自过目，跪在他面前的小女孩也确实很美丽，但她毕竟是个14岁的小丫头。所以，他只是问了问她的家庭、年龄等一般情况，便算是首肯她为自己后宫中的才人便结束了第一次见面。

武则天聪明好学，自幼便有良好的教育，入宫年龄尚小，还未产生靠"争宠"向上爬的思想。父亲去世后她看人白眼，如今进入大唐宫室，一切感到丰富、有趣，宫里的学习条件和书籍比家里优越多了。

在宫馆学习过程中，她遇到同做才人的徐惠，是一个聪明可爱、婀娜娇柔的小女孩。但徐才人对学习也极有兴致，天分比武则天还高。武则天听说她幼年时就会写文章，才能出众，被太宗宣进后宫。还听说徐才人常为太宗的妃子代撰诗文，以取悦太宗。武则天少女心性，对徐才人的表现不服气，犹如班级的优等生，不服气比自己更优秀的学生。所以，她再下功夫，同徐才人比着学。

很快，武则天的才情也在宫中传开，她模仿《诗经》写出祭祀和宴饮的宫廷辞章，再给辞章配上宫廷乐曲，在祭祀、宴饮时则由宫中的乐队演唱，酣畅淋漓，宫内纷传她的才艺，她自得其乐。

因此，她进宫几年中，唐宫无不知晓出了两个天资聪明的女才子、美才人。这便是徐惠和武则天，但她毕竟是个心机多过才华的人，因此专心学问的徐惠在人们眼中始终高她一筹。

武则天与唐太宗的关系，小说家曾浪费过不少笔墨，而且男女之情此等深宫私事，实难考订。但就常情论之，武则天既被太宗宣为侍女，朝暮随之左右，武则天到妙龄之际，既美丽且有才情，与皇帝有私情关系，实属正常。但武则天并没有为唐太宗生过孩子，此足以证明太宗极少亲幸她。较为认真的史著者记述，太宗仅亲幸过武则天一次，因不喜欢她的性格，所以很少宠幸她。

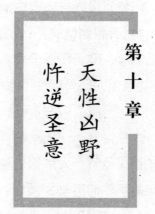

第十章
天性凶野
忤逆圣意

　　唐太宗第一次亲幸武则天大约是贞观十四年，武则天17周岁。武则天13岁入宫，26岁为尼，在宫中13年有余。如果说新入宫年纪尚幼，而当她身为太宗贴身侍女时，已是十七八岁，此后又留宫服侍太宗近十年之久，被太宗亲幸的机会太多，她就想完璧而出也不可能。何况到了那般年龄，对太宗又很是崇拜，对自己的前途也不会不想。尤其是同做太宗侍女的徐惠，很快升婕妤，不久又升迁充容，由五品升为三品，再升二品，已是太宗的真正妻妾了，而自己仍是不明不白的女侍，就武则天的性格，她不会心安理得，她一定会设法争取的，因为她自己的条件不比徐惠差。

　　因徐惠升迁了，有别的更重要的职掌去做，作为太宗的近身侍女，武则天接近太宗的机会更多了。其间，那么漫长的寝宫年月，武则天让太宗亲幸一定会发生的，但又一定极少。不然，她不会没给太宗生下儿女。

　　唯一可以解释的，就是太宗不喜欢她，亲幸太少。那么，太宗为什么不喜欢她呢？这就是后来武则天亲口说出来的，关于她的性格不能为太宗接纳。

　　原来，武则天做太宗侍女时，一天太宗下朝，似乎很高兴，对武则天说："朕好久未骑过马了。听说爱卿善骑，就陪朕驰马如何？"武则天答应："臣妾遵旨！"

内侍省遣人告知殿中省尚乘局。太宗一行前呼后拥而至。太宗问："可有新到良驹？"太监跪答："回皇上，吐蕃新贡一批千里驹，皆已驯服，唯一匹狮子骢未及驯服。"太宗说："牵来朕瞧瞧！"太监答："皇上，此马野性不改，恐惊圣驾。"

太宗一听，兴奋不已，大声说："但牵来无妨。"

太监得旨，速入马厩，牵出一匹高头大马，几名驯马太监围护，生怕惊了圣驾。太宗抬头观看，只见它高昂头顶，四蹄踢踏，确是一匹桀骜不驯的良马，便说："真龙驹也，若能驯服，必是一匹千里马。"又向内侍太监们说，"谁能驯服，赏银百两，绢绣十匹。"侍者们无人敢应。谁料武则天说："皇上，妾斗胆应旨。"

唐代骑马人图画

皇上惊奇地看着她，朗声问："武才人能行吗？汝如何驯之，说来让朕听听，朕即敕太监们如法驯之。"

武则天说："请皇上赐妾三物：铁鞭、铁挝、匕首。"

太宗不解，笑问："要此三物何用？"

武则天指着那匹马大声回答："我先用鞭子抽它；它若不服，再用铁挝砸它的头；如再不服，我就用匕首割它的喉咙！"

太宗听了心里突然感到震惊，心说：这个小女子外表如此婉丽，性格却如此刚烈，手腕又如此狠毒，果然未出朕所料。

武则天见皇帝不语，又进一步解释："良驹骏马，正可为君主乘骑。驯服了则用之，驯不服还要它何用？"

唐太宗对她的话未置可否，因为没有男人会喜欢待人接物如此狠毒的女人。李世民虽是马上皇帝，但也并不喜欢无故杀人，特别是他的亲人，因为玄武门之变，他的两个兄弟被他杀掉，已经让他深感悲痛；而用人之道，也不讲究以杀人为威。况且武则天是个女人，太宗喜爱的后宫妻妾及诸宫女尽是美丽、温柔、贤淑，尤其是无野心、无独立自主意识、百依百顺的女子。如杨妃（隋炀帝之女）、阴妃、燕妃、韦妃、杨氏（齐王李元吉妃）等，都具有这种性格的品质，她们都为唐太宗生有子女，有的还生有多个。与武则天同做才人的徐惠，也是这种性格，因此也得到太宗的喜爱，屡屡升迁，成为太宗的正式妻妾。

武则天做太宗的侍女那么多年，说明太宗对她的姿容和才气是认定的，但他只是欣赏之、使用之，而不会让她野心勃勃地进入后宫，躺到自己的龙床上的。

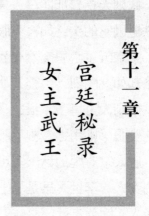

第十一章
宫廷秘录
女主武王

隋唐之交社会动荡，社会上有很多谣言说一些朝廷变幻的天下大事，如"江南杨花败，河北李花开，黎民争（贞）观快到来"的儿歌，就说是唐代隋的谶语。

贞观初年，金星多次在白天出现。金星又称太白星，又称大明星、启明星、长庚星，它是人们所见星空中最亮的星，它在黄昏时出现在西边天际、黎明时出现在东方的天际，这本是正常现象。然而，如果有人利用这种现象造谣，人们如不深想，就会相信这是反常现象。贞观初年时就有人利用这种现象造谣了，说："这是阴阳反位，女皇帝要出世夺天下了！"到贞观十七年（643 年）时，这一年连续发生了众皇子争夺皇位，谋反之事，造谣者仍然说唐宫"女主当昌"。恰在此时，民间又流传着一本叫作《宫廷秘录》的书，专门收编一些预示吉凶的预言和迷信故事，其中有一句说："唐三世之后，女主武王代有天下。"对此情景，一部小说如此叙述说：

甘露殿外，大雨倾盆，雷电交加。甘露殿内，李世民与武则天两人的身影在靠拢，突然一个霹雳打在甘露殿上，蓝色火球击中殿角，大殿应声塌下一角，殿顶栋梁椽木塌落在龙床上。……梁上掉下一本书来，封皮上书《宫廷秘录》。

李世民打开扉页，暗淡烛光中，只见上面有一段楷书：唐三世后，女主武王，代有天下。

李世民大惊，喃喃自语："唐三世后，女主武王，代有天下？"他下意识地把目光投向武则天。

第二日上朝时，李世民面对群臣，手上拿着那本《宫廷秘录》，脸色铁青地说："昨夜雷击甘露殿，殿顶倒塌落下这本藏在殿顶上的《宫廷秘录》。上有'唐三世后，女主武王，代有天下'几行字。朕不明其意，请众爱卿予以解读。"

太史令李淳风出列道："臣夜观天象，三月以来长安城中怪象异兆不断。先是天降大雨，雨中带有黑粟。市井中民谣传唱'三代亡，武王昌'。依臣看来，大唐帝国难逃一劫啊！"

李淳风像

文武百官面面相觑，个个惊恐万分。

突然，一阵狂风袭来，殿门大开。众大臣都吃了一惊，李淳风急忙来到殿门朝外张望，突然失声惊叫："陛下你快来看，东边天际朝阳日出，白昼之时，竟有太白星出现！"

　　李世民等文武百官齐涌到殿门外朝天上观看，果然见太白星伴日同行之奇景。

　　长孙无忌跪倒在地："陛下，如此异兆必对我大唐不利！"

　　李世民不以为然大笑道："此乃天降吉兆、大唐昌盛之景象！"

　　李淳风："陛下，昨夜雷击甘露殿，上苍昭示那个克星已在长安城中，也许可能就在这宫殿之中！甚至已在陛下身边！圣上，我好像已看见这个人了，这个人已经出现在您身边了！"

　　李世民突然想起武则天："等等，我想起一个姓武的人来了！可她只是个小女孩啊。"

　　李淳风神秘地说："臣观此番天象，这个人，自今以后不过三十年当称王天下，将大唐子孙斩杀殆尽。"

　　李世民难以置信："你越说越玄乎了！难道我大唐江山还会葬送在一个侍女手里？朕戎马一生，浴血百战，方打下这大唐江山！一个姓武的小宫女都唯恐不测，那也太草木皆兵了吧！况且那武媚娘是于我有救命之恩的武士彟将军之女，朕何忍加害于她！"

　　长孙无忌："陛下，天命不可违。如三十年后该有此劫，那时此人已老，人老多慈心，祸害总会可控。如现在杀了此人，上苍还可能生出个新的来代替她，那时就会更狠毒！所以陛下如不忍诛杀，可将其终生困于宫中！"

　　李淳风："依你之见难道还得姑息养奸？"

　　长孙无忌："陛下可将此人困居深宫永无出头之日！如此即可防范她万一出来犯我大唐江山！"

　　李淳风："此计甚好。皇上既可不枉杀无辜又可谨防她狐媚惑主，只是得从此冷落了她！"

　　李世民默然无语良久，长叹一声："可惜了。"

　　夜晚，在甘露殿寝宫里，李世民凝视着在替他点烛的武则天，他把《宫廷秘录》扔在武则天面前："武媚娘，你知道这本书里写着什么吗？说是有一个姓武的人有一天会夺走我李唐江山！你相信吗？"

　　武则天从他试探的目光里明白了该怎么说："皇上，臣妾以为这是杞人忧天！"

李世民："哦？有何说法？"

武则天："皇上，臣妾以为，自古以来，江山更替改朝换代，皆因民心所向！岂会因区区一本迷惑小书而江山兴亡！"

李世民惊奇地望着她："嚯，你这黄毛小丫头居然还明白江山兴衰的道理！"

武则天："皇上所说'民心如水，水可载舟亦可覆舟'，乃千古明理！"

李世民更是吃惊："啊，你连我说的这些话都知道？"

武则天："皇上乃千古一帝，大唐盛世固若金汤，必将传之千秋万载，自然不会相信这种传播妖言迷惑朝堂的乱世之书！依我看，皇宫里不许有这种不祥之物，应该一把火烧了才是！"

李世民："对啊，没想到你小小年纪居然如此深明大义！从今往后，你就在朕身边协理政事，处置行文！"

武则天："是，皇上，臣妾遵旨。"

李世民把《宫廷秘录》踩在地上："朕险些也被这妖书迷惑！你把它烧了吧！"

武则天这才长长松了一口气，她取过蜡烛，点燃了《宫廷秘录》。唐太宗转身走出了寝宫。武则天两腿一软，一屁股坐在地上，那本着了火的《宫廷秘录》也掉在地上。武则天呆呆看着火苗慢慢吞噬着书页，突然，她打了个寒战，目光死死停留在那行大字上——唐三世后，女主武王，代有天下……

小说的演绎很有戏剧性，但不管怎样，这些耸人听闻的预言曾在社会上谣传，让李世民再也不能充耳不闻了，本来皇子们的不肖和争杀、叛乱已让他忧心忡忡了。如今又说"女主武王"要出来夺取他的天下，他当然要保住李氏江山，绝不让外姓王吞食他的天下。对于"女主武王"他虽然不大相信，但他怕自己的儿子李治仁弱，斗不过那些性情桀骜的文臣武帅。他把自己麾下的功臣一一审视，凡认为儿子驾驭不了的大臣，都不惜寻找借口，杀而后已。

就在同年二月，李世民命在凌烟阁画 24 位功臣像，让后世不要忘记他们为大唐建树的功绩。但未出一个月，就杀掉了 24 功臣之一的侯君集，同时杀死李安俨、赵节、杜荷等多位大臣，不久，又杀了宰相刘洎，刘洎的才干可比魏征，劝谏太宗也恰如魏征。但是，李洎一无罪过，仅有人趁乱进谗，李世民未经任何调查就把他杀了。刘洎死后才两个月，24 功臣之一的张亮明从高句丽争战，尚不知为了什么事，就被李世民以谋反嫌疑杀死了。不久，被称为"忠悃过人"的老臣房玄龄也死了。

经过一阵乱杀，朝中就剩下他认为老实可靠的长孙无忌、李靖、程知节、李勣、褚遂良几个了。然而事情仍未完结，天下也未太平，那个《宫廷秘录》中要取代他李氏天下的"女主武王"仍在流传，这个女主武王，到底是谁呢？

贞观二十二年六月，宫廷的一个御宴上，君臣酒喝得很开心，太宗命各人以自己的小名为酒令。轮到李君羡，他说自己小名叫"五娘"，说幼时长得像个女孩，排行老五，所以家里人为他取了个女孩名。这个李君羡没有想到，他的玩笑之语，竟给他带来了杀身之祸。

太宗听了大笑说："何物女子，乃尔勇健！"又转念一想，李君羡的籍贯是四川武安县，又被封为武连县公，任职武卫将军，担任玄武门的守卫，小名又叫"武娘"。他的身份中处处都是"武"（五也是武的同音），联系《宫廷秘录》中"女主武王"的谶语，认为就应在此人身上。于是先下令逐出京师，出为华州刺史，如今御史又告他图谋不轨，说有个叫原道信的人，自言已不食人间烟火，会术法，李君羡深敬信他，常常私下交往，鬼鬼祟祟，太宗就下令诛杀了他。

把李君羡处以极刑，籍没其家之后，太宗心里的疑团仍不得解，随后便悄悄地去问太史令李淳风："秘录所言，是真是假？"

李淳风神秘地回答："臣仰观天象，俯察历数，此人已在陛下宫中，自今日始，不过三十年，当王天下。陛下子孙，将被她杀害殆尽。"并且挑明"她就是陛下的亲属"。

太宗听后大惊道："朕如果尽杀宫中可疑的人，应该可以避免祸恶发生吧?"

李淳风回答:"天数已定，是无法违背的。真要杀起来，有王者命运的是杀不了的，而那些无辜的人却遭了殃。况且再过三十年，这人已很老了。人老了会变得仁慈，陛下的天下虽被她夺去了，但陛下的子孙会少受其害。今日如果真的杀了她，必将又会有人代替她，而代替者三十年后正当盛年，就将越发怨毒，那时陛下的子孙想逃脱一个也是困难的了!"

唐太宗听李淳风这么一说，便也只好作罢，不再提这件事了。

第十二章
太宗故去
得近太子

对于如何留下了武则天，有的小说作品这样描述：唐太宗在弥留之际，下决心杀死武则天，为大唐江山除此一害。当时，武则天同李治一同到得太宗的病榻前，唐太宗与武则天的对话主要围绕着临幸问题，唐太宗表示故意未曾施恩于她，所以武则天必然恨他，恨他所以要杀她。而武则天极力表示皇帝对她施与重恩，临幸哪怕只有一次，也令她终生受用不尽，以此逃避被杀。最后，太宗还是要杀她，她说等皇帝"龙驭上宾，臣妾宁愿在枢前自尽，以身殉主"！但太宗不同意，让她马上就死。于是她马上行动，去上吊自尽。武则天的行为又使太宗不忍，于是有了令她落发为尼、到感业寺出家的结局。

按照唐朝宫廷规矩，凡后宫未生子女的嫔妃等都要到皇家寺院为尼。嫔妃出家，再无世俗生活自由，青灯古佛，了却一生。武则天作为后宫才人，要随众出家。而和她一起名扬皇宫，比她更出色，并且已升为二品充容的徐惠也未生有太宗的子女，却不愿出家，她哀恸不已，表示要追随先帝而死，终以牺牲 23 岁的年轻生命为代价，赢得了"贤妃"的尊号，其超人文采就此飞散，让后世人唏嘘不已。

贞观二十三年五月底，太子李治即皇帝位，即唐高宗。那一年，李治 22 岁，武则天 26 岁。以次年（650 年）为永徽元年，代表着唐高宗的时代开始了。武则天真正迈开权力的脚步，应该说是和李治建立起情人关系开始的，至于两人如何开始交往的，史家记录不详，但应该是太宗在世时就开始的。对此《资治通鉴》十分谨慎地写过一句："上（指李治——引者）之为太子也，入侍太宗，见才人武氏而悦之。"这一个"悦"字，包含了令人猜测不尽的内容。

有的作者根据这个"悦"字作出了许多他们恋爱、幽会的文章和风月故事来。李治性格柔弱，不事张扬，凡事只会隐忍，但武则天坚强、独立、有权力欲和表现欲。这样的两种性格有明显的互补性。所以李治一看到武则天英姿飒爽的形象，马上被她的魄力与坚强深深吸引住了。这就是史料中所说的"悦之"，一见钟情。有的作者还根据唐高宗李治立武则天为皇后所下诏书的内容，有"遂以武氏赐朕"一语。即是说，在太宗卧病的时候，太子和武则天每天在榻前侍候太宗，不久太子也累病了，太宗就让武则天去侍候太子，在侍候太子期间，就表示太宗已把武则天赐给了李治。因此那时太子与武则天就很方便地做那后来被无数人辱骂之事。再后来武则天要出家之前，武则天拿此事哭诉，甚或以死相胁；而李治爱着武氏，便也拿此事相慰：反正父皇已将她赐予自己，到时候一定去接她。

那么，武则天怎么处理和太子之间的感情呢？必须注意到，太子喜欢武则天的时候，唐太宗已步入晚年了。武则天明白，皇帝行将就木，要为自己的前途打算了。可以肯定，以武则天的性格，她必定会积极促成这段感情进一步向前发展，主动去迎合太子，追求太子，把浅浅的"悦之"变成深深的两情相许。这样，武则天在进入感业寺之前已经走过了她和李治感情的第一步，在唐太宗的病榻之前和太子偷情，这需要怎样的勇气啊，武则天做到了。

但仅仅依靠感情特别是君主的感情是很不牢靠的。李治和武则天在唐太宗病榻之前就两情相悦了。李治即位后，并没有对武则天做什么特殊安排，他还要忙着处理军国大事呢。因为是青年登位，面对整个大唐帝国，他很紧张，怕自己办不好，所以他父亲是三天一上朝，他是一天一上朝，每天都接见文武大臣，访察民情，想要当一个好皇帝。可以说，在皇帝的心里头，江山总比美人更重要一些。所以，他没有特殊照顾武则天，还是让她和别的妃嫔一起到感业寺去了。

第十三章
落发礼佛
赋诗寄情

　　武则天初入寺院，心里也充满了怨毒，她厌恶灰色的葬服般的尼姑衣袍、憎恨那顶遮掩着她光秃头顶的黑色布帽。看着一个个目光呆滞、垂首念经的老尼，听着那恼人的磬钵敲击声，她几乎要发疯，恨不得一把火烧了这座剥夺她正常生活权利的人间地狱。

　　但是，她毕竟是一个非凡的女人，有着男性的刚强和女人的执拗。她很快便冷静下来，怨天尤人只能是自取灭亡。既然唐高宗李治答应要来接她回宫，她就要等着他的到来，即使等不来也不能这样自轻自贱，天不绝人人自绝，她要为自己创造机会，哪怕还有一线希望，她也要去等待、去创造。

　　这样一想她立即轻松起来，再看那寺院中的森森松柏，似乎也不比皇宫差。她在皇宫十几年，皇宫又给了她什么呢？于是，她开始烧香礼佛，面壁打坐，诵读经典。她有深厚的文化功底，诵读译好的佛经，不觉困难。她开始想，唐玄奘千辛万苦到"西天"去访求佛经，一定有其道理。她是个好奇心极强的女人，她要发现佛经的奥秘，是何种奥秘吸引唐玄奘去为之奉献终生的。这种好奇心正好成为她诵读、研究佛典的兴趣。于是，她真的如饥似渴地研读感业寺所藏佛典了。武则天研习的是玄奘创立的唯识宗，即法相宗，有着深厚的佛学修养。她还亲自组织了一次大规模的佛教经典翻译工作，由此产生了中国佛教新宗派华严宗，该宗派以《华严经》立宗得名，武则天钦赐创宗人法藏为"贤首"，故又名贤首宗。在有唐一代，唐太宗和武则天是两位推动佛教发展的皇帝，而佛学知识方面，武则天又远比唐太宗深厚，这显然与武则天在感业寺出家研读佛经有关。

可是，武则天毕竟不是佛中人物。尽管她攻读佛学很勤苦，她自己明白，那多半是在打发清苦的日子。她自知"六根"未净，尘事未了，新皇帝李治，才是她关心的人。

武则天的非凡之处就在于，她即使身处逆境，也不放弃希望。而且，她也有足够的能力让希望变为现实。在感业寺中，武则天努力维持着不绝如缕的感情，让它继续牵动着李治的心。

有什么材料可以证明她在感业寺中还不甘寂寞，继续让高宗李治为她魂牵梦绕呢？这可是大内秘事，史料中确实不会留下记载，但是武则天创作的一首情诗，透露了一些重要信息。这首诗名字叫作《如意娘》：

看朱成碧思纷纷，憔悴支离为忆君。

不信比来常下泪，开箱验取石榴裙。

诗的大意是说：我心绪纷乱，精神恍惚，把红的都看成绿的了，为什么我如此憔悴呢？就是因为整天想着你。如果你不相信我每天因为思念你而默默落泪的话，你就打开箱子看看我的石榴红裙吧，那上面可是洒满了我斑驳的泪痕呢。这首诗写得情真意切，据说后来的大诗人李白看到之后，也不由得爽然若失，觉得自己也难写出如此缠绵悱恻的相思诗。

这首诗其实正是一封情书，是要拿出来表白的。对于武则天来说，这还不是一封普通的情书，而是叩开李治心扉、也是叩开她自己命运之门的敲门砖。她怎么可能让敲门砖躺在箱子里呢？她必定得通过什么渠道把它交给李治，让他知道，此地有一个尼姑，过去和你有着那样一段感情，她现在还在每时每刻思念着你，真是"一寸相思一寸灰"啊。唐高宗面对这样的真挚告白，想想当日的心心相印，他还能放得下武则天吗？

李治终于被打动，决定来看她了。永徽元年（650年）五月二十六日，唐太宗周年忌这天，李治到感业寺行香来了。忌日行香，是唐朝社会的风俗，但到哪个寺院行香就由皇帝决定了。李治放着长安城里那么多的名寺不去，偏偏选择武则天所在的感业寺，显然，他没有忘记她。进入感业寺后，两人干了些什么事情呢？祭奠完毕后，22岁的李治通过寺中住持去见26岁的武则天。根据《唐会要》记载："上因忌日行香见之，武氏泣，上亦潸然。"见面之后，一定真有抱头痛哭的情景，以李治的柔弱多情，武则天的悲苦与欣喜交集，是可能出现抱头痛哭情景的。

感业寺

既得相见，就有亲近的机会。而且，应该会有多次相见和亲近的可能。但是否已经怀孕，此为故事书尽力描绘者，或亦有可能。因第二年下半年武则天已为李治生有一子。然而是在寺中孕，或接回后宫纳为妃而孕者，很难推测，因为不久她就返回唐宫了。

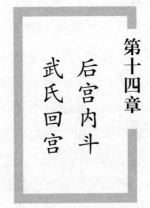

第十四章　后宫内斗　武氏回宫

武则天是怎样再度回宫的？恰是当时的皇后帮了大忙。原来李治后宫的妻妾正大闹矛盾，给了武则天回宫的大好机会。

唐高宗的皇后王氏，是以其出身高贵、淑静贤德而被立为皇后的。她顺从高宗，又似乎拘泥过了头，使高宗感到厌倦。况且她又是关陇大族的后人，有她在高宗身边，使高宗成了被监视的对象，不得不小心翼翼。在朝堂上，那些老臣为尽责任，总是无休止地劝谏；回到后宫，高宗面对皇后，也还是得小心谨慎。高宗像是个笨孩子，家长看得太紧就设法逃避，而逃避的地方便是淑妃的宫中。

淑妃姓萧，高宗做太子时是他的妾，即位后封为淑妃。此女美丽动人，又天性活泼，妖艳可爱，本来算不上个好女人，但在当时的情景下，高宗宁可躲入淑妃宫，也不愿去见皇后。这在后宫制度下是极为不正常的，这叫冷落皇后，专宠偏妃，弄不好是要出乱子的。

王皇后对此大有意见，不久，高宗与武则天的事为王皇后探知，她更是大为恼怒，一个淑妃就让皇帝冷落了自己，如今皇帝又爱上了尼姑。王皇后也算是个有算计的女人，她想，如今对自己威胁最大的是淑妃，不如把那个尼姑拉入后宫，以夺淑妃之宠。而那个尼姑仅是先皇的侍妾，地位卑下，谅入宫也不致为患。等到先用她取代了淑妃，再回头除掉她，不过轻而易举之事。

她把自己的想法告诉了母亲柳氏，柳氏也赞同。因为事大，又找舅父柳奭商量。柳奭出身关陇豪族，曾祖父是北魏的大臣，祖父和父亲都在隋朝做高官。柳奭很有才学，在贞观年间官至中书舍人。后因外甥女为皇太子妃，升为兵部侍郎。太子妃被立为皇后，柳奭又迁升中书侍郎。皇后因皇上专宠淑妃，他不能坐视不管。他听了王皇后和柳氏的计划，也以为可行。而且强调武氏在朝中无任何依靠，将来或杀或逐都极容易，因此主张速行。

有了舅父的支持，王皇后便派人入感业寺，让武则天蓄发，以待入宫。随后又向高宗说既然他喜欢武氏，就将她接入宫来便是，当然不会说她的离间计划，只向李治表示自己的贤良德行，以博其心欢。高宗是个没有心计的人，听皇后一说，便满心欢喜，对皇后的态度也热情了许多。

武则天见当今皇后让她蓄发和准备再度入宫，心里既高兴又惊疑。从皇帝要接她回宫的为难表情和迟迟未动，应该是皇后的阻力首当其冲。如今皇后主动要她入宫，她认为绝不那么简单。然而，既接她入宫，就先不用多想，离开寺院后再见机而行。

不久，宫中果然来了人，把武则天打扮梳妆了一番，拥上一乘小轿，抬入后宫。自此，离开大唐皇宫数年之久的武则天，又再度进入宫中，然而经过数年的磨难洗礼和认真反思，此时的武则天已不是那个先前只好文采的武才人了，她早已脱胎换骨，向着无极限的权力争取者迈开了脚步。

也是从此时开始，武则天开始以自己的人生事迹筑造乾陵的无字石碑，因为以前的她，还根本没资格为自己竖碑，更别说死后能上乾陵了。如果她不被李治记起，或者李治不来找她，那么她将寂寞地终老于感业寺中，就像一片树叶，随风飘落后只能无声地融归于泥土，不会留下任何痕迹，不信的话，当年和武则天同入感业寺的无数佳丽，除武则天之外，历史又记住了谁的名字呢？那徐惠宁可去死也不进感业寺，正是不想在那里寂寞地死去，她刚烈地随太宗而去，不过是为了在史册中写下她是太宗贤妃的名字。而武则天不一样，只要一息尚存，她就不会放弃。

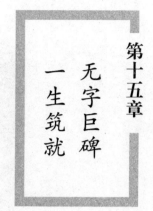

第十五章
无字巨碑
一生筑就

不管怎样，武则天二次进宫后的生涯，才真正地和乾陵的无字石碑联系起来。

那么，她以后的人生中究竟做了什么，才最终在乾陵上立起石碑，却又没有在石碑上刻字呢？对于此问，后世人有着诸多的猜测和说法，如果把它们归类，则大致可分如下几种。

第一种说法：武则天立"无字碑"是因为自知罪孽重大，感到还是不写碑文为好；

第二种说法：武则天立"无字碑"是用以夸耀自己，表示功高德大非文字所能表达；

第三种说法：武则天是一个有自知之明的人，立"无字碑"是聪明之举，功过是非让后人去评论，这是最好的办法；

第四种说法：石碑原本计划刻字，但武则天死后政局动荡，各派政治势力，始终不能对武则天作出适当的评价，因而便不了了之；

第五种说法：武则天的儿子恨透了自己的母亲，她本写好碑文，却被她的儿子藏在了墓室之中，留下一块无字碑；

第六种说法：难定其称谓（如褒扬武则天，刻上"大周天册金轮圣神皇帝"，作为李唐子孙感情上不情愿；如贬斥其刻上"则天大圣皇后"，而武则天又明明做过16年的"大周"皇帝），左右为难，干脆"一字不铭"。

武则天无字碑

　　本书下面部分将立足于这些说法，结合武则天的平生故事，来讲述乾陵无字碑是如何竖立起来，上面为何又不着一字的。

第二编

追求权力不择手段
因罪而悔石碑不言

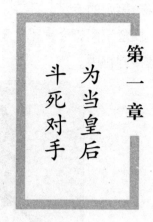

第二编 追求权力不择手段，因罪而悔石碑不言

第一章
为当皇后
斗死对手

一、假装谦恭，安插耳目

武则天的二次进宫，是她向着权力宝座迈进的开始，而她首先瞄准的，就是皇后的位置。只有当上了皇后，她才能拥有干预朝政的权力，这是她建造人生权力之碑的第一步。

唐高宗的元配王皇后，本也是武则天的老乡，二人均出身于并州（今山西太原）的名门望族。王皇后祖父曾是三品高官，父亲也官至刺史，为四品大员，并且王家与李家还有姻亲关系，唐太宗的姑母同安公主下嫁到了王家，她见王家的这位姑娘贤良淑德，又长得貌美如花，便向侄儿推荐。唐太宗听从姑母的建议，便为儿子李治定下了这门婚事。

李治做太子时，王氏为太子妃，夫妻间感情很好，可是王氏一直未能生儿育女，且性格比较温和，这使正值少年顽皮的李治心中不安，因此，李治对王氏的感情日渐疏远，便喜欢上了开朗的萧良娣。

等李治当上了皇帝，在隆重的登基大典之后，按惯例将元妃王氏立为皇后。王皇后虽然位居六宫之首，母仪天下，但从丈夫那里得到的爱仍然少得可怜。萧良娣也官升一级，被封为淑妃，李治仍然专情于她。这使王皇后十分苦恼又十分嫉妒，她在心中时时想着削夺

53

丈夫对萧妃的专情。不久，她得知了李治去感业寺私会武则天的事，便意识到机会来了，于是便偷偷地派人转告武则天蓄发，准备将她接回宫中。

唐高宗李治像

此举一出，便迅速遂了三个人的意愿：首先是发起者王皇后，她有了一个对付萧淑妃的好棋子；再就是唐高宗李治，这下他有了充分的、可以光明正大地和武则天在一起的时间；但最高兴的当然还是武则天，本以为自己的人生将在感业寺内寂寞而去，却不想柳暗花明，她的人生实际上才刚刚开始。

武则天刚回到宫中，就被唐高宗封为昭仪（正二品的内官），两人的夙愿终于实现了。武则天很聪明，又很会耍手腕。刚回宫的时候，她对王皇后十分谦恭，很快便取得了王皇后的信任。王皇后在唐高宗面前时常夸赞武则天的才能和为人。王皇后的心愿很快便得到了满足，唐高宗果然不再专情于萧妃。但是，唐高宗却宠爱起武则天来。两个人很快便好得如胶似漆、形影不离。王皇后做梦也没有想到，她的悲惨命运从这时候起便一步步开始了。

可以说，自从武则天一回唐宫，唐高宗对王皇后与萧妃的情爱，就被武则天一并夺走了。王皇后哪肯罢休，萧淑妃岂会歇气，于是，围绕李治而进行的三角争爱的战斗开始了。

三个人争着在唐高宗面前表现自己，竭力指斥对手的毛病。但是，王皇后和萧淑妃在聪颖灵巧、计谋多端的武则天面前显得苍白无力。

武则天看到王皇后质朴实在，平常与身边的侍从很少交谈。她的舅父中书令柳奭出入宫禁时对宫内役妾们也无谦和之礼。于是，她专拣王皇后和柳奭不礼重的侍从和宫人结交，还常常把自己得到的赏赐送给她们，以求得她们的拥戴和保护。这样，那些得到好处的宫人们都成了武则天安插在王皇后、萧淑妃和唐高宗身边的耳目。因此，王皇后、萧淑妃和唐高宗的一举一动，武则天都摸得一清二楚。

二、掐死亲女，嫁祸皇后

柳奭看到自己的外甥女失宠，担心她会失掉皇后的地位，就让王皇后认领唐高宗与一个侍妾所生的男孩为自己的儿子，起名李忠，并劝说唐高宗把他立为太子。唐高宗虽然按照王皇后的意图办了，但宠爱武则天却一如既往。为了试探唐高宗，柳奭主动提出辞去中书令的职务。谁知唐高宗毫不客气，顺水推舟令他退出中书省，让他去尚书台当了吏部尚书。这样，王皇后受到了第一次打击。

狡猾的武则天看出，唐高宗只是宠爱自己，却没有让自己取代王皇后地位的意思。于是，她心生一条毒计，嫁祸于王皇后。这一年，武则天生了一个女儿。王皇后出于礼节前来探望她，又特意到婴儿床前看了看这个女孩以示好感。谁知王皇后刚刚离开，武则天竟偷偷地将自己的亲生女儿掐死，然后又照样盖好被子，若无其事地离开婴儿床，和宫女们谈天说笑。唐高宗回宫之后，她嬉笑撒娇，让丈夫去看看可爱的女儿。唐高宗怀着兴奋的父爱之心掀开被子，见可爱的女儿早已没有了气息，顿时惊呆了。武则天当即号啕大哭，哭得死去活来。唐高宗逼问左右侍从，都说只有王皇后进过内室，看过婴儿，别

人并没有进去过。唐高宗大怒，以为王皇后因为嫉妒才杀了他的爱女。武则天又乘机添油加醋，说了王皇后一大堆坏话。由于王皇后对此事难以自明，矢口否认也无济于事。从这以后，唐高宗便产生了废立皇后的念头。

武则天终于取得了可以当皇后的机会。当时她十分清楚，废立皇后可不是件小事，必须取得元老重臣们的支持，求得李氏宗亲长辈的认可，才有可能。于是，她劝唐高宗去找舅父长孙无忌商量。

三、拉拢佞臣，扳倒皇后

为了争取长孙无忌，唐高宗和武则天亲自登门求情，又封长孙无忌的三个儿子为大夫，还送去十车金银珠宝。但是，长孙无忌打内心里看不上武则天，所以根本不表态。武则天又让母亲杨氏结交长孙无忌的内人，并多次带着重礼到长孙家求情劝说，但长孙无忌还是不答应。接着武则天还请礼部尚书许敬宗多次登门拜访，劝说长孙无忌成全此事，但却遭到长孙无忌当面斥责。

长孙无忌何以这么牛呢，且看看他是何来路。长孙无忌字辅机，河南省洛阳人。先世乃鲜卑族拓跋氏，北魏皇族支系，后改为长孙氏。他是唐太宗李世民的内兄，长孙皇后的哥哥。长孙无忌少时非常好学，博通文史。隋朝义宁元年（617年），李渊起兵太原。长孙无忌进见，李渊爱其才略，授任渭北行军典签。自此辅佐李世民，建立了唐朝政权，是唐朝的开国功臣，以功第一，封齐国公，后徙赵国公。

贞观朝功臣济济，仅唐太宗命阎立本绘图像于凌烟阁的有特殊贡献的就有24位之多，但长孙无忌被列在首功之位。不过，就才能而论，他在谋臣猛将、良宰贤相中算不上突出，但从与唐太宗的关系看，却是太宗的心腹。由于受到唐太宗特殊信赖，长孙无忌不但在贞观时期发挥了特殊作用，且受托辅佐唐高宗，成为唐初政治史上的特殊人物。

长孙无忌像

　　长孙无忌的父亲去世较早，他与妹妹一同在舅父高士廉家中长大。高士廉本人"少有器局，颇涉文史"，很有才华和名望。在这样一个文化素养很高的家庭中，长孙氏兄妹受到很好的文化教育。长孙无忌"好学，博通文史"，妹妹也是"少好读书，造次必循礼则"。高士廉识人很有慧眼，早在李渊父子太原起兵之前，就发现李世民是个非常之人，把长孙无忌的妹妹聘与李世民，后来李世民做皇帝，册封长孙氏为皇后。长孙无忌的年龄与李世民相仿，二人从小交往友善，妹妹嫁给李世民后，两人关系更加亲密。

　　从李渊父子晋阳起兵叛隋，到建立唐朝，再到统一天下，长孙无忌一直追随李世民东征西讨，但却没有什么显赫之功。他在政治舞台上显露头角，是在玄武门事变中。唐朝建立后，李渊集团发生分裂，最突出的矛盾是太子李建成和秦王李世民之间争夺皇位继承权。李世民的才能、威望和接踵而至的显赫军功，不仅使其本人产生了觊觎皇位的野心，也引起太子李建成的忌妒和不安。开始是李建成想对李世民下毒手，但没成功。李世民问秦王府的僚属们："阽危之兆，其迹已见，将若之何？"房玄龄对长孙无忌说："今嫌隙已成，一旦祸机窃发，岂唯府朝涂地，实乃社稷之忧，莫若劝王行周公之事，以安国家。存亡之机，间不容发，正在今日。"长孙无忌说："吾怀此久已，不敢发口，今吾子所言，正合吾心，谨当白之。"于是，房玄龄、杜如晦、长孙无忌同劝李世民先发制人，认为只有如此才能转危为安。

此时太子李建成与齐王李元吉也在加紧活动，用重金收买李世民部将尉迟敬德，遭拒绝后，又对李世民行刺，仍未得逞。李建成对李元吉说："秦府智略之士，可惮者独房玄龄、杜如晦耳。"于是，向李渊谗毁二人，将之逐出秦王府。这样李世民最为心腹之人只有长孙无忌仍在府中。长孙无忌坚决支持房玄龄政变的建议，与舅父高士廉和秦王部将侯君集、尉迟敬德等人日夜劝李世民诛杀太子与齐王。李世民仍犹豫不决，与灵州都督李靖商议，征求行军总管李世勣的意见，二人都表示不愿意。

正在此时，突厥南下侵犯，按惯例应由李世民督军抵御，但此次在李建成的推荐下，由李元吉代李世民督军北征，并调秦王府将领尉迟敬德等同行。他们的目的很明显，想借机抽空秦王府的精兵猛将，并计划在为李元吉饯行时杀掉李世民。李世民得知，立即与长孙无忌等商量，又派长孙无忌秘密召回房玄龄、杜如晦，共同谋划了玄武门兵变。六月四日，李世民亲率长孙无忌等十人，在玄武门成功地伏杀了李建成、李元吉。

在李世民夺取皇位继承权的兵变中，长孙无忌称得上是首功之人。在酝酿政变时，他态度坚决，竭诚劝谏；在准备政变时，他日夜奔波，内外联络；在政变之时，他不惧危难，亲至玄武门内。所以唐太宗至死不忘长孙无忌的佐命之功，临死前仍对大臣们说："我有天下，多是此人之力。"

李世民成了皇太子后，长孙无忌被任命为太子左庶子。不久李渊把帝位让给了李世民，长孙无忌升为左武侯大将军，后任吏部尚书，晋封齐国公，实封 1300 户。唐太宗几次要任命长孙无忌为宰相，但长孙皇后一再说："妾备位椒房，家之贵宠极矣，诚不愿兄弟复执国政。"她提醒太宗要吸取汉朝吕氏、窦氏等专权的教训，长孙无忌自己也要求逊职，但太宗不听，拜长孙无忌为宰相，任命他为尚书右仆射。

因为太宗皇帝的器重，长孙无忌大权在握，唐太宗死后的唐朝政局，长孙无忌绝对是最有决定权的人。那么对于唐高宗李治而言，既然身为宰相的舅父不同意立武则天为皇后，他也只好暂且作罢，但他仍将武则天所生的两个牙牙学语的小儿李弘和李贤册封为王。

为了再次打击王皇后，武则天告发王皇后与其母柳氏共同搞巫蛊厌胜之术。唐高宗听信武则天的谗言，下令不准柳氏入宫，并将柳奭贬为荥州刺史。

永徽六年（655 年），长孙无忌上书，奏请唐高宗将中书舍人李义府贬为地方官员。诏书未下，李义府便得到消息，急忙问计于同僚王德俭。王德俭是许敬宗的外甥，李义府又与许敬宗早有勾结，王德俭自然不能不帮忙。他给李义府献策说：皇上想立武昭仪为皇后，但怕宰臣不同意。你如果能大胆地上书建策，倡议立武昭仪为皇后，给皇上一个表态的机会，那你一定会转祸为福的。李义府得计后大喜，决定马上采取行动。恰逢这天王德俭在中书省值夜班，他便前去代替，乘机叩阁上表，建议废王皇后，立武昭仪为皇后。唐高宗得表后非常高兴，立即召他面谈，并赐给他珠宝一斗，批准不再出贬，官复原职，继续做中书舍人。武则天自然也喜出望外，秘密派人致谢。

一石激起千层浪。李义府的一纸奏文，在朝野上下引起了轩然大波。拥王派的元老重臣和拥武派的新政客展开了激烈的斗争。为了震慑反对派，武则天唆使唐高宗采取高压政策：先将长安令裴行俭出贬，然后宣召长孙无忌、李勣、于志宁、褚遂良等人，让他们对废立之事表态。

李勣老奸巨猾，深知此事难办，便托病请假。长孙无忌等三人硬着头皮入见，唐高宗直截了当地说："王皇后无子，武昭仪有子，我想立武昭仪为皇后，你们看如何？"

李勣像

褚遂良作为顾命大臣，当面反对说："王皇后出身名门，是先帝给陛下娶的，再说皇后又没有什么过错，怎么能说废就废呢？"

唐高宗见话不投机，就把他们打发走了。

第二天上朝，唐高宗又提到废立皇后的事。褚遂良说："陛下就是要换皇后，也要选一个名门闺秀；武氏出身寒微，怎么配呢？再说，武氏曾经是先帝的妃子，这是众所周知的事。现在把她接入宫中，立为昭仪，备受恩宠，就已经可以了。陛下还要把她立为皇后，万代以后，人们会怎么议论陛下呢？"

这话惹恼了唐高宗。他气呼呼地一挥手，让褚遂良退下去。

60

武则天在帘子后面听到了，更是怒不可遏。她最怕人家说她做过唐太宗才人这段历史，所以恨透了褚遂良。她在帘子后面大声喊道："还不赶快把这狗东西打死！"因为有长孙无忌出面解救，褚遂良方才得免。

过了几天，唐高宗又询问李勣的意见。圆滑的李勣则说了一句不置可否的话："废立皇后，这是陛下的家事，何必询问外人呢？"这话提醒了唐高宗，也使他看出了破绽，原来元老重臣们也不是铁板一块，执掌军权的司空李勣是支持武昭仪做皇后的。于是，他下定了废立皇后的决心。

善观时变、阿谀奉上的许敬宗，受武则天的指使，为她做舆论宣传。许敬宗公开在中书省散布说："种地的穷农夫多收十斛麦子还想更换妻室，何况是富有天下的皇帝呢！"武则天是想通过许敬宗这样的中书要员为自己做宣传，并以此观察朝臣们的反应。朝臣们都明白，废立之意不仅是武则天的欲望，也是皇帝的想法；裴行俭、褚遂良这样的朝廷要员都被贬官了，自己何必自讨苦吃呢？所以，大多数人都不敢表示异议。这样，废立皇后的时机成熟了。

四、治死对手，独揽后宫

永徽六年（655年）十月二十三日，唐高宗下诏将王皇后和萧淑妃废为庶人。7天后，立武则天为皇后。十一月初一，司空李勣奉诏临轩册封，文武百官都前往肃义门朝贺，三呼皇后千岁。内外命妇入谒，历史上百官、命妇朝见皇后便是自此开始。次年正月，太子李忠被废，封梁王。武则天的长子李弘被册立为太子。

武则天被立为皇后以后青云直上，一步步登天，同时意味着与她争宠的王皇后、萧淑妃命运的悲苦，她们骤然间滑向了没有光明的无底深渊。王皇后和萧淑妃被废以后，囚禁在后宫的一所密室之中。密室四面高墙，没有门窗，只在一扇小门上开了一个很小的孔，以通食器。门外有武则天派去的人看守。二人困在里面，昼夜不见日月，终日只能以泪洗面，互诉悲苦。

　　一天，唐高宗想起了被废的王皇后和曾经忘情恩爱的萧淑妃，便想去看看。内监引导着唐高宗来到密室。只见门禁严锢，只有一个小孔进入饮食，唐高宗不禁恻然心动，为之神伤。他走上前去，大声说："皇后、良娣，无恙乎？今安在？"王皇后、萧淑妃听见是皇上的声音，而且就在门外，两人喜出望外，泣不成声地说："陛下幸念畴日，使妾死更生，复见日月，乞署此为回心院。"唐高宗伤感之下，泪眼蒙眬，满口答应："朕即有处置！"

　　武则天立即得到了心腹的奏报，待唐高宗离去，马上派人杖王皇后、萧淑妃各一百杖，直打得两人血肉模糊。然后，吩咐将两人的手脚剁去，将她们装在酒瓮中。对于此举，武则天恶狠狠地说："令二妪骨醉！"

　　几天后，装在酒瓮中的两个人仍然没死，武则天便逼着唐高宗下诏赐死。行刑官奉旨来到囚室，宣读诏书。王皇后哽咽受诏说："陛下万年，昭仪承恩，死吾分也！"轮到萧淑妃，她受诏后便破口大骂："武氏狐媚，翻覆至此！我后为猫，使武氏为鼠，吾当扼其喉以报！"武则天得报萧淑妃的这些咒语，下令后宫再也不许养猫。有好一阵子，武则天常常梦见二人披头散发，血淋淋地前来向她索命。武则天大为害怕，请巫祝镇邪。不久，又徙居蓬莱宫，但还是时常梦见二人。后来，武则天便干脆迁往洛阳，终生不回长安。为表示自己对二人的憎恶，武则天下令改王氏为蟒氏，萧氏为枭氏。唐中宗即位之后才恢复其本姓。

第二章 清除异己 血腥清洗

一、长孙无忌，首当其冲

武则天坐稳皇后位，更加有恃无恐，对于那些当初曾反对自己的以及在朝中阻碍自己和唐高宗行使权力的人，她立即准备要大加清洗了。武则天要清洗的对象中，权力最大的长孙无忌首当其冲。这突出地体现了武则天的敢作敢为，当时长孙无忌权倾天下，唐高宗在他面前也自矮三分，唐太宗故去后，长孙无忌便傲视天下，他不仰视，无人敢抬头，他一跺脚，世界都得抖三抖。武则天不过刚当上皇后，怎么敢和长孙无忌对着干呢？其实这也正是武则天的聪明之处，因为只有扳倒长孙无忌，才能顺利清除异己，握有天下，不然，她想动谁，长孙无忌都会过来护着。所以，要动就动长孙无忌。谁让他当初反对自己当皇后呢？

那么此时的长孙无忌在干什么呢？他在著书立说。中国古人讲究"达则兼济天下，穷则独善其身"。被重用的时候就胸怀天下，干一番轰轰烈烈的事业；不被任用的时候，就退回书斋之中，以研究文化自娱，在政治权谋中，这也叫进可攻、退可守。自从武昭仪被立为皇后以后，长孙无忌感觉自己在政治上难有作为了，因此心灰意懒，只想退到书卷中去，享受一点心灵的安宁。

　　显庆四年以前，长孙无忌先后领衔完成了武德和贞观两朝的国史共八十卷，梁、陈、北周、北齐、隋五代的志三十卷，也就是现在隋书中的志，还有《显庆新礼》一百三十卷，可以说是著作等身。有一句话叫盛世修史，一个兴盛的王朝，就会有条件、有余力去总结前朝的经验教训。唐朝建立了史馆，开创了宰相领衔修史的传统。有唐一朝一共修了八部正史，占二十四史的三分之一，这其中就有长孙无忌的功劳。

　　长孙无忌想远离政治，但政治却不会远离他，因为他得罪的人是武则天。因为长孙无忌权倾朝野，那么唐高宗在处理事情时必然受到他的掣肘，于是武则天便建议唐高宗建立一个属于自己的朝廷，而长孙无忌就是最大的障碍。

　　但是，长孙无忌毕竟是皇帝的舅舅，又做了三十年的宰相，威震天下，门生故旧众多。要扳倒他，需要慎之又慎。不过武则天并不急躁。在需要耐心的时候，她非常有耐心。在重拳出击长孙无忌之前，她还需要先剪除他的羽翼。出于这种考虑，长孙无忌的老战友褚遂良、韩瑗、来济等重臣先行被扫出朝廷；与此同时，长孙无忌的亲戚也难逃噩运。他的表弟太常卿高履行首先被贬出京，出任益州刺史。高履行是长孙无忌的舅舅高士廉的儿子，他们是表兄弟，长孙无忌幼年丧父，年幼的无忌兄妹又被同父异母的哥哥赶出家门，是舅舅高士廉收留了他们。因此，高履行和长孙无忌名分上虽然是表兄弟，但实际比亲兄弟还亲。

　　紧接着，长孙无忌的堂兄、工部尚书长孙祥也被贬为荆州刺史。长孙无忌在朝廷中可以援引的势力逐渐被剪除，就剩下他孤家寡人了。

　　这在武则天看来，就该是对长孙无忌开刀的时候了，但动手整治当朝宰相，这得需要一个充分的理由，并以这个理由为突破口，武则天的行动才名正言顺，动起手来才会又快又准又狠。那么，这个突破口在哪里呢？

二、小案做大，不依不饶

显庆四年四月，洛阳人李奉节向唐高宗告状说，他发现一个朋党案件，太子洗马韦季方和监察御史李巢结交权贵，共结朋党。这本来是一个很小的案子，针对的是中下级官员。但是这个案子一出来，武则天马上看到它的利用价值。她觉得这个案子可以做大，为什么呢？因为这个案子牵涉一个权贵。这个权贵是谁呢？武则天希望他是谁，他就会是谁。那么派谁去审理呢？武则天的心腹爱将许敬宗刚刚晋位宰相，立刻就被派上了用场。

许敬宗

派一个堂堂宰相来审这种小案子，明眼人都能觉出这件事异乎寻常。许敬宗是聪明人，他知道皇帝和皇后希望看到的结果。他不会让他们失望的。于是许敬宗大搞逼供，严刑拷打韦季方和李巢，让他们招供自己结交的权贵是谁。另外，许敬宗也巧妙地暗示这两个人，只要你们供出长孙无忌，事情就好办了。

可是韦季方是个老实人，他哪里敢随便诬陷当朝国舅啊。再说，在他淳朴的心中，长孙无忌简直就像一座巍巍高山，他哪里有机会结交这样的权贵啊。这罪名坚决不能承认！但是许敬宗不停地逼他。最后，韦季方被逼无奈撞墙，想要自杀。但是，小人物的悲剧在于，他连死的权利都没有。他又被救活了，而且自杀成为他有罪的证据。没有犯罪，干吗要寻死呢？许敬宗马上向唐高宗汇报案情进展，他说，案子已经调查出眉目来了，韦季方的问题不是简单的结党营私，这里面涉及一个阴谋，他是想和长孙无忌合谋，上下勾结，陷害忠臣和贵戚，试图谋反。现在，韦季方看到阴谋败露，只好畏罪自杀。

罪莫大于谋反，难道长孙无忌傻了，天下是李家的，他长孙无忌权力再有野心，也不至于用自己那把老骨头去谋反，所以这根本就是不可能的事。再说，一个堂堂宰相竟然和五品文官勾结在一起谋反，说出来谁也不信，但唐高宗听了汇报之后，他怎么反应的呢？据《资治通鉴》记载，唐高宗说了非常有意思的一句话："舅为小人所间，心生疑阻则有之，何至于反？"

有时候真的说不清唐高宗是精明还是傻瓜，他并没有质疑长孙无忌是否应该被牵扯进这个案子里，甚至也没有深究长孙无忌怎么会脑子进水，和几个小小的文官谋反。他只是说：舅舅被小人挑拨离间，心里对我有猜疑是可能的，怎么至于到谋反这一步呢？他用了一个疑问句。可是这个问句就把这个案子的性质给定下来了，这是谋反。唐高宗亲口说出了这两个字，但是，他用了一个疑问句——怎么会谋反呢？许敬宗是一个聪明人，他当然知道怎么样处理皇帝这个疑问句，只要把它变成肯定句就可以了。

据《资治通鉴》记载，许敬宗马上就说："臣始末推究，反状已露，陛下犹以为疑，恐非社稷之福。"他说陛下您怎么可以再怀疑呢，这就是谋反啊！唐高宗听了以后长叹一声，眼泪随之滚滚而下，说："我家不幸，亲戚间屡有异志。往年高阳公主与房遗爱谋反，今元舅复然，使朕惭见天下之人。兹事若实，如之何？"这句话的意思是说，我们家真是家门不幸，怎么亲戚老谋反呢？过去高阳公主就谋反，现在我舅舅又谋反。如果这件事是真实的，我们该怎么处理呢？定下了这个调子之后，他要论罪责了。

三、陈年旧案，用作模板

在这里，唐高宗还给出一个先例，往年高阳公主也曾经谋反来着，这就成了长孙无忌案件处理的依据了。那么高阳公主的谋反究竟是怎么一回事呢？高阳公主谋反案是永徽三年（652 年）发生的一个大案，这个案子的处理者正是当时权倾朝野的太尉长孙无忌。高阳公主是唐太宗的女儿，人长得漂亮，又聪明活泼，也非常任性。小时候，她深得唐太宗的宠爱。唐太宗为了笼络大臣，把她嫁给了宰相房玄龄的小儿子房遗爱。

房玄龄像

67

在唐朝，娶公主可不是常人能够消受得了的福气。自从高阳公主嫁进房家，房家就一天也没有消停过。受宠的高阳公主结婚之后，处处刁钻好胜，调唆丈夫房遗爱和大哥房遗直分家。房遗直被逼无奈，告到唐太宗那里。唐太宗主持公道，狠狠地责骂了高阳公主一番，才把这件事摆平。从此唐太宗就不大喜欢这个惹是生非的女儿了。可是没过多久，高阳公主又出事了——她跟辩机和尚私通的事情败露了。

有一次，高阳公主打猎，巧遇和尚辩机，两人一见钟情。高阳公主从此就包养了这个清秀的和尚。为了安慰老公房遗爱，她还送给他两个绝色的婢女。房遗爱只能忍气吞声，不敢有什么意见。可是纸包不住火，这件事情终究还是败露了。贞观年间，因为追踪一起盗窃案件，御史搜查了辩机所在的寺院，搜出了一个宫里的金宝神枕。追问之下，辩机承认是公主所赐。唐太宗觉得很没有面子，盛怒之下，腰斩了辩机。

至此，骄纵的高阳公主也因此恨透了这个严厉的老爸。贞观二十三年唐太宗去世，高阳公主一滴眼泪都没有流。没有了父亲的管束后，高阳公主更加肆无忌惮，无法无天，包养了更多的情人。也许因为她的初恋是个和尚，所以她对这一类人总是情有独钟。和尚、道士这些方外之人在她情人中占了相当大的比重。但是，因为李唐王朝有鲜卑族的血统，对于传统礼教不大在乎，所以公主的这些出位之举还算不了什么。她一生中犯的最大错误不是给丈夫戴绿帽子，而是和他在政治上搅到一起了。

高阳公主的丈夫房遗爱在贞观朝属于魏王李泰一党。贞观十七年，魏王李泰和太子李承乾因为争位双双被废，不久李治被立为太子，所以到高宗时期，房遗爱在政治上属于失势派，被贬为房州刺史。房遗爱是公子哥儿出身，宰相的儿子，公主的丈夫，本来也是娇生惯养的，到了地方之后，他不大受得了艰苦的生活，就满腹牢骚，和一群跟他一样失意的皇亲搅在一起，整天讲怪话。

这一伙人除高阳公主夫妇外，还有辈分较高、野心勃勃的荆王李元景、当年同属魏王阵营的巴陵公主驸马柴令武，胆大脑小、因事贬官的丹阳公主驸马薛万彻等，整天在一块儿发牢骚，其实倒也没有什么真正的举动。但尽管如此，他们还是被人告发了。

告密者是什么人呢？就是房遗爱的哥哥房遗直。高阳公主不是曾经张罗着和房遗直分家嘛，后来她又想要房玄龄的封爵了。可是爵位归长子继承，她的丈夫不是长子。于是，高阳公主一不做，二不休，诬告房遗直非礼她，想借此搞倒他，让自己的丈夫继承爵位。房遗直终于忍无可忍了，另外，他也很担心这小两口儿闹过了头累及房氏一门，只好向唐高宗告发了房遗爱等人的政治阴谋。房遗爱组织反政府小团体，高阳公主又结交和尚、道士，经常搞点什么望气、算命之类的不轨行为，两人的活动加起来，这不就是谋反吗？

皇亲国戚参与谋反，这可是事关重大，唐高宗立刻委托宰相长孙无忌调查。长孙无忌正想打击这些人，这下正好有了借口，他一经核实，就定性为反状确凿，但是，长孙无忌并不满意这样的结果。他还要借此机会把谋反案扩大，将所有的政治反对派都罗织进来，一网打尽。于是，在他的威逼利诱之下，房遗爱又牵扯出了吴王李恪。吴王李恪也是唐太宗的儿子，他母亲是隋炀帝的女儿，血统非常高贵，李恪本人也英武果敢，有乃父之风，当年深得唐太宗的喜爱，唐太宗曾经一度动念头要立他为太子，后来因为长孙无忌的反对才没有实现。所以在长孙无忌的心中，一直把他视为李治的潜在威胁。现在，吴王虽然没有参与房遗爱的行动，但是，因为这样一段不愉快的往事，长孙无忌还是把他拉进来，以谋反罪将他处死。

吴王一向人望很高，又小心谨慎，怎料会横遭长孙陷害！据《资治通鉴》记载，李恪临死前大骂："长孙无忌窃弄威权，构害良善，宗社有灵，当族灭不久！"和他一起被杀的还有荆王元景，高阳、巴陵二公主以及房遗爱、柴令武、薛万彻三位驸马。接着，一大批对李治的统治形成威胁，或是跟长孙无忌不和的宰相、将领、宗室、驸马，无论是否真的参与过阴谋，都被牵扯进高阳公主谋反案中，或被杀，或被贬往地方。这就是永徽年间轰动一时的高阳公主谋反案。

长孙无忌当时把一桩莫须有的谋反案上纲上线地处理，本不乏为李治考虑，帮他稳定政局，杀李恪的用心正在于此。但是他的这番杀戮，隐隐露出了震主之威。看到长孙无忌收拾勋贵就像捻死一只蚂蚁那么容易，李治能不心惊吗？裂痕应该就在那时候出现了。风水轮流转，当年的翻云覆雨，如今却成了请君入瓮。武则天以彼之道还施彼身，高阳公主谋反案，现在变成处理长孙无忌一案的先例。

唐高宗既然自己先提出了高阳公主谋反案，许敬宗接下来的事情就好办了。怎么处理长孙无忌呢？前事不忘，后事之师，按既定方针办就可以啦。于是，许敬宗说："遗爱乳臭儿，与一女子谋反，势何所成！无忌与先帝谋取天下，天下服其智；为宰相三十年，天下畏其威。若一旦窃发，陛下遣谁当之？"他说，长孙无忌谋反的危险性远远大于当年的高阳公主谋反。高阳公主是一个女子，和乳臭未干的房遗爱谋反，两个人都没什么号召力，很难成事啊。但是长孙无忌和先帝一起谋取皇位，又当了三十年宰相，在朝廷里威望很高。现在如果他狗急跳墙，振臂一呼，陛下怎么办呢？

这样一来，案子的结论和处理意见基本都已经出来了。按照许敬宗的意思，在参考高阳公主案的基础上，还要加重处理。但是唐高宗并没有同意许敬宗的处理意见，他说这事别急于定论，你再审审看。许敬宗就纳闷了，这案子还有什么油水呢？回家苦苦琢磨了一夜，终于恍然大悟了。

四、前朝重臣，一网打尽

也许高宗是真心地想放过舅舅，但精明的许敬宗早已看出武则天的能耐，并且他也早被武则天拉拢到了自己这边，他明白这事高宗根本做不了主，武则天才是幕后总策划，她想让谁死，谁就活不了，事情到了这一步，许敬宗终于明白，武则天并不是只想让长孙无忌自己死，她的胃口大得很，她想让看着不顺眼的人快速消失。

于是到了第二天，许敬宗又上奏了。他对高宗说，我昨天又审了审这个案子，发现比我想的还要严重。原来以为只涉及长孙无忌一个人，现在才发现，这是一个牵连若干大臣的大阴谋。我昨天回去提审韦季方，我问他，说长孙无忌是当朝国舅，皇帝与先皇都对他那么信任，他为什么要谋反呢？韦季方说，这事开始也不是长孙无忌的意思，是韩瑗在挑拨他。韩瑗曾经对长孙无忌说，当年您和王皇后的舅舅柳奭以及褚遂良三人合谋立李忠做太子，现在李忠已经被废，皇上也不信任您了，您还不早做打算啊？长孙无忌一听，有道理啊，于是就日夜和这些大臣策划谋反。都和谁策划呢？韩瑗、褚遂良、来济、柳奭，还有于志宁。看来，这不是长孙无忌一个人的事情，几乎所有的元老大臣都和这个案子有牵连。

到了这一步，唐高宗再也无话可说，于是，长叹一声，又一次潸然泪下。他说："舅若果尔，朕绝不忍杀之。若杀之，天下将谓朕何！后世将谓朕何！"意思是说：我舅舅就算谋反，我也绝对不能杀他。我要是杀了他，天下人会怎么议论我？子孙万代将怎么议论我啊？但是这话却是等于皇帝完全认可了长孙无忌的谋反，他虽要法外开恩免去长孙无忌的死刑，却是顾着自己的面子，以免被天下人耻笑。

其实当年在处理高阳公主谋反案的时候，他也曾经说过："荆王，朕之叔父；吴王，朕兄，欲丐其死，可乎？"当时，长孙无忌不答应他的请求；现在，许敬宗同样劝他大义灭亲。许敬宗说了："古人有言：'当断不断，反受其乱。'安危之机，间不容发。无忌今之奸雄，王莽、司马懿之流也；陛下少更迁延，臣恐变生肘腋，悔无及矣！"就是说皇帝应该天下为公，大义灭亲，不能存妇人之仁。话说到这一步，唐高宗觉得该解决的问题都解决了，案情现在看起来脉络清晰，处罚的理由充分，足可以让天下人心服口服了。于是下令削去长孙无忌的太尉头衔和封地，给他一个扬州都督的头衔，把他押解到黔州安置。黔州是现在重庆的彭水县，当时是挺偏僻的一个地方。不过，唐高宗说了，长孙无忌毕竟是他的亲舅舅，不忍心看着他受苦，因此仍按一品大臣的待遇供给饮食。

可是事情到此并未彻底结束。前面说过，武则天要巩固皇后的位置，必须对外廷重新进行优化组合，把反对她的人清除出去，把拥护她的人请进来。而在打击反对派这个问题上，她是分两步走的。第一步，清除反对派中势力相对小的褚遂良、韩瑗、来济，把他们贬往地方。第二步，在外围组织已经被清理之后，再清除反对派的核心力量长孙无忌。这样做是为了慎重起见，避免一下打击面过大，造成政局不稳。换句话说，就是让反对派心存幻想，逐步丧失斗志，最后坐以待毙。现在，长孙无忌已经倒台，武则天终于觉得这个案子的利用价值被挖掘得差不多了，她再没什么顾忌了，终于可以施展手脚，把反对派一网打尽。

于是，长孙无忌谋反案的基调刚刚确定，许敬宗又奏：无忌谋逆，由褚遂良、柳奭、韩瑗构成；奭仍潜通宫掖，谋行鸩毒，于志宁亦党附无忌。这样一来，所有当年反对武则天的元老重臣无一漏网，连一言不发、唯恐惹祸上身的于志宁也未能幸免。至此，这些人全部被免去了所有官爵。

但在武则天看来，这是远远不够的，因为她只相信死人不会反抗。于是三个月之后，朝廷下令让李勣、许敬宗等宰相进一步追查长孙无忌谋反案。许敬宗接旨后，派中书舍人袁公瑜到黔州去录长孙无忌的口供。袁公瑜可是当初第一批拥护武则天当皇后的人，裴行俭和长孙无忌议论武昭仪就是他告的密。当时他还仅仅是一个大理丞，八品官，现在他已经做到五品的中书舍人了。那么，袁公瑜是怎样录口供的呢？其实他根本不需要录，他直接对长孙无忌说，你还是自我了断吧，省得我再费一把力气。长孙无忌见大势已去，长叹一声，就地自杀了。

随后，朝廷又下令将王皇后的舅舅柳奭和韩瑗斩首。古人云：覆巢之下，焉有完卵！随着这批老臣的死去，他们的家族也遭受了灭顶之灾。成年的儿子都被处死，其他近亲皆流岭南为奴婢，远亲受株连贬官的就更多了。长孙无忌的两个儿子长孙冲和长孙诠，都是驸马；一个尚长乐公主，一个尚新城公主，两个公主都是唐太宗与长孙皇后

72

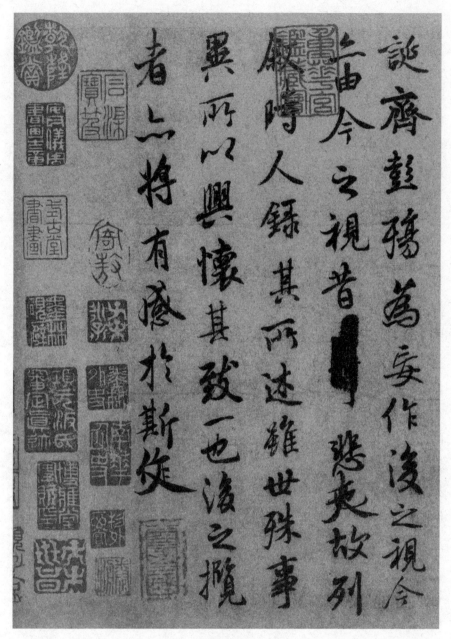

褚遂良书法

的女儿。他们此时即使贵为驸马也未能幸免于难，被一同杖杀。长孙无忌谋反既然是因为前太子李忠被废引起的，梁王李忠也就顺带着被牵连进来。显庆四年七月，李忠被废为庶人，安置在黔州原来废太子李承乾的故宅里。

从永徽六年到显庆四年，人们逐步认识了新皇后的厉害。现在，不仅仅后宫是她的天下，在她滴着鲜血的锋利匕首面前，满朝大臣无不战战兢兢。长孙无忌、褚遂良、于志宁，一个个曾经气焰熏天的大臣不过就是当年武才人眼中的狮子骢。武则天真切地让人们见识了什么是顺我者昌、逆我者亡。无论是处理后宫还是对付外廷，如果不是武皇后从中出谋划策、推波助澜，事情肯定不会解决得那么完满。先易后难，由内而外，武则天表现出了超一流的政治手腕和斗争能力，一阵雷霆霹雳般的手腕过后，武皇后的威风魔鬼般树立起来了。

五、懦弱高宗，霸道武后

但是事情并不是这么简单。显庆年间全部事情的症结并不全在武则天。从废王立武到清洗后宫，从改立太子到外廷换血，唐高宗始终关注着事件的进程，并发挥着一定的作用，但他也许都不知道自己在做什么。简而言之，唐高宗是名义上的统帅，而武则天则是他的参谋和积极的推动者。唐高宗虽也想洗牌，但他没有那个能力和魄力，他的前半生一直是受人控制的。当太子时，他生活在父亲的阴影之中，好不容易当上了皇帝，还要受制于父亲任命的元老重臣。一个皇帝如果没有权力会是何等郁闷啊，他要重树皇权，但他虽有这种突破限制、伸张皇权的欲望，没有那样决绝的心，所以，他在武则天的大清洗行动基本选择了不知所措的沉默。

就在血腥的清洗之中，一种全新的政治格局诞生了。首先，贵族官僚逐步丧失了权力，甚至丧失了生命，受到了巨大的不可逆转的打击。关陇集团是一个地方武力集团，人员本来有限。长孙无忌等人以及他们的亲属，死的死、贬的贬，使得这个集团受到了重创。朝廷的很多位置空了出来，新兴的势力就可以补充进去了。原来的一般官僚实力和地位有所提高。许敬宗、李义府、袁公瑜这些新提拔起来的中下层官员在废王立武事件中崭露头角，在清除长孙无忌集团的过程中大显身手，此后，他们还会发挥更大的作用。

再从皇权的角度来考虑，经由这样一番变化，皇权得到了空前的提高。自魏晋南北朝以来，皇帝一直和贵族官僚联合治理天下，正因为如此，皇帝才需要在废立皇后的问题上征求大臣的意见，处处受制于大臣。但是随着元老大臣的下台和新生力量的补充，皇帝面对的将再不是贵族，而是一般官僚，皇帝和大臣之间的距离拉大了，皇权的伸张有了充分的余地。所以说，由废王立武引起的变化是一次深刻的社会变革。它不仅仅意味着支持武则天的人上台，反对武则天的人下台，它还意味着整个社会势力的重新洗牌，而这次洗牌对于唐朝乃至整个中国社会的历史进程都产生了深远的影响。

经过四年血腥无比的内外整肃，此时的武则天，上有唐高宗的专宠和信任，中有太子李弘作为依托，外有李义府、许敬宗做心腹，皇后武则天的地位，可以说是坚如磐石了。

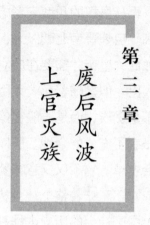

一、夫妻内战，悉问上官

武则天在消灭了长孙无忌等自己不喜欢的大臣之后，并没有停下攫取权力的脚步，但此时唐高宗和武则天在朝廷内外已经没有了对手，按照《资治通鉴》的记载，武则天"及得志，专作威福，上欲有所为，动为后所制，上不胜其忿"。

最高权力常常是只属于一个人的，如果别人对最高权力有所企图，那么，最高权力拥有者必然要为维护自己而去打击对手，长孙无忌死后，武则天失去了宫外力量的掣肘，其行为更是无法无天，很多事上竟不把李治放在眼里，于是，在李治和武则天之间，一场夫妻间的战斗无声地开始了。

王皇后和萧淑妃被武则天害死后，武则天心绪难宁，每到夜晚便觉得她们的鬼魂来找她，吓得她心惊肉跳，于是她便请人作法，做厌胜之术。有个叫王伏胜的大臣知道后，就向唐高宗告发了这件事，唐高宗觉得有文章可做，便准备以此为机将武则天废掉。

当年武则天在扳倒王皇后的过程中，就是给王皇后安过这条罪名，现在风水轮流转，轮到武则天自己品尝被人告发厌胜的滋味了。根据唐朝法律的规律，厌胜这种罪名被列为十恶之一，比照谋杀罪论处，那么唐高宗会怎么处置武则天呢？

唐高宗这个人做事有点优柔寡断，他心里头还拿不定主意，以前他拿不定主意的时候，他去问武则天，可是现在他要整的对象就是武则天，当然不能去问。于是唐高宗就把一个叫上官仪的宰相叫来了，问他该如何处理这件事。

上官仪，字游韶，陕州陕县（今河南三门峡陕县）人，后举家移居江都（今江苏扬州）。隋大业末，天下大乱，其父为仇人追杀，他脱逃他乡，私度为僧，遂虔心佛典，留情《三论》。唐贞观初，天下渐定，弃佛家出世之想，走仕途进取之路，遂举进士，得授弘文馆直学士。因为他广泛涉猎经史，有学问，因为他精工典章文辞，擅笔墨，得到朝廷重用。上官仪有个孙女，就是后来武则天的重要助手上官婉儿。

李世民在位时，上官仪就累迁秘书郎，后转起居郎。秘书郎通常在外院活动，起居郎就有资格登堂入室了，这就表明他与太宗的距离越来越近。果然，史书称他常参与宫中宴集，奉和作诗。后又授权他预修《晋书》，这意味着他已拥有文学泰斗的身份。所以，李治接位时，二话没说，立迁其秘书少监，相当于中央政府的副秘书长。龙朔二年，更拜西台侍郎，同东西台三品。由一个御用文人，进入最高领导中枢，主持国政，其官运之好，其级别之高，是少有者。这也是许多读书识字，然而不得志，不发达，一肚怨气，满腹牢骚的中国文人，既羡慕又嫉妒，既眼红又生气的原因。

在初唐诗坛上，上官仪也是出类拔萃的一位。尤善五言，人多仿之，称"上官体"，一时蔚为风气。《全唐诗》称上官仪的诗，承袭梁陈余绪，延续江左风格，这也是初唐诗坛的总格局。而他的作品，"绮错婉媚"，典雅华腴，更出众人之上。严格地说，这位领衔文坛的诗人，形式上的完善至美，是足够的，作为御用文学，只要好看，就不怕浮浅；只要上口，就不怕空洞。一句话，只要主子满意，也就算得上是恪尽厥职了。但上官仪不同，据史所载，他为人，风采儒雅，风度优美，闻名遐迩，口碑不凡，备受东都士人的尊重；他为文，格调华美，情味绮丽，丰满雅致，旨意超然，大为洛阳黎庶所敬仰。宋人计有功在《唐诗纪事》里描画这样一个动人场面："高宗承贞观之后，天下无事，仪独持国政，尝凌晨入朝，巡洛水堤，步月徐辔，咏诗曰：'脉脉广川流，驱马入长洲。鹊飞山月曙，蝉噪野风秋。'音韵清亮，群公望之，犹神仙焉。"因此，太宗、高宗两朝，上官仪一直为御用文人的首席写手，成就最大，声望最隆。《全唐诗》特地写到这一点。"太宗每属文，遣仪视稿，私宴未尝不预。"看来，上官仪这样能在朝廷里立足，能在宫阙中出入，能在帝王左右出现，算得上李唐王朝天字第一号御用文人了。

上官仪像

那么，面对皇帝的询问，上官仪是怎么回答的呢？上官仪可说是出语惊人。他说："皇后专恣，海内所不与，请废之。"

这句话实在太出人意料了。皇帝还没有明确表态，上官仪怎么就先说出废后的话来呢？因为是读书人出身，上官仪对儒家经典学说很是认可，对女人参政议政很抵触；又因为心地单纯，所以对怎样处理和皇帝家庭的关系这样复杂的政治问题了解不深，不知道在帝后发生矛盾的时候该如何表态；更因为恃才傲物，所以觉得自己什么都懂，非常轻率地发表意见，不计后果。这样的性格使得上官仪就像一个炮筒子一样，直筒筒地把废掉皇后之事提到桌面上来了。而唐高宗心里正憋着对武则天的怨气，现在缺少了武则天的周密筹划，换上这么一位不知轻重的高参，这火就给烧起来了。所以，上官仪这么一说，唐高宗本来还没有明确目标的心，一下坚定起来了，立刻命令上官仪草拟废后诏书。

天子无戏言，武则天这一次真是遇到了空前的灾难。如果废后诏书起草完成，经过宰相机构审议通过，那么，武则天以后的功业也就无从谈起了，而且，她能否顺利地活下去都很难说，王皇后不就是活生生的例子吗？

二、武曌回击，中宗逃责

武则天有办法化解这场危机吗？如果她毫不知晓，她是很有可能被废的，但在这样的关键时刻，她的后宫情报网救了她的命。《资治通鉴》记载，"左右奔告于后"，就是说皇帝身边的宫人们纷纷跑到后宫，向武则天报警。

面对突如其来的灭顶之灾，武则天是怎么表现的呢？她当然不会犹豫一分一秒，而是气急败坏、风风火火赶来面见唐高宗。面对气势汹汹、犹如从天而降的武皇后，本来就心虚的唐高宗吓傻了。上官仪废后的诏书墨迹未干，武则天已经领着人从天而降。

武则天和唐高宗是十几年的夫妻了，对唐高宗的性格武则天拿捏得非常到位。她知道，唐高宗是一个多情而又懦弱的人。她先是一把鼻涕一把泪地哭诉自己和唐高宗多年的感情，历数自己为家庭作出的贡献，然后再声色俱厉地质问唐高宗："我到底犯了什么罪？"经过她一番软硬兼施，唐高宗念及多年来深厚的夫妻之情，心有诸多不忍。面对多年来依赖惯了的妻子，唐高宗害怕了，他为了推卸责任，竟说出了一句话："我初无此心，皆上官仪教我。"

对于此情此景，有小说家模拟还原描绘道：武曌便气势汹汹地闯了进来，她抓起废后的诏书就一步步逼近李治：你为什么要废掉我？十几年来我为你生儿育女；你生病期间，又是我为你打理朝政。我有什么地方得罪你了？我又怎样使天下失望了，以至于非要把我赶出皇宫？……

这时候的李治已经周身颤抖了。他退着步说："不，这不是朕的意思。"

武后追问："那么是谁？"

"是……是他……"高宗李治竟然指着垂立于一旁的上官仪。

武后诧异问："是他想废我？"

李治低头："是他，是他叫朕这样做的。"

懦弱无能的李治，竟然不敢承担废后的罪名，将所有的罪责，全盘推给了上官仪。

此时的上官仪早已面无惧色。事实上自从皇后走进大殿那一刻，上官仪就已经看到了他的结局。对皇上把罪名扣在他的头上，上官仪一点也不吃惊。他觉得面对这样一个毫无骨气更谈不上气节的男人，他已无须为自己辩解了。这场废后的风波，必将以他的必死无疑告终。

三、一代文宗，含冤而死

上官仪见高宗如此懦弱，在武曌面前连抬头担责的勇气都没有，让自己莫名受冤，心里不由得落寞到了极点，他知道自己将必死无疑，只是可惜了满腹学问和才华，他本来是可以利用它们报效国家的。他还留恋自己的家庭。他为将与那个刚刚出生的美丽的小孙女上官婉儿做永远的告别而特别难过。他是那么疼爱她。她是他的掌上明珠，他想看着她怎样在他们这书香门第一天天成长为一个才华超众的娉婷少女。他刚刚才感受到婉儿所带给他的天伦之乐。他原以为他的晚年生活会是无比温暖欢乐的，但是，这一切都只能是遗憾了。他必得要替这样的一位天子承担罪名，尽管不值得，但他只能视死如归。

于是上官仪直面武曌，他说是的，诏书是我写的。说过之后，他便大义凛然走出大殿，回他自己的家中等待赐死。

其实武曌心里也非常清楚上官仪是无辜的。但是必得要有一个人来成为皇上脚下的台阶。李治尽管唯唯诺诺，但他毕竟是皇帝。皇帝当然是有权决定她的生死存亡的。于是武曌走过去温柔地抱住了那个依然在颤抖的李治。她让他坐下，把他的头轻轻搂在她的胸前。她想她再不能触犯他、激怒他了。于是她哭了，她说我知道那不是圣上的意思。圣上怎么会忍心把我和孩子们赶走呢？一切都会过去。我们彼此都不要记恨。是有人要存心离间我们，我们怎么能陷入这些图谋不轨的奸佞小人的圈套呢？我们曾经那么相爱，我们又一同经历了那么多磨难，多少年来，谁也不曾拆散我们，今天也不会。圣上，我们会重新开始的。你说呢？

于是这一场权力和生死的较量，就在这一番眼泪抽泣和缱绻柔情中以武则天的全胜告终，但可悲的是，上官仪家族等人做了无辜的牺牲品。

从此高宗李治沉默了，因为他终于看清了他在武曌面前的劣势，他根本斗不过这个女人。于是他不再抗争，权力开始渐渐离他而去，他本想保住上官仪，但武则天只用"不行"两个字回答了他。

几天之后，许敬宗奉武则天之命上奏，声称上官仪、王伏胜曾侍奉废太子李忠，三人暗中勾结谋逆作乱，按律处斩。上官仪果然以与被幽禁的已废太子李忠共谋造反获罪。理由是，上官仪在李忠还是陈王时期曾任过陈王府的咨议参军，李忠被废为庶人之后，上官仪自然同李忠一样对武皇后是心怀不满的。

这又是一个一箭双雕之举：上官仪除掉了，而废太子李忠的威胁也彻底解除了。最可笑的是，当年正是上官仪起草了废李忠为庶人的诏书，现在，两个人倒莫名其妙地成了同党。

上官仪当然清楚这是欲加之罪，何患无辞。他坦然面对屠刀，面

对上官一族满门抄斩的终局。史载在对上官一族的诛杀中，只留下不满一岁的上官婉儿和她的母亲郑氏被赶进掖庭宫充为宫婢。

在他身后的几十年里，他并不知他最疼爱的那个孙女上官婉儿如何名满天下，怎样权秉朝政，怎样地成为皇帝的嫔妃。那都是他身后的事了，所以他无从为婉儿骄傲，也无从为她的诸多失节而羞辱。但是，他更应该惊叹于武则天的能力，她居然能把仇人的孙女培养为自己的铁杆心腹，实在是不可思议。

第四章

独占高宗 计杀亲人

一、武顺入宫，被逼上吊

武则天有一个姐姐，名武顺，字明则，年轻时嫁贺兰安石，但很早就守寡了。武则天得幸于高宗之后，武顺被封为韩国夫人，因为和武则天关系特殊，她可以比较自由地出入后宫，而且她还带来了一儿一女，一子贺兰敏之，一女贺兰氏。后来，风流的武顺不守规矩，很快和高宗勾搭成奸，而且还买一送一，带上了女儿贺兰氏。当时宫廷中也有传闻武则天次子李贤是韩国夫人所生。其女贺兰氏亦从高宗，母女二人共事一主。贺兰氏被封为魏国夫人。

但在武则天当上皇后以后，其姐姐韩国夫人很快就死去了，死因不明，很多史学家说是武则天下了毒手。

关于武则天的姐姐韩国夫人之死，有说其因病去世，也有因说其与高宗的关系，而被武则天妒恨，从而下了杀手，也有人说韩国夫人因为与高宗有染一事被武曌得知，武曌大怒，不过因为顾念其同胞姐妹的分上，准备将她送出宫去。某晚来到武顺寝宫，怒斥其姐，走前说了一句：如果不是念在同胞姐妹的分上，你的下场就会跟王氏、萧氏一样。走后，韩国夫人大哭，她也知道妹子是不会原谅她的，于是当晚就在寝宫自尽。武曌得知后，痛哭不已，在某一天母亲来看她的时候再三表示：她本不想姐姐死，只是希望她能够自觉出宫，为什么她要这么想不开地自寻短见，最后还对荣国夫人杨氏说：我最难过，除了姐姐的死，还有就是没想到连我最亲的人都要背叛我，到底这世上还有谁是永久值得信赖的？

从这里就可以看出武则天的话说得很有水平，杨氏来宫中，无非是就大女儿之死来向武则天问罪，当时估计是怒气冲天地斥责武则天，但是武则天将如上话语一说，杨氏也只有哑口无言的份儿了，所以武则天的话也无非是想博得母亲的原谅，堵住杨氏问罪之嘴罢了。

但关于武顺和其女贺兰氏之死还有另一种说法：武则天专权日久，必然会从多方面产生问题：一是她自己一反过去卑躬屈膝的常态，作威作福起来；二是高宗的权力受到了极大的限制，常常觉得很愤怒。再加上不久武后又怀孕了。而皇后的怀孕等于使高宗徒有虚名地过上了清心寡欲的生活。就在这时，皇后的姐姐韩国夫人又一次进宫来了。与皇上分别了 8 年的韩国夫人不愧是武后的姐姐，虽已年过四十依然楚楚动人。武后立刻知道皇帝和韩国夫人又恢复了关系。不久后，韩国夫人却神秘地死了。武后则果断地改变了后宫妃嫔的名称，等于把这些有名无实的妃嫔全部取消改为侍奉帝后的女官。

二、一箭双雕，连毙数亲

高宗对此气得咬牙切齿，却又无可奈何。从此他深厌武后，并开始对韩国夫人的女儿、武后年轻貌美的外甥女魏国夫人贺兰氏感兴趣。魏国夫人深信是姨母害死了自己的母亲，她觉得自己好歹年轻，觉得有本事把唐高宗俘虏到自己的石榴裙下。于是她存心报复，故意挑逗高宗，博取其欢心。高宗因失去权力而倍感寂寞，终于和年轻美艳的魏国夫人发生了关系。魏国夫人迫切地要求高宗正式封她为贵妃，想去制衡武则天，但是这个女孩子太低估了姨母武则天的智谋和狠毒。

武则天像

武后对于高宗和外甥女魏国夫人的亲密关系表面上不加阻止，但她内心里看不惯外甥女贺兰氏也不是一天两天了，只是由于没有找到好机会而一再容忍。

废后事件后，武则天加强了对唐高宗的控制。在外朝，她用二圣临朝的方式使得唐高宗不再有和大臣私下谋议的可能；在后宫，那可更是她的天下，卧榻之侧，岂容他人酣睡！武则天也不想对这小外甥女客气了。她随时在寻找机会。正好大臣们建议唐高宗去封禅泰山，武则天的机会来了，曾经得罪过武则天母女的两个堂哥被她派上了用场。

皇帝东封泰山，各地刺史都要随行。因为过去得罪了杨氏夫人，武后的两个堂哥武惟良和武怀运分别被贬为始州刺史和淄州刺史，这次也都奉诏到泰山来了，封禅完毕，又和高宗一起回到京师。俗话说吃一堑长一智，他们经过这几年的折腾，终于明白这个皇后惹不起，再也不敢摆兄长的臭硬架子了，于是就想要讨好一下武皇后，以缓和一下兄妹关系。当时官员有献食的风俗，就是打点一些土特产，山珍海味，送进宫里，请皇帝皇后品尝。武惟良兄弟岂肯放过这样的好机会，就也认真地献了食。

武则天接到献食之后，灵机一动，正好可用这两个人当替死鬼！于是武则天马上邀请魏国夫人贺兰氏。她派人把那食品下了药，然后对外甥女说，这是咱们娘家送来的东西，一块儿吃吧。

贺兰氏哪有武则天那份心计，一看见是自家人送的，就吃了，没吃几口便肚子疼，不大一会儿就七窍流血，倒地而亡。可怜的唐高宗，早晨上朝之前还是温香暖玉抱满怀，可是退朝回来，鲜活的小情人已经成了一具冰冷的尸体。唐高宗忍不住失声痛哭。

宫里发生食品中毒案，性质当然很严重。马上追查罪犯，惟良和怀运两兄弟就是跳进黄河也洗不清了，毕竟食品是他们两个送来的，最有犯罪可能。至于犯罪动机，武则天更是信手拈来。这两个人因为贬官一直记恨皇后，没准儿还想谋害皇帝，现在想要乘家宴的机会毒死皇后，却失手误杀了魏国夫人。

试图毒死皇后，得从严、从重、从快处理。怎么处理？武惟良和武怀运未经审判便被处死，妻女没入宫中为奴。其中，武惟良的大嫂善氏最惨。这个女人虽然姓善，但先前可能没有善良对待杨夫人母女，争家产时估计出头较多。这一次她也被没入掖庭，落入杨夫人和武则天母女手中。杨夫人想到当年在她手里讨生活的艰难，不禁怒从心头起，和武则天一起让人用带刺的荆条每天打她一顿，而且还要打得看见肉里的骨头，于是这位善氏被打得哀号而死，母女俩总算一泄心头之恨！

在消灭这几个亲属的肉体之后，武则天觉得还不解气，说武惟良、武怀运兄弟哪配姓武啊？他们这样的蛇蝎心肠，改姓蝮吧，蝮蛇的蝮，说你们就是毒蛇猛兽，从精神上再予以侮辱，犹如对付当年的王皇后和萧淑妃。这样，武则天又是一箭双雕，既除掉了情敌，又彻底报了当年的被虐之仇。

经过宫里宫外的一番努力，武则天进一步站稳了脚跟。现在，宫里面已经没有了情敌；外廷的大臣们对武则天参政也不再敢公开表示异议；二圣政治经过封禅大典，已经在上下臣众心目中留下了深刻的印象。此时的大唐帝国社会稳定，疆域辽阔，经济繁荣，真可以说是盛极一时。这样骄人的成绩是在武则天的协助之下取得的，武则天怎么可能不志得意满呢？

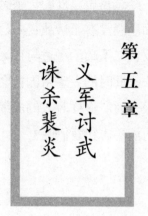

第五章
义军讨武
诛杀裴炎

一、徐敬业举义，骆宾王写檄

弘道元年（683 年）二月高宗病死后，为了安定大局，长期参政的武则天主持大局，掌握了朝政大权，开始完全的垂帘听政。后来武则天废中宗为庐陵王，立豫王旦为帝，是为睿宗，但将睿宗安置于别殿，武则天归政于睿宗，但并没有放实权。睿宗自知难行便退让，武则天则决定继续临朝称制。

武后像走马灯似的换太子，换皇帝，目的是想自己当皇帝，她把自己五世祖宗一一加以追封，并在家乡建立祠庙，把娘家的亲戚，都安排了重要官职，把反对她的徐敬业、骆宾王等都贬了官。

光宅元年，长安、洛阳刚刚遭受了一场严重的自然灾害。八月，"括州大水，流二千余家"，九月"温州大水，流四千余家"，连绵不断的灾害，还有北方外夷入侵，这些都威胁着刚刚临朝称制的武则天，但她并没有因此而惧怕，反而大力施展才能治理国家。随着地位的提高和权力的增加，她实行了一系列的新政策，一方面对李氏子孙大加谪贬，另一方面大封诸武。光宅元年九月，武则天下诏追封自己的祖先为王，立五代祠堂于文水。这一事件成为矛盾的导火索，引起了李唐宗室以及官僚士大夫的强烈不满，于是他们中的一些人暗中联络准备反击。

徐敬业据扬州起兵，也率先打起反武的旗帜。徐敬业扬州起兵是统治阶级内部以武装斗争的形式表现出来的一场政治斗争，是"诸武用事，唐宗室人人自危，众心愤惋"的背景下起兵的，并打出了匡扶庐陵王的旗号，矛头直接指向武则天，而且很有号召力，这首先与他的家庭背景有关。

徐敬业是唐初著名战将，功臣李勣的孙子，李勣本名徐世勣，归于李世民部下后很受爱戴，后被赐姓李，又为避李世民名讳而改名李勣，祖籍曹州离孤（今山东东明东南）人，本姓徐，因此徐敬业在当时称为李敬业，他从小就顽劣不驯，十余岁时曾随祖父征战，"射必溢镝，走马若飞"，以勇敢著称。一次，徐敬业出外打猎，突然草原起了火，他面对危险十分机智，拿刀把随行的马杀了，自己藏在马肚子里才幸免于难，别人都称赞他。但其为人狂妄自大，贪财好权，据说李勣曾说过："破我家者必此儿。"总章二年，李勣死，敬业袭爵英国公，历官太仆少卿，被贬后，徐敬业纠集同党来到扬州，把扬州的地方官吏关了起来，自任扬州大都督，在短时期内聚集了十几万兵马，他还找了个相貌像李贤的人，说李贤没死，他是奉李贤之命发兵征讨武后的，有如此的家庭背景，又有如此好的起兵名声，所以在短时间内就聚集了十几万人。

另外，徐敬业一伙多为官场贬职之人，如徐敬业由眉州刺史柳州司马、其弟盩厔令徐敬猷、给事中唐之奇贬括苍令、长安主簿骆宾王贬临海丞、詹事司直杜求仁贬黔令，还有一直从御史被贬的魏思温，这些人政治上落魄失意，使他们对现政权心存怨恨，其起兵虽然名声正义，但也符合很多人的私利，他们以扬州为据点起兵，以武力掀起了反对武则天参政的序幕。

为了确保起兵的成功，他们做了一系列的准备工作，首先要争取反对武则天的朝臣官僚的支持，里应外合。而身为宰相的裴炎和左威卫大将军程务挺便成了他们力争的对象，然而二人老谋深算，没有直接答应，但有了一定的联系。

　　徐敬业起兵的计划已经进入了实施阶段。薛仲璋奉徐敬业密令，请求出使江都。不久，设计以谋反罪名将扬州长史陈敬之逮捕。数日后，徐敬业乘坐官驿车而来，冒充新任扬州司马，假传密旨讨伐谋乱的高州酋长冯子猷。于是，徐敬业等人轻而易举地掌握了扬州都督府的军政大权，接着下令打开府库，取出钱物、武器、驱囚徒，丁役数百人占据扬州，以协助中宗还宫为名，恢复嗣圣年号，开设匡复府、英公府、扬州大都督等府，自称匡复上将，兼扬州大都督，并授官其同党，大肆招兵，俨然建立了一个与武则天分庭抗礼的政府。

　　扬州在运河和长江的交汇处，地理位置十分重要，自隋文帝毁建康城后，扬州又成了控制东南的军事重镇。徐敬业起兵一下就占领了扬州，且北边又有楚州（今扬州之北）、司马李崇福所部山阳（今淮安县东）、盐地（今江苏盐城）、安宜（今江苏保应）三县响应，这对武则天临朝未久的政权无疑是一个巨大的威胁。

　　徐敬业起兵后为了宣传力度，求得天下人的支持，表明他们起兵的正义性和合理性，初唐文坛四杰之一的骆宾王自告奋勇地起草了一篇众所周知的著名檄文——《为徐敬业讨武曌檄》，若想尽说武则天的罪恶，都莫如骆宾王大才子这篇文章说得透彻，我们不妨一观他这篇在当时轰动天下、后世又垂名千古的雄文。

　　　　伪临朝武氏者，人非温顺，地实寒微。昔充太宗下陈，曾以更衣入侍。洎乎晚节，秽乱春宫。潜隐先帝之私，阴图后房之嬖。入门见嫉，蛾眉不肯让人；掩袖工谗，狐媚偏能惑主。践元后于翚翟，陷吾君于聚麀。加以虺蜴为心，豺狼成性。近狎邪僻，残害忠良；杀姊屠兄，弑君鸩母。人神之所共嫉，天地之所不容。犹复包藏祸心，窥窃神器。君之爱子，幽之于别宫；贼之宗盟，委之以重任。呜呼！霍子孟之不作，朱虚侯之已亡。燕啄皇孙，知汉祚之将尽。龙漦帝后，识夏庭之遽衰。

　　　　敬业皇唐旧臣，公侯冢子。奉先帝之成业，荷本朝之厚恩。宋微子之兴悲，良有以也；袁君山之流涕，岂徒然哉！是用气愤风云，志安社稷。因天下之失望，顺宇内之推心，爰举

90

义旗，以清妖孽。南连百越，北尽三河，铁骑成群，玉轴相接。海陵红粟，仓储之积靡穷；江浦黄旗，匡复之功何远。班声动而北风起，剑气冲而南斗平。暗鸣则山岳崩颓，叱咤则风云变色。以此制敌，何敌不摧！以此图功，何功不克！

公等或家传汉爵，或地协周亲，或膺重寄于话言，或受顾命于宣室。言犹在耳，忠岂忘心！一抔之土未干，六尺之孤何托？倘能转祸为福，送往事居，共立勤王之勋，无废大君之命，凡诸爵赏，同指山河。若其眷恋穷城，徘徊歧路，坐昧先几之兆，必贻后至之诛。

请看今日之域中，竟是谁家之天下！

这篇檄文立论严正，先声夺人，将武则天置于被告席上，列数其罪。借此宣告天下共同起兵，起到了很大的鼓动作用。其大意是说：

那个非法把持朝政的武氏，不是一个温和善良之辈，而且出身卑下。当初是太宗皇帝的姬妾，曾因更衣的机会而得以侍奉左右。到后来，不顾伦常与太子（唐高宗李治）关系暧昧。隐瞒先帝曾对她的宠幸，谋求取得在宫中专宠的地位。选入宫里的妃嫔美女都遭到她的嫉妒，一个都不放过；她偏偏善于卖弄风情，像狐狸精那样迷住了皇上。终于穿着华丽的礼服，登上皇后的宝座，把君王推到乱伦的丑恶境地。加上一副毒蛇般的心肠，凶残成性，亲近奸佞，残害忠良，杀戮兄姊，谋杀君王，毒死母亲。这种人为天神凡人所痛恨，为天地所不容。她还包藏祸心，图谋夺取帝位。皇上的爱子，被幽禁在冷宫里；而她的亲属党羽，却委派以重要的职位。呜呼！霍光这样忠贞的重臣，再也不见出现；刘章那样强悍的宗室也已消亡了。"燕啄皇孙"歌谣的出现，人们知道汉朝的皇统将要穷尽；孽龙的口水流淌在帝王的宫廷里，标志着夏后氏王朝快要衰亡。

徐敬业是大唐的老臣下，是王公贵族的长子，奉行的是先帝留下的训示，承受着本朝的优厚恩典。宋微子为故国的覆灭

91

而悲哀，确实是有他的原因的；桓谭为失去爵禄而流泪，难道是毫无道理的吗？因此我愤然而起来干一番事业，目的是为了安定大唐的江山。依随着天下的失望情绪，顺应着举国推仰的心愿，于是高举正义之旗，发誓要消除害人的妖物。南至偏远的百越，北到中原的三河，铁骑成群，战车相连。海陵的粟米多得发酵变红，仓库里的储存真是无穷无尽；大江之滨旌旗飘扬，光复大唐的伟大功业还会是遥远的吗？战马在北风中嘶鸣，宝剑之气直冲向天上的星斗。战士的怒吼使得山岳崩塌，云天变色。拿这来对付敌人，有什么敌人不能打垮；拿这来攻击城市，有什么城市不能占领！

诸位或者是世代蒙受国家的封爵，或者是皇室的姻亲，或者是负有重任的将军，或者是接受先帝遗命的大臣。先帝的话音好像还在耳边，你们的忠诚怎能忘却？先帝的坟土尚未干透，我们的幼主却不知被贬到哪里去了！如果能转变当前的祸难成为福祉，好好地送走死去的旧主和服侍当今的皇上，共同建立匡救王室的功勋，不至于废弃先皇的遗命，那么各种封爵赏赐，一定如同泰山黄河那般牢固长久。如果留恋目前的既得利益，在关键时刻犹疑不决，看不清事先的征兆，就一定会招致严厉的惩罚。

请大家都看明白吧，今天的世界，已成了哪家的天下？

骆宾王是著名的文学家，是唐初文坛四杰之一。他在五岁的时候，跟着爷爷在池塘边游玩，即兴作过那首脍炙人口的《咏鹅诗》：

鹅，鹅，鹅，曲项向天歌。白毛浮绿水，红掌拨清波。

这首诗直到今天都还被孩子们传唱，小小的稚童时代就能作出如此出色的诗歌，长大后的他写一篇战斗檄文，其文采和笔力当然会石破天惊，这篇檄文措辞辛辣，笔锋犀利，檄文中历数武则天的罪状，具有极强的煽动性。据说徐敬业等人看了骆宾王写的檄文后，赞叹不已，非常满意，立即命令善书者抄写数千份，发往各地。

骆宾王雕像

檄文传入朝中，武则天看后也为之震撼，据《新唐书》所载，武则天初观此文时，还嬉笑自若，当读到"一抔之土未干，六尺之孤何托"句时，感慨不已，惊问是谁写的，知道是骆宾王时又叹道："有如此才，而使之沦落不遇，宰相之过也！"可见这篇檄文煽动力之强了。

二、裴炎忤上被诛，武曌剿灭义兵

由于骆宾王的这篇檄文，一时间许多对武则天不满的官僚地主纷纷投奔徐敬业，徐敬业开库铸钱，征募兵丁，实力迅速增长，据说旬日间"得胜兵十余万"，起兵叛乱之势已经轰轰烈烈。

武则天很担心，就去找宰相裴炎商量退兵之计。裴炎说："现在皇帝（睿宗）已成年，只要还政于帝，徐敬业就没有出兵的借口了。"

93

武则天认为裴炎的话是不要她执权，与徐敬业同出一辙，就把裴炎杀了。裴炎，字子隆，绛州闻喜（今山西闻喜县）人，出身于当时著名大族"洗马裴"氏家族，其父裴大同，曾任洛交府（陕西省富县）折冲都尉，洛交府是上府，折冲都尉正四品上。

裴炎在少年时代就勤奋好学，在被补为弘文生后，每遇休假，其他同学大多外出游山逛景，而裴炎仍继续读书。他在学馆努力读书达十年之久，对《左氏春秋》《汉书》有很深的研究。

弘文馆是设在门下省的贵族子弟学校，学生只 30 名。无论是四品官员的子弟，还是弘文馆的学生，凡有这种身份的人，按照当时法律都可轻易获取官职。而裴炎却胸怀远大，笃志十年，勤学不倦。史文强调他"尤晓《春秋左氏传》"，自然是指他深明春秋大义，能恪守"君君，臣臣"之道。

裴炎后来举明经及第，初仕濮州（山东省鄄城）司仓参军，以后历御史、起居舍人、黄门侍郎，唐高宗调露二年入相，为同中书门下三品。

裴炎为人，旧史称"寡言笑，有奇节"。这方面最有名的一个事例是高宗开耀元年（681 年），定襄道行军大总管裴行俭大破反叛的突厥，并招降了可汗阿史那伏念，裴炎却说伏念是在大军威逼下"计穷而降"的，难保他以后不再反叛，坚持把他给杀了，使得曾保证不杀伏念的裴行俭大丢面子，并因此而不被赏功。史书说裴炎此举是"妒能害功"。现在看来，裴炎的说法也不是完全没道理，因为当时北方游牧民族叛而降、降而复叛的情况也是经常发生的，但是裴行俭既然代表国家许了诺，裴炎却硬是违约杀降，致使"国家失信四夷"，则未免太不明智、太过分了，其心态"妒能害功"容或有之，自以为是也许更重。

高宗晚年，裴炎官至侍中，弘道元年，受遗诏辅佐中宗即位。唐中宗时，欲以皇后父韦玄贞为侍中，他力争劝谏，中宗不听，因与武后共废中宗，立李旦为帝。

武后把持朝政后，武承嗣请立武氏七庙，追王武氏祖先，唆使武后诛韩王元嘉、鲁王灵夔，裴炎对此表示了坚决反对，武则天为此大不高兴。原来，在废太子李贤死后，李氏宗室中还有韩王李元嘉和鲁王李灵夔两人比较年长。这两人是唐高祖的儿子，武承嗣和武三思屡次劝说武则天寻机将他们杀掉，"以绝宗室望"。武则天早有此心，就向大臣们提出此事。刘祎之、韦仁约都默不敢言，又是裴炎"独固争"，以为不可，这又使武则天"愈衔怒"。

当徐敬业扬州起兵，公开打出反武旗号之后，武则天问对策，裴炎又说："天子年长矣，不豫政，故竖子有辞。令若复子明辟，贼不讨而解。"但心向武则天的监察御史崔詧上言说："炎受顾托，身总大权，闻乱不讨，乃请太后归政，此必有异图。"于是武则天将裴炎被捕下狱，由左肃政大夫（御史大夫）蹇味道和侍御史鱼承晔审理此案。

裴炎在当时被公认是社稷元臣，受遗诏辅政，他的被捕下狱引起朝廷震动。当时除了凤阁舍人李景谌附和崔詧证炎必反之外，支持裴炎的人还是占了多数。纳言刘景先和凤阁侍郎胡元范，左卫率蒋俨都为裴炎辩护。胡元范说："炎社稷重臣，有功于国，悉心奉上，天下听知，臣明其不反。"武则天对他们说："炎反有端，顾卿未知耳。"胡元范、刘景先等冒死说："若炎反，臣辈亦反矣。"武则天仍讲："朕知炎反，卿辈不反。"一时"文武之间证炎不反者甚众"，在外防御突厥的单于道安抚大使、右卫大将军程务挺也"密表申理之"。但武则天一概不纳，斩裴炎于洛阳都亭驿前街，距下狱不过10天时间。

裴炎在狱中刚烈不屈，有人劝他委曲求全，他不愿折节苟免，说："宰相下狱，理不可全。"临刑向受株连的亲属诀别说："兄弟官皆自致，炎无分毫之力，今坐炎流窜，不亦悲乎?"裴炎死后，其家被抄，但其堂堂宰相之家，首辅之位，竟无任何积蓄和值钱的东西。兆民闻之，尽皆恸哭。

裴炎一案，凡是为他申辩过的官员都受到惩处。宰相刘景先贬吉州长史，后被酷吏陷害入狱，自缢而死。凤阁侍郎胡元范流琼州而死。郭侍举罢相后又贬岳州刺史。程务挺被诬"与裴炎、徐敬业潜

裴炎像

相接应"，于军中处斩。程务挺是当时名将，领兵防边，"突厥甚惮之，相率遁去，不敢近边。……闻务挺死，所在宴乐相庆"。

诛杀裴炎后，武则天竟派唐朝宗室李孝逸带兵 30 万讨伐徐敬业，而李孝逸虽是唐朝宗室，竟然能专心地为夺取李唐天下的武则天做事，亲率大军去平定帮助自己的人。

徐敬业起兵时虽然声势浩大，但在战略上犯了错误，在如何进军的路线问题上，首领们的意见不一。军师魏思温向徐敬业建议："举起匡复王室的旗号，沿运河直攻洛阳，这样，天下有识之士明白我等志在勤王，就会四面响应。"但右司马薛仲璋提出："金陵有王气，以长江为天然屏障，在此站住脚，然后先取常州、润州，奠定霸业基础，再北图中原，如此则进可取，退可守。""金陵有王气"这句话其实正合徐敬业的心意，于是当面采纳了薛仲璋的建议，兵分两路进攻，战争便拉开了帷幕。

徐敬业起兵后，武则天剥夺了他的赐姓，当时，徐敬业的谋士有北上进攻洛阳和南下先取常州（今属江苏）、润州（今江苏镇江）两种建议，徐敬业采纳了南下的策略，渡江攻取了润州。那时，李孝逸的大军已经逼近了扬州，徐敬业既要北上防御李孝逸的大军，又要南下夺取金陵（即南京），匆忙成就帝业，这样分散了兵力，虽然开始打了不少胜仗，但士兵越打越少。

徐敬业闻李孝逸大军将至，回师屯高邮之下阿溪（今安徽天长北白塔河），令徐敬猷率部进逼淮阴（今江苏淮阴西南），别将韦超、尉迟昭屯兵盱眙东南都梁山，以抵御官军。孝逸军至临淮（今盱眙西北淮水西岸），因偏将雷仁智为敬业先锋所败，惧而按兵不进，经魏元忠劝说，乃引军攻都梁，击斩尉迟昭。韦超仍据险固守。十一月，武后又遣左鹰扬大将军黑齿常之任江南道大总管，增援李孝逸。孝逸采纳魏元忠等先取弱者，后攻其强之策，率兵攻都梁，韦超夜遁；进击淮阴，徐敬猷败逃。孝逸乘胜进逼高邮，徐敬业率兵阻溪据守。后军总管苏孝祥夜领兵 5000 乘小舟渡溪击敬业，遇阻败死，其士卒溺死者过半。

李孝逸等诸军继续渡溪攻击，又数战不利，惧欲引退。但魏元忠等认为风顺草干，利于火攻，固请决战。此时徐敬业置阵已久，士卒疲惫，阵容不整，李孝逸率军进击，顺风纵火，大败徐敬业军，斩 7000 人，溺死者甚众。

徐敬业兵败后逃奔润州，他想带领妻子渡海奔往高句丽，行至海陵县（今江苏省泰州市）被部将杀死献功，其弟兄亦被部下所杀，同党又大多被捕杀。骆宾王生死不明，但有一种传说，说骆宾王逃跑出来，隐居在寺庙里做了和尚。

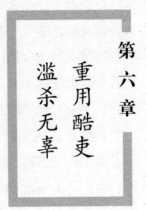

第六章
重用酷吏
滥杀无辜

一、铸铜匦鼓励揭发，兴杀戮人人自危

历史上任用酷吏最著名的人就是武则天。自从徐敬业造反，武则天开始怀疑天下人都想谋杀她，又因自己长期专擅国家事务，而且自知操行不正，知道皇族和大臣都心怀不满，心中不服，就更想大加诛杀以威慑和消灭他们。

武则天正苦于如何杀不敬自己的人，一个叫鱼保家的人来献策，请铸"铜匦"，奖励告密。这可正中女皇下怀，立即诏令鱼保家监铸铜匦，并诏旨各个州县，凡有欲进京告密者，州县给予驿马和五品官的供奉，提供食宿，送其尽速来京，并不得"问诘"所告内容。不管农夫或是打柴人都被召见，告密属实者，可破格授官，给予封赏；不实者，免予追究。从此，四面八方的告密者蜂拥而来，跑到长安向"铜匦"投书者络绎不绝。朝中人人畏惧，不敢迈步，不敢出声。

这个铜匦设置之后，可以"风闻言事"，这么有利于诬告的政策，当然会出现很多告密的人，这样一来，就会有很多人被诬告，那么如何来审这些被告人呢，按武则天的想法，那就是宁可全部错杀，也不能留一个反对自己的人。

有一个叫索元礼的胡人，了解太后（武则天）的用意，因告密

武则天无字碑

被召见，提拔为游击将军，命令他查办武则天特赦的囚犯。索元礼性情残忍，审讯一人必让他牵连数十人或上百人，太后（武则天）多次召见赏赐他，以张扬他的威权，可以说他是告密得宠的第一人。他发明了一种特殊的铁笼，叫被告把头伸到里面，而里面钉满铁针，有时他把被告倒悬起来，在头部系上石头，使它下坠，其狠毒让人发指。

　　告密的人们越来越多，以至于积案如山。武则天没有办法，就拔擢了一大批官吏刑讯、治狱，于是大多数出身于市民与下层社会的狠毒小吏，却从此进入了宫廷与"上流社会"，成为出身草根的新朝官僚。武则天正好要以这些人"为其刀斧"，达到巩固政权的目的。于是在中国历史上，十分少见的酷吏全面执法的局面便出现了。

二、周兴专诬重臣，武曌大开杀戮

武则天为了巩固她的地位，实行铁血政策，重用酷吏，打击潜在的政治敌人，借此稳定政局。在武则天重用的酷吏中，光有名姓的就有几十个，其中有两个最为狠毒，在历史上知名度也最高，一个叫周兴，一个叫来俊臣，提到这两个人的名字，当时的人都会不寒而栗。

周兴，京兆长安（今陕西西安市）人。他少年学习法律，入仕后在尚书省任都事，累迁司农少卿、秋官侍郎，执掌刑狱。他极力支持武则天当政，曾上疏要求取消李唐宗正属籍，因而受武则天重用，擢任尚书左丞。他"屡决制狱，文深峭，妄杀数千人"。

683年12月27日，唐高宗李治死后，武则天以新兴政治势力的总代表，操纵了李唐王朝的最高权力。嗣圣元年（684年）二月，她废了中宗李显，自己临朝称制，独揽朝政。为了巩固最高统治地位，武则天除了动用军队镇压武装反抗势力之外，又大兴告密之风，大开诏狱，推行高压控制政策，"内纵酷吏周兴、来俊臣等数十人为爪吻，有不慊若素疑惮者，必危法中之"。周兴正是在这种政治条件下，仗势横行，肆意滥杀的。他与别的酷吏相互勾结，揣测武则天之意，专以告密诬陷为事，捕将相，杀官吏，以致"朝野震恐，莫敢正言"。

周兴等人为了逼供，发明了"定百脉""喘不得"等十号大枷和种种骇人听闻的刑法，使囚犯一看到这些刑具就"战栗流汗，望风自诬"。他们可以任意给别人罗织一个罪名，以酷刑带供，或于狱中摧残而死，或斩杀抄家，当时的正直大臣们入朝前"必与其家诀曰：'不知重相见不？'"

左史江融为官有才干，周兴便指控他与扬州起兵反武则天的徐敬业曾有联系，立遭杀害。

广州都督冯元常虽有战功，但遭武则天的厌恶，周兴见此，便乘机诬陷，冯元常被下狱处死。

垂拱四年，太子通事舍人郝象乾被家奴诬告，周兴审讯，将其判诛灭家族。

周兴与宰相魏玄同有私怨，便在永昌元年闰九月，向武则天诬奏魏玄同曾说："太后老矣，需复皇嗣。"武则天闻言大怒，即赐死于家。同年十月，周兴等又诬告右武卫大将军黑齿常之与右鹰扬将军赵怀节等人谋反，赵怀节下狱后受不了酷刑，被迫自杀。

载初元年一月，宰相韦方质有病，武承嗣、武三思前往探视，意欲拉拢为私党。但韦方质不愿与武氏苟合，没有起床迎送，武承嗣反感。周兴、来子珣迎合武承嗣之意诬告韦方质谋反，将韦方质流放，后来不久又派人去贬地杀害。

同年，周兴又受武承嗣的指使，诬告唐高宗第三子泽王李上金和其弟许王李素节，致使兄弟二人被杀，他们的十几个儿子有的被流放，有的被杀害。

在酷吏横行的时期，也有一些正直的朝臣站出来与之作斗争。如徐有功前后平反了数十百家的冤案，周兴对他恨之入骨，几次向武则天诬告徐有功是"故出反囚，罪当不赦"。

周兴为武则天称帝扫除了种种障碍，也因此成为武周建国的一大功臣。当时很多人私下议论他大量制造冤假错案，周兴听了哈哈一笑，在衙门口贴了一句话："被告之人，问皆称枉。斩决之后，咸悉无言。"

周兴大张旗鼓地实行严刑酷法，也突出地反映他的凶匪本性，并且也只有武则天这样的主子，才会重用这样的刽子手。

武则天利用酷吏重点打击的是元老大臣。这些人传统观念根深蒂固，以李唐老臣自居，对武则天掌权不服，暗中制造舆论，企图恢复李唐王朝。这些人成了武则天的眼中钉、肉中刺，只要他们稍微露出一点儿反对武则天的形迹，立刻就被连根铲除。

尚书左丞相冯元，平时对武则天有些不够恭敬，酷吏周兴就罗织罪名，把他在狱中活活地折磨死了；禁军将领黑齿常之被诬告谋反，被抓进死囚狱中。酷吏来俊臣说："你不是姓黑齿吗？那么就把你的

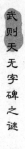
牙齿敲下来，让大伙儿看一看，黑到了什么程度。"于是命人把他的牙一个一个地用小铁锤敲下来。黑齿常之的牙齿没了。来俊臣又说："这齿嘛，还不够黑，眼睛倒挺黑，剜眼！"于是黑齿的眼睛也没了。接着又割舌、剥皮、剁掉手和脚，最后又开膛剜心，死得尤其惨烈。

右卫将军李安诚因反对武则天改唐为周，被来俊臣用同样的酷刑杀害。

在武则天临朝称制的六年多时间，二十四个做过宰相的人就有十七人被罢相并遭到贬谪、流放和残酷杀害。因而，到武则天称帝时，朝臣中的反武势力就微乎其微了。

武则天当皇帝之后，周兴又投其所好，建议废除李唐宗族的宗正属籍，剥夺他们的皇室成员资格。周兴办案手段高明，又能上体天心，所以深得武则天的赏识，很快从一个不入流的司法小吏升到四品的秋官侍郎、文昌右丞，升官的速度飞快。不仅如此，武则天还赐他姓武，这在当时是了不起的殊荣。

三、来俊臣请君入瓮，《罗织经》害人有道

周兴不禁为自己的飞黄腾达而得意扬扬，可是俗话说"人无千日好，花无百日红"。周兴的好日子在天授二年（691年）就到头了。武则天依靠周兴和来俊臣等酷吏解决了诸多反对派，坐稳了女皇的宝座，一支酷吏队伍也就应运而生。那么，武则天会不会重赏酷吏，把他们真正当成心腹呢？不会，武则天是倾向于以杀戮治人的。刚当上皇帝不久，武则天就拿天下大名鼎鼎的酷吏周兴开刀了。

当时来俊臣已经是酷吏里的后起之秀，和周兴一块儿审案子，也一块儿吃饭，两人关系不错。有一天，正吃饭呢，来俊臣说话了："现在犯人都不肯招供，您是老前辈，有什么办法吗？"

周兴哈哈大笑，说："这简单。你找一个大缸来，四周围上炭，把炭火生得旺旺的，请他进去坐会儿，到时候，让他招什么他就招什么啦！"来俊臣不由得叫一声好，马上叫手下人搬来一口缸，眼看炭

火已经烧起来了，来俊臣站起身来，朝着周兴深深一揖："奉皇帝圣旨查办老兄谋反一案，烦请老兄入此瓮！"

周兴当场就吓呆了，"扑通"一声跪倒在地，说道："你要我招什么？我都招。"案子不费吹灰之力马上就结了，谋反罪按律当斩，武则天念周兴有功，破例流放岭南。但周兴作恶多端，结怨太多，半途为仇家所杀。

来俊臣，雍州万年（今陕西西安）人。少时凶险，不事生产。得志后不但为武则天的酷吏，还是中国历史上十大奸臣之一，比周兴更甚，历任侍御史、左御史中丞。

来俊臣擅长给人编造罪状。凡罗织人罪，皆先进奏事状，敕令依奏，即籍没其家。每有赦令，则遣狱卒先杀重囚，然后宣示。当时法官竟用酷法讯囚，来俊臣与周兴、索元礼尤为残虐。俊臣每讯囚，不论轻重，多以醋灌鼻；或将囚犯置于瓮中，用火环绕烧炙；或以铁圈束首而加楔，以致脑裂髓出；种种酷刑，备极苦毒。讯囚，又必先示以刑具，囚人畏惧，往往自诬。则天曾于洛阳丽景门置推事院，由俊臣主持，凡入此门者，百不存一，因此人称其门为"例竟门"。其时朝士人人自危，相见莫敢交谈；官员入朝，常密遭逮捕，家中再也不知道消息，因此官员入朝，即与家人作别："不知复相见否？"俊臣前后所破千余家，冤死者甚众；他自己又两次犯赃罪，种种不法，则天都加以庇护。万岁通天元年（696 年）俊臣迁升洛阳令、司农少卿。二年，因得罪武氏诸王及太平公主被诛。仇家啖俊臣之肉，须臾而尽。士民称快，相贺于路，都说："自今眠者背始贴席矣！"

来俊臣是唐武则天时期著名的酷吏，他曾任司仆少卿、侍御史、左台御史中丞等职。他是典型的迫害狂，被他定罪冤杀的有一千多家，按当时一人治罪牵连几十人或上百人的情况来推算，被他冤杀的有几万人到十几万人。来俊臣热衷于整人害人的"理由"令人难以置信。如果他整人只是为了排斥异己，打击政敌并不稀奇，那是封建社会的官场痼疾，可是他并非如此。来俊臣到底是一个怎样的人？他有一个恶癖，对大姑娘倒并不是特别感兴趣。他最感兴趣的是别人的妻妾，别人妻妾有漂亮的，他都千方百计地夺取，惯用的手法是指使别人罗织罪名上告，然后他便采用酷刑迫使别人认罪。《历代通鉴》中记载，自宰相以下，来俊臣都登记姓名按顺序夺取他们的妻妾。他还厚颜无耻地说自己采花求色之才可比石勒。

唐代石窟佛像

据史载他的老婆就是这么弄来的，他夫人出身于大名鼎鼎的太原王氏，那是头等的贵族，唐朝非常讲究等级门第，按道理讲，无论如何是不会嫁给来俊臣这样的人的。本来这位王小姐已经嫁给一个叫段简的人了，但是因为太漂亮，被来俊臣盯上了。来俊臣就到段家去，假传圣旨，说皇帝已经把王氏赏给他了。段简虽然明知道这纯属胡说，但是又怕来俊臣诬陷他谋反，只好把夫人拱手送他。

来俊臣就是这样的一个人，在武则天时期，他受到了重用，像疯狗一样四处咬人，十分嚣张。人落到了他手里，如同下了地狱，在地狱里来俊臣就是阎王，在他这里，正义、法律、人道是不存在的，只有听命于他的一群恶魔在随心所欲地整人和杀人。所以，在当时，当来俊臣的同僚是一件十分危险的事，因为不知啥时，他会看中同僚的妻妾，然后同僚就家破人亡。

来俊臣以逼供为趣，以施暴为勇，以杀人为乐，以作恶为荣，已经没有人性可言，热衷酷刑的人，必定是人格恶劣的小人、丧失人性的恶人、心理变态的病人。对于这样的人，谁都是有理说不清的，落到他们手里，就算倒霉了。每次有囚犯来，来俊臣就先带他们到刑具陈列室，让他们观看。囚犯们看了，都两腿发抖，冷汗直冒，精神崩溃，再清白的人也都乖乖服罪，但绝大多数根本无罪，当然不知道说什么，于是来俊臣便用上刑法，手段残忍之至。

在用刑上，来俊臣之流更是无所不用其极，什么损招、狠招、坏招都使得出来，更有不少恶毒的"发明创造"。有的用橡子串联人的手脚，再朝一个方向旋转，叫作"凤凰晒翅"；有的用东西固定人的腰部，将脖子的枷向前反拉，叫作"驴驹拔撅"；有的让人跪在地上，在枷上垒瓦，叫作"仙人献果"；有的让人立在高木台子上，从后面拉住脖子上的枷，叫作"玉女登梯"，有的将人倒吊，在脑袋上挂石头，有的用醋灌鼻孔，有的用铁圈套住脑袋，在脑袋和铁圈之间钉楔子，直把人钉得脑浆迸裂。

来俊臣曾与司刑评事万国俊共同撰写了《罗织经》，实际上就是"整人经""害人经"，《罗织经》教他们的门徒如何编造罪状、安排情节、描绘细节，陷害无辜的人。他们还争相发明了刑讯办法，如"定百脉""突地吼""死猪愁""求破家""反是实"等，名目繁多，可谓整人有术，在他这里，害人竟有了理论指导，这是多么的可怕。

四、来俊臣整人无度，狄仁杰死里逃生

关于万国俊，此人也是相当的恶毒，《资治通鉴》第二百零五卷记载了他的一件事情。有人告发岭南流放人员谋反。太后（武则天）

派遣司刑评事万国俊代理监察御史前往查办。万国俊到达广州后，召集全部流放人员，假传太后（武则天）命令让他们自尽。流放人员呼喊不服罪，万国俊就将他们驱赶到河边，全部斩首，一个早上就杀死三百多人，然后他伪造了他们谋反的罪状回来上报。同时还对太后（武则天）说其他各道的流放人员也一定有怀恨谋反的，不能不及早除掉（诸道流人，亦必有怨望谋反者，不可不早诛）。

太后（武则天）很高兴，提升万国俊为朝散大夫，行侍御史。太后（武则天）又派右翊卫兵曹参军刘光业、司刑评事王德寿（来俊臣手下）、南面监丞鲍思恭、尚辇直长王大贞、右武威卫兵曹参军屈贞筠等代理监察御史，到各道查办流放人员。刘光业等因万国俊多杀人而得到奖赏，争先仿效他（光业等以国俊多杀蒙赏，争效之）。刘光业杀死七百人，王寿德杀死五百人，其余少者也不下一百余人。早年的杂犯流放人员也一同被杀。

但这些人比起来俊臣来，完全是小巫见大巫了。武则天收拾了老资格的酷吏周兴之后，同样也是酷吏的来俊臣会不会有兔死狐悲之感呢？他却并没有，因为他觉得自己有三大优势，一定可以立于不败之地。哪三大优势呢？第一，他忠诚于皇帝，还善于"揣摩上意"。来俊臣在自己的名著《罗织经》里首先就讲忠君。忠到什么程度呢？"虽至亲亦忍绝，纵为恶亦不让。"就是可以置伦常于不顾，也可以置良心于不顾。只要有利于皇帝，没有他不可以干的。一个人主动把自己置于狗的位置，难道还不能讨得主子的喜欢吗？何况，他是武则天从死刑犯里直接提拔上来的，武则天就是他的重生父母，他怎么会不忠诚呢？

第二大优势是来俊臣专业素质高。来俊臣把刑讯逼供已经上升到理论的高度了，连周兴这样的老手都被他玩弄于股掌之间，其他人就更不在话下了。天授二年周兴死后，大的案子基本都是来俊臣经办的，也都没有什么差池。因为有这样两大优势，来俊臣觉得自己绝不会失宠。延载元年，来俊臣因为贪污被贬官，可是没过多久就被重新起用，这让他的信心更坚定了。跟当年武则天的第一个支持者李义府一样，来俊臣也开始飘飘然了，觉得武则天既然用得着他，就得罩着他，从此更加胡作非为了。

第三就是他能让武则天觉得他时刻都是有用的。来俊臣的职业不是查办谋反案吗？如果没人谋反他岂不就失业了，所以他整天琢磨制造嫌疑犯。谁对皇帝有威胁，或者哪怕是谁不买他的账，他就诬陷谁谋反。后来他胆子越来越大了，也懒得绞尽脑汁了，干脆找了若干块石头做成靶子，石头上面一一写着当朝官员的名字，然后和自己的党羽一起从远处拿小石子砸这些靶子，砸中谁就拿谁开刀。这石子可是不长眼睛，谁知道砸中哪个？所以朝廷上人人自危。这还不算，来俊臣连武则天硕果仅存的几个亲人都惦记上了。他跑到武则天跟前，说武则天的儿女、侄子们全都不可靠。他这样像疯狗一样乱咬人，能不招人恨吗？

就是武则天最器重的宰相狄仁杰，也没有躲过酷吏们的迫害。狄仁杰当宰相之时，正是武三思得意之日。他害怕狄仁杰等李唐旧臣阻止太后（武则天）立他为继承人，于是就联合当时的奸臣来俊臣罗织罪名告发狄仁杰等。《资治通鉴》第二百零五卷则天皇后长寿元年（壬辰，692年）记载了这件事情。

左台中丞来俊杰罗织罪名告发同平章事任知古、裴行本、司礼卿崔宣礼、前文昌左丞卢献、御史中丞魏元忠、潞州刺史李嗣真谋反。这以前，来俊臣曾奏请太后（武则天）下命令：一经审问即承认谋反的人可以减免死罪，等到狄仁杰入狱，来俊臣便用这道命令诱惑他们认罪。狄仁杰回答说："大周改朝换代，万物更新，唐朝旧臣，甘心顺从诛戮，谋反是事实！"来俊臣见狄仁杰等迅速认了罪，便没有对他用大刑。

来俊臣的属官王德寿对狄仁杰说："您已经判减免死罪了，我已受人指使，想稍为提升官阶，请您牵连杨执柔，可以吗？"狄仁杰说："我狄仁杰干这种事，天地不容。"说完一头撞在柱子上，血流满面，王寿德害怕因而向他道歉。

侯思止审理魏元忠，魏元忠义正词严不屈服。侯思止大怒，命令在地上倒着拖他。魏元忠说："我命运不好，譬如从驴背上掉了下来，脚挂在足蹬上，被驴拉着走。"

侯思止愈加发怒，命令接着拖他。魏元忠说："侯思止，你如果需要我魏元忠的脑袋就砍了，何必让我承认谋反呢？"

狄仁杰像

狄仁杰已经承认谋反，有关部门等待判决执行，不再严密防备。狄仁杰便在被子上撕下一块帛，书写冤屈情况，塞在丝帛里面。对王寿德说："天气热了，请将棉衣交给我家里人拆去丝绵。"王德寿同意。狄仁杰的儿子狄光远得到帛书，拿着去说有要紧情况要报告，得到武则天的召见。武则天阅看帛书，因而质问来俊臣。他回答说："狄仁杰等入狱后，我未曾解除他们的头巾和衣带，生活很安适，假如没有事实，怎么肯承认谋反？"

武则天派通事舍人周綝前往调查。来俊臣临时发给狄仁杰等头巾和衣带，让他们排列站立在西边让周綝检查，周綝不敢向西看，只是面向北边唯唯诺诺而已。来俊臣又伪作狄仁杰等的谢死罪表，让周綝上奏武则天。

乐思晦的儿子不满十岁，被籍没入司农为奴。要求上告特殊情况，获得武则天的召见。武则天问他是什么情况，他回答说："我父亲已死，家已破，只可惜陛下的刑法为来俊臣等所拨弄，陛下如果不相信我说的话，请选择朝臣中忠心清廉、陛下一贯信任的人，提出他们谋反的罪证交给来俊臣，他们没有不承认谋反的。"武则天听后，稍有醒悟，召见狄仁杰等。问道："你承认谋反，为什么？"

狄仁杰回答说："不承认，便已死于严刑拷打了。"

武则天说："为何作谢死罪表？"

狄仁杰回答说："没有。"

武则天出示所上的奏表，才知道是伪造的。于是赦免这七个家族，但将他们全部贬到地方，庚午（初四）任知古降职为江夏县令；狄仁杰降职为彭泽县令；崔宣礼降职为夷陵县令；魏元忠降职为涪陵县令；卢献降职为西乡县令，流放裴行本，李嗣真于岭南。

如果不是狄仁杰的聪明才智，那么历史上就又出现巨大的一桩冤案，数千人将在来俊臣等酷吏手中变成冤魂。

五、恶人自有恶人磨，魔鬼酷吏终被诛

来俊臣招惹的人太多了，几乎到了人人得而诛之的地步。一个人如果让所有的人都记恨，恐怕就没什么好下场了。可是，真正让来俊臣陷于灭顶之灾的倒不是他的仇家，而是他的下属兼朋友，另一名酷吏卫遂忠。

卫遂忠本是来俊臣豢养的打手之一。此人聪明伶俐，能说会道，很得来俊臣的赏识，也算是来俊臣的死党。

有一天卫遂忠来找来俊臣喝酒，正逢来俊臣宴请妻子的族人，太原王氏是名门望族，大家正济济一堂，举杯畅饮。卫遂忠那天也喝多了，晃晃悠悠不请而至，来俊臣觉得他身份太低，上不了台面，就吩咐管家说：就说我不在，别让他进来！

　　卫遂忠手段和心机并不比来俊臣差，一眼就看出来其中的原委了，这可太伤自尊了！于是他仗着酒劲径直闯了进去，指着王氏的鼻子就是一通狂骂，说你有什么了不起呀，有你们家人在我就不能进来？小心我把你们一家都修理死！王氏原本是名门淑女，居然在众目睽睽之下被来俊臣的小喽啰一顿羞辱，回屋痛哭不已。来俊臣也很生气，命人把卫遂忠捆起来痛打了一顿。卫遂忠这下子可被打清醒了，赶紧跪地求饶。

　　来俊臣还真饶了他，因为但凡坏人的头子，对为自己卖命的兄弟还是很欣赏的，兄弟是事业上的好帮手，而对来俊臣而言，找个忠心的兄弟比找个老婆难得多。所以他教训了卫遂忠几句就让他走人了。

　　王氏夫人被人白白地羞辱一番，又想到来俊臣强行把自己抢来，毁了她原本的家，而在他眼里自己什么都不是，不由羞愤交加，没过几天就自杀了！即使是这样，来俊臣也没当回事儿，因为他又发现新目标了。上次他看上的是段简的妻子，这次他又看上段简的妾了，于是又到段简家去讨个老婆，倒霉的段简只好把小妾又乖乖地拱手相送。

　　有道是杀父之仇，夺妻之恨，不共戴天，这段简本来是左拥右抱两个老婆，忽然一下全被来俊臣抢走，还害死一个，更让他成了孤家寡人，而对来俊臣恨之入骨。

　　这边卫遂忠酒醒以后，也是寝食难安了。他是来俊臣的心腹，知道来俊臣心如蛇蝎，虽然现在没有找自己的麻烦，但难保哪天不翻旧账。怎么办呢？

　　卫遂忠决定索性一不做，二不休，不等来俊臣下手，他就去给来俊臣下绊子了。他知道来俊臣是武则天身边的红人儿，直接跟武则天说来俊臣谋反未必起作用，所以他决定去求见武则天的侄子魏王武承嗣。他问武承嗣："您可知上次来俊臣掷石头砸中的是谁的名字？"武承嗣知道来者不善，忙问是谁，卫遂忠就说："正是魏王您呀！他准备告您谋反呢！"一句话可把武承嗣吓坏了。他也曾经风闻来俊臣在武则天面前说自己的坏话，现在从来俊臣的心腹卫遂忠口里再听说，那就更让他深信不疑了。

俗话说：先下手为强，后下手遭殃。武承嗣立刻行动起来了。他先是以带头大哥的身份，联络了武家子弟和太平公主等人，因为当时太平公主已经嫁到武家，算是武家的人。后来为了增强实力，又把皇嗣李旦也拉了进来，最后干脆连禁军将领也给拉上了，说：来，我们一块儿告倒来俊臣！这些人本来不是一个阵营的，彼此有诸多矛盾，但是在痛恨来俊臣这一点上却空前一致。反正来俊臣让大家都人心惶惶，现在正好趁着人多势众，大家一起打倒他。

联络好了之后，大家就以魏王武承嗣为首，这些人联名上奏，控告来俊臣。既然这么多人联名上告，那就立案审理吧。一审起来，这罪名可就多了，行贿受贿、欺男霸女这样的罪都排不上号了，更重要的罪状是来俊臣想要自己做皇帝！证据是什么呢？来俊臣曾经把自己比作十六国时期的后赵皇帝石勒！这石勒原本是个奴隶，后来从奴隶成为将军，又从将军晋升皇帝。来俊臣自比石勒，不就是要谋反吗？罪莫大于谋反，这得判处死刑啊，几人定下案子，就将处理意见上报给武则天了。

武则天本来对来俊臣还是相当有好感的，因为他替自己做掉的人太多了。她知道来俊臣得罪人很多，但那都是自己让他干的。至于说来俊臣想要当皇帝，武则天无论如何是不相信的。何况来俊臣长相还行，武则天对于美色总是很感兴趣。她想保住来俊臣，因此迟迟没有答复。

然而越是这样，那些告来俊臣的人越害怕，要是来俊臣不死，接下来就轮到这些人吃不了兜着走了。于是满朝大臣，皇亲国戚，就连武则天的面首都来游说武则天，可是武则天就是不处理。

都说"恶人自有恶人磨"，这话很有道理，最后结束来俊臣性命的还是酷吏。这个酷吏名字叫作吉顼，也是一个美男子。此人曾经和来俊臣共事，心机深沉，胆略非凡，当时也正得武则天信任。

神功元年（697年）六月的一天，武则天骑马到禁苑散心，吉顼为她牵马。骑了一会儿马，武则天问："最近外面有什么动静吗？"吉顼回答道："大家都在议论皇上怎么还没判来俊臣死刑呢。"武则天说："来俊臣有功于国，朕不能不考虑啊。"吉顼朗声说道："来俊臣纠结不法之徒，陷害忠良，他们家收受的贿赂有如山积，被他迫害而死的冤魂充塞道路，这样的人是国贼、是公害啊。陛下您哪能对这样的人心存恻隐呢？"

这话还真把武则天说动了。武则天沉默了一会儿，终于长叹一声说："只好这样了！"

吉顼的话为什么会起作用呢？有两点原因：第一，他没有提来俊臣谋反，他知道武则天不相信他谋反。但是他所开列的来俊臣的罪状却都是真的，单凭这些罪状已经足够判处来俊臣死刑了。第二，吉顼也是个酷吏，连他都跟武则天说，不能再让来俊臣苟活于人世，武则天也就意识到了，天下人都已经万般厌恶来俊臣了，如果这时候再保他，只能是引火烧身。没办法，借他的脑袋来平息民愤吧，于是武则天决定牺牲来俊臣以平天下人的愤怒。

来俊臣自己在《罗织经》里也说过，要"善归上，罪归下"，有好处时要让皇上做好人，有罪过时做臣子的应承担下来，现在他终于实践了自己的理论。

神功元年六月初三，武则天下令将来俊臣斩首。斩首那天，洛阳城的老百姓倾城而出，都来看热闹。来俊臣人头刚一落地，百姓蜂拥而上，把来俊臣的尸体挖眼剥皮，连五脏六腑都掏了出来。这情景太让人震撼了，武则天还真没想到来俊臣如此让人痛恨，她不由得暗自庆幸，幸好把他处死了，否则这种郁积的愤怒要是爆发到自己头上，岂不是大麻烦！她赶紧和来俊臣脱清干系，亲自写了《暴来俊臣罪状制》，列举了来俊臣的种种罪状，最后说："宜加赤族之诛，以雪苍生之愤。"这样一来，武则天又摇身一变成了一个替天行道、为民申冤的好皇帝。

来俊臣死后，来俊臣的下属和曾经举荐的人全部认罪。原来，来俊臣还掌权的时候，吏部受他嘱托越级授官的人每次百人，到来俊臣垮台后，这些人全都自首。武则天责备他们没有原则，但他们说："臣负陛下，死罪！臣乱国家法，罪止一身，违俊臣语，立见灭族。"

112

唐代服装

（我们违背陛下该当死罪，但在当时，我们扰乱国家法度只加罪于自身，我们如果违背来俊臣的意旨，就会被立即灭族。）武则天于是赦免了他们。

那么周兴和来俊臣都死于酷吏之手，是不是因为恶有恶报呢？其实没有这么简单，关键是武则天想要除掉他们了。不光是周兴和来俊臣，新旧《唐书》所记载的27个酷吏不是被处决，就是承受不了内心的压力自杀或者发疯，没有一个善终。那么，武则天为什么要把这些帮她打江山的功臣送上断头台呢？

两个原因：第一，她已经用完这些人了。她利用酷吏来打击反对派，巩固了武周的江山。但是，一旦统治真的稳定下来，这些人的历史使命也就完结了。而且，这些人的存在还会成为她的负担。这些人会有损于她的形象，让人们觉得她是淫刑之主；这些人势力太大，都侵夺到武则天的神圣皇权了。来俊臣死后，礼部侍郎马上向武则天自首，说他过去迫于来俊臣的压力，每年都要任命几百个来俊臣的亲信。武则天质问他为什么拿国家官职做人情，侍郎说："臣负陛下，死罪！臣乱国家法，罪止一身；违俊臣语，立见族灭。"可见皇帝的威力还比不上来俊臣，武则天一生追逐权力，怎么能容忍这样的事情呢？既然酷吏已经失去了利用价值，留下来有百害而无一利，那么，"狡兔死，走狗烹"也就不可避免了。

第二，酷吏自身素质太低。酷吏大多出身社会底层，好多人甚至大字不识一个，这样的文化素质让他们无法胜任别的工作。比如文盲酷吏侯思止就经常闹笑话。他在洛阳当官，洛阳有一个地名叫白司马坂，侯思止不大认字，把"坂"字看成谋反的"反"字，还以为是一个叫白司马的谋反了，在这儿被砍的头。当时有一个将军叫孟青棒，他又以为是一种刑具，用来打人的。所以一审问囚徒他就说："若不承认是白司马，就让你吃孟青棒。"犯人莫名其妙，后来知道是这么回事，好多人都在心里窃笑。长寿元年，曾经帮助武则天平定李敬业叛乱的魏元忠也被人告发谋反。侯思止提审魏元忠时，又露怯了，对魏元忠呵斥道："急认白司马，不然，即吃孟青棒。"魏元忠一听，忍不住哈哈大笑。侯思止太生气了，一个犯人敢笑我，就把魏元忠的脚绑起来，拖着他走。魏元忠说："我命薄，骑驴摔下来了，脚却被鞍镫挂住了，所以被驴拖着走。"侯思止更生气了，接着又是一顿暴打。魏元忠终于发火了，说："侯思止！你要杀我就杀，说什么谋反不谋反！你好歹也是国家官员，居然说什么白司马、孟青棒，总有你吃亏的时候！"侯思止不懂啊，以为白司马、孟青棒是犯忌讳的话，吓坏了，连忙给魏元忠松绑道歉，说："思止死罪，幸蒙中丞指教！"这件事一下传开了，连武则天听了也忍俊不禁。这样素质的官吏，怎么可能不被淘汰呢？

从废黜中宗李哲到处死来俊臣，酷吏政治持续了十四年之久。唐朝以来，任用酷吏一直是人们批评武则天的最主要罪证，首先它严重破坏了司法制度。唐代号称律令制社会，武周王朝的司法体系承自唐朝，本来也很完备，但是在酷吏横行的时代，原来的法律条文和司法原则都成了一纸空文，无法再发挥应有的作用。其次，酷吏政治也破坏了人心。君臣之间互相猜忌，大臣为了自保，只能装聋作哑，苟且偷生。当时的宰相苏味道有一句名言，说别人要是问你问题，绝不能正面回答，要模模糊糊地回答。可即是不可，不可即是可，凡事无可无不可，所以就留下来一个成语叫作"模棱两可"。连宰相整天说话做事都似是而非，公事还能办好吗？所以在武则天手下虽然有不少很能干的大臣，但是再也找不到像魏征那样的直臣了。

六、嗜杀淫妪恣凶虐，刻石记功必遭唾

来俊臣的事也给武则天提了个醒：既然要当好皇帝，光杀死来俊臣还不够，还要进一步证明自己是被蒙蔽的，自己没有责任。武则天找来大臣谈话，她说："过去周兴、来俊臣审讯的时候，每次都牵扯好多大臣，我也不是没有怀疑过，可是派身边的大臣去复查，回来都说确实如此。我再问那些受审的人，这些人自己都承认谋反，那我也就只好相信了。可是周兴、来俊臣死了之后，也就不再有谋反案了，这样看来，以前那些案子恐怕也有冤枉的吧。"

她这明摆着是在装糊涂，大臣也不知道说什么好，就都不说话。沉默了一会儿，一个叫姚元崇的大臣说话了："从垂拱年间以来，所谓的谋反案基本都是周兴他们诬告出来的。当时陛下让大臣去复查，这些大臣还不是泥菩萨过江——自身难保，怎么敢真的去查？那些被诬陷的人如果翻供的话，会吃更多的苦头，还不如早点死了算了，所以只好承认谋反。现在全仗老天保佑，陛下终于看清楚了周兴、来俊臣他们的嘴脸，把他们正法了。臣敢以全家族一百多口人的性命向您保证，从今再也不会有人谋反了，如果再有人谋反，请陛下问臣的罪！"

武则天赶紧顺坡下驴，说："姚爱卿说得对！以前那些宰相只知道顺着朕，险些让朕成了滥用刑罚的人！现在姚爱卿所说的才是我真正想听的话呀！"一下把自己的责任推了个精光。武则天和姚元崇之间的这次对话，成为武则天结束酷吏政治的一个标志。

很多对历史有所了解的人都认为武则天比蛇蝎还毒。找她的狠毒

事例可说是一抓一大把。比如，她为了满足自己的权力欲望，把王皇后和萧淑妃砍断手脚扔到酒缸里，她可以让一个父亲自觉地亲手杀死自己的亲生儿子，她甚至可以让自己亲生儿子自觉地逼亲孙子自杀，她自己也曾亲手杀死自己的亲生女儿，她还可以逼有夫之妇自杀然后把女儿嫁过去……她心狠的程度，让她的亲生儿子想到她都双腿发软。而在人伦方面，她最早是唐太宗的人，又被唐太宗临幸过，然后她又做了唐太宗儿子唐高宗的皇后，这就是乱伦；并且她包养情夫，搞乱朝政；她任用酷吏，陷害忠良，清洗李唐宗室，诛杀无辜！这个世界上所有能想到的罪恶，基本上她都做过了……

因此，宋时的孙甫曾在《唐史论断》中骂武氏"恣行凶虐，毒流内外"，明末清初的大思想家王夫之斥武则天为"嗜杀之淫妪"，有"滔天之恶"，还说她"鬼神不容，臣民共怨"。这样的一个人，如果再立碑为自己歌功颂德，那可真是要让人笑掉大牙了。不仅如此，如果她要真的在碑上刻记功绩，也必为世人唾弃和销毁，所以，与其这样，还不如不着一字，单立一块石碑，让后人忖度之。

乾陵

第三编

功绩卓著垂范千秋
煌煌伟业不屑言说

一、武则天功绩巍巍，无字碑立而不倒

武则天罪恶滔天，那么她是否有功于当世呢？是的！历史上之所以对武则天难以评判，就在于武则天虽然罪恶很多，但她对国家的发展贡献也很大。无字碑之所以立而不倒，也是因为她对当时的国家，对平民百姓的生活，有着不可磨灭的积极向上的意义。比如她在军事上的成就，那几乎就是中国封建王朝历史上，由汉人开辟的最为庞大的国家疆域，其赫赫武功，实在是亘古未有。

唐太宗时期，唐朝的军事能力达到了极高的高度，四夷宾服，唐太宗被尊称为"天可汗"。太宗之后，经过多年的安定，周边的小国又开始侵袭大唐国土。自高宗显庆初年开始，唐朝边境形势发生了巨大变化。西部突厥向唐朝西域侵扰，使西域少数民族不得安宁。东部与唐朝关系密切的新罗，受到高句丽和百济的包围，频频向唐朝求救。武后和高宗奋太宗贞观讨伐四方之威猛，对突厥和高句丽用兵。自显庆元年（656年）至麟德元年（664年），以十年努力，使唐朝边事大为改观，其武功竟超过了太宗拓土之功，让人佩服。

唐朝武功极盛阶段，恰是武则天作为皇后辅佐高宗，以及垂帘听政和亲自执政的时期。因高宗才智平庸，加上身体多病，朝廷内外大

事，"上或使皇后决之"。就是说，包括对外用兵的大事，高宗悉"委以"皇后。武则天自己执政后，在治理国家方面有了更大的自主权，她的治国之道深受唐太宗的影响，内治与外武，皆不同凡响，无字巨碑，虽不着字，但其历史功绩也是不容抹杀的。

二、苏定方挂帅西征，西突厥灭国归顺

贞观年间，东突厥为太宗征服，贞观至高宗初年在塞内塞外分置六都督府和两都护府进行管辖。但是西突厥仍称霸西域，威胁着唐朝的西部安宁。永徽二年（651年），西突厥首领阿史那贺鲁击破唐朝的射匮可汗，在碎叶自称沙钵罗可汗，在那里设牙帐，侵扰大唐西部领域，向唐朝示威。

显庆元年（656年），任葱山道行军总管的老将程知节受命讨伐西突厥。击其歌罗、处月二部，斩首千余。副总管周智度进攻骑施、处木昆等部，也取得了胜利。同年十二月，程知节又率部达鹰娑州（今新疆焉耆），前军总管苏定方破西突厥别部鼠尼施。然而，副大总管王文度畏敌如虎，竟矫诏"以程知节恃勇轻敌，委王文度为之节制"，从而篡夺了兵权主管，力主防守，勒兵不进。后又杀死前来投降的突厥人，分其财物，苏定方屡劝不从，造成将士离心，无功而返。后来高宗、武后查得实情，把王文度治罪除名，并将程知节以"逗留"不进免去官职。

西突厥见唐军退却，再无担忧，于是更加猖獗。不断袭扰大唐西部边境，武后与高宗于是大胆起用苏定方为伊犁道行军总管，再率燕然都护府任雅相等将领，发兵征讨西突厥。

苏定方，名烈，以字行世，于是后人通称他为苏定方。汉族，冀州武邑（今属河北省）人，生于592年，后迁居始平（今陕西兴平以南）。苏定方少时以勇猛闻名，十五岁随父上战场，原来是窦建德的部下，后归李唐，在李靖部下效命，并成为李靖的徒弟，李靖传授给他毕生的兵法之学，所以他也是李靖兵法的继承人。

630 年，苏定方随李靖突袭东突厥，他率两百骑兵为前锋，乘天大雾，直冲进敌军统帅的帅帐，杀得颉利可汗猝不及防，仓皇逃走，为阴山之战的胜利作出了贡献。以后又随程名振东征高句丽，得胜归朝。历任唐朝左武侯中郎将、左卫中郎将、左骁卫大将军、左卫大将军之职，封邢国公，加食邢州、巨鹿三百户。苏定方从一员普通战将，靠战功累迁为禁军高级将领，并以其先后灭三国、擒三主的非凡战绩和正直的为人而深受唐太宗和唐高宗的赏识与信任，屡委以重任，是唐初的一员得力干将。

前次出兵突厥，苏定方为前军总管，已取得胜利。当王文度杀降取物时，他说："如果这么做，我们就成了强盗，还有什么名目再征战杀敌啊！"而当王文度按师不进时，士兵终日骑在马上不动，披着铠甲结成阵势，非常疲苦，许多马匹都被冻饿而死了。他要求主动出战，向程知节说："出师就是为了讨伐敌人的，今天却守在这里不动，如果敌人来攻就等着失败。皇上以公为大将，怎么能让副将说了算呢？请逮捕王文度，飞表上奏。"但程知节并没有听从他的意见。

武后与高宗调查得知了前方将帅的表现，才特授苏定方为主帅，再度出师征讨西突厥的。

苏定方果然不负所望，以他的勇气、谋略和智慧，取得了讨伐西突厥的重大军事胜利。当他率领大军进逼西突厥时，沙钵罗倾其全军而迎，拥有十万军队。大兵在今天的额尔齐斯河的西岸列阵，绵延十里。苏定方自为前驱，只率精兵万余靠近了敌营。沙钵罗自以为兵力超苏定方十倍，乃长驰直进，企图围歼唐军。苏定方令步兵据南原，枪刺尽向外，待敌深入而击，自率骑兵在北原列阵候敌。

沙钵罗欺苏定方兵寡，挥军攻南原的步兵阵地。而几次冲击，苏定方布置的步兵阵地坚如磐石。苏定方看见敌军气馁了，便率骑兵向敌阵冲锋，唐军无不奋勇争先，敌军挡不住唐军的攻势，大溃而逃。苏定方挥师全力追击，赶了三十里，斩获数万人。第二天继续进攻，西突厥军队和群众纷纷投降，沙钵罗仅率数百骑西窜。

苏定方兵进伊犁河西部的邪罗斯川，继续追击沙钵罗。此时北风疾吹，大雪纷飞，很快平地积雪二尺。诸将请求雪晴再追击敌人主帅，苏定方则说："敌人正恃大雪相阻，必以为我军不能前时，一定会在附近休整。我军正好借机猛进，必要擒拿敌首。如等待天晴，敌人也会远窜，想擒获就困难了。吃些苦头，建立大功的时候到了！"于是挥军踏雪速行，所到之处，突厥纷纷投降。

到了双河，离沙钵罗牙帐二百里时，苏定方命部队列阵推进。追不多久，正好遇见沙钵罗与残部射猎寻食。苏定方乘其不备，纵兵攻击，再斩获沙钵罗部众数万，沙钵罗再度逃走。不久，即被投降唐军的土人执送唐营，西突厥宣告灭亡。沙钵罗可汗被押送长安，为高宗免死封官，病死于长安。

西突厥王陵出土文物

高宗、武后命于西突厥故地天山北路建北庭都护府，统辖昆陵、濛池二都护和二十三个都督府。龙朔二年（662 年）在天山南路分置十六个都督府，及八十州，一百一十个县，军府一百二十六个，皆隶属安西都护府。

这次对西突厥的用兵，是贞观以后，高宗朝取得的首次军事胜利。从而解除了西突厥在唐朝西境的威胁，恢复了唐朝在西域的统治地位，对巩固西部边联，维护国家统一，发展中原和西域各民族的经济文化交流，发展商业流通，起到了积极作用。

三、薛仁贵扬名高句丽，唐二帝器重将才

在大唐东部的朝鲜半岛上，有高句丽、百济和新罗三国鼎立。新罗与唐朝关系密切，却受到高句丽和百济的联合进攻，唐太宗晚年曾钦征高句丽，但却无功而返。

显庆三年（658年），高句丽、百济夺新罗33城，形势危急，向唐朝求救。高宗、武后遣营州都督程名振和中郎将薛仁贵攻高句丽。

薛仁贵，名礼，和苏定方一样，仁贵是他的字，汉族，山西绛州龙门修村人（今山西河津市城东十里之遥的修村），唐朝名将，著名军事家、政治家，薛仁贵属于河东薛氏家族，但是到他的一辈已经没落。父亲薛轨早丧，虽自幼家贫，但是习文练武，刻苦努力，天生臂力过人，生得一副大饭量，长大务农，娶妻柳氏。到30岁的时候，记载中描写他穷困不得志，希望迁移祖坟，以希望带来好运，他的妻子说："有本事的人，要善于抓住时机。现在当今皇帝御驾亲征辽东，正是需要猛将的时候，你有这一身的本事，何不从军立个功名？等你富贵还乡，再改葬父母也不迟！"仁贵听了，觉得有道理，就告别妻子，去新绛州城里找张士贵将军，应征入伍，开始了他驰骋沙场40年的传奇经历。

因为丰富的民间传说，薛仁贵是中国家喻户晓的唐朝将领，他跨海征东的故事被编成小说和戏剧，千百年来一直流传，为人欣赏。

贞观十九年（645年），唐太宗于洛阳出发出征高句丽。同年三月，在辽东安地战场上，唐朝将领刘君邛被敌军团团围困，无法脱身，无人能救，危难时刻，薛仁贵挺身而出，单枪匹马直冲敌阵，立取高句丽一将领人头，将头悬挂于马上，敌人观之胆寒，遂退，刘君邛被救。

此时薛仁贵只是唐军的一个小兵，但敢为大将之事，勇气甚佳，本领更佳，此役过后，薛仁贵名扬军中。

随后不久，薛仁贵在安市之战中把自己的武艺发挥得淋漓尽致，

凭此一战，完全可以说他是唐朝武力第一猛将。贞观十九年（645年）四月，唐军前锋进抵高句丽，不断击败高句丽守军，六月，至安市，高句丽莫离支遣将高延寿、高惠真率大军25万依山驻扎，抗拒唐军。唐太宗视察地形后，命诸将率军分头进击。此战薛仁贵可能是要把握机会出名，于是身着与其他士兵不一样的白衣，手持方天画戟，腰挎两张大弓，单骑冲入敌阵，一个人杀入敌人25万大军的阵势里面，此举比赵云犹有过之，薛仁贵在敌阵中来回冲杀，把敌人打得阵形混乱无法战斗，高延寿、高惠真屡次想重新组织队列杀起来，可是总被薛仁贵冲杀得七零八落，唐军见状喊声雷动，士气遮天，大举扑杀过来，将高句丽军杀得大败溃逃。

薛仁贵白袍长戟单骑冲阵时，李世民在远远的地方望见有个白袍小将在人山人海中激烈搏杀，既惊且喜。战后，李世民立即召见还只是小兵的薛仁贵，赐马2匹、绢40匹、生口10人为奴，并提拔为游击将军、云泉府果毅，在当时，一个身无任何官职的小兵被皇帝亲自召见并大加封赏，实是从未有过的殊荣，可见薛仁贵实力非同小可。

后来唐军被困在安市城，江夏王李道宗献策派兵偷袭平壤，以调虎离山之计将安市城敌军引向平壤一线，以攻取安市城。因为皇帝在军中，长孙无忌极力劝阻，恐皇帝安危，不敢偷袭平壤，未成。加之李勣大放厥词说破城之日，将屠杀城内军民百姓，以至于守城将士更加齐心合力，此后久攻不克，后值冬天大雪，粮草不济，唐军遂撤退。途中，李世民对薛仁贵说了这样的一番话："朕旧将并老，不堪受阃外之寄，每欲抽擢骁雄，莫如卿者。朕不喜得辽东，喜得卿也。"意思是我的将领们都老了，现在遇到战事已经不堪忍受这种重负了，我想挑选年轻能干的将军，没有比得过你的了，这次征伐，就算得到辽东也不是我高兴的，我所高兴的，是能得到你这样的一个将才啊。"唐太宗以辽东大地，百万领土来评价薛仁贵，不但是对他的器重，亦足可看出他的能力。

回到中原后，薛仁贵被委以重任，统领宫廷禁卫军，被派驻扎玄武门，宫廷禁卫军职位虽不是特别高，但那是守卫皇帝的安全工作，是很重要的职位，一个农民出身的士兵而且无任何家庭背景和人际关系的人，可以被皇帝这样信任，足可见其忠义与实力，加上那是唐太宗得天下的门，意义非凡。就这样没什么战事，薛仁贵"守天下之门"守了12年半，其间唐太宗也去世了，英雄基本赋闲了13年。

薛仁贵雕像

纵观薛仁贵起家，是唐太宗亲自发现了这块埋在土里的金子，但是真正给了他叱咤风云的军事舞台的人，却是唐太宗的儿子唐高宗李治。唐高宗永徽五年（654年），闰五月初三夜，天降大雨，山洪暴发。水冲至玄武门，保护皇帝的人大多都已逃命去了，薛仁贵十分愤怒，说："安有天子有急，辄敢惧死?"然后，薛仁贵冒死登门框向皇宫大呼以救高宗。唐高宗感其恩，说："赖得卿呼，方免沦溺，始知有忠臣也。"多亏靠了你，我才没有被水溺死，我才知道这世上有

忠臣啊，并特赐御马一匹。根据记载，这次山洪附近死了几千人。幸好薛仁贵在，否则中国历史可能就该改变了。唐高宗非常感谢薛仁贵，以至于日后多次提起这事，这件功劳虽不是什么开疆拓土的大功，但是皇帝认为这一救命之恩，功劳很大，从此薛仁贵的人生又上了一个新台阶。

四、活捉高句丽神箭手，生擒契丹可汗王

显庆三年（658年），已经44岁的薛仁贵，终于开始自己统率军队，开始了他那流传东亚各国千年传奇的将领生涯。显庆三年（658年），高句丽犯边，兵力直逼燕地，薛仁贵和营州都督兼东夷都护程名振前征高句丽，6月，高句丽派遣大将豆方娄率军3万人迎战唐军，被薛仁贵击败，斩首3000级。显庆四年（659年），薛仁贵率军与高句丽大将温沙门大战，薛仁贵匹马当先带兵冲杀，高句丽军无法抵挡，大败而逃。

薛仁贵此时已是军队的统帅，还能身先士卒，足见勇猛与胆气。

同月，唐军又与高句丽军交战，高句丽一神箭手，连续射杀唐军10余人，薛仁贵见到后怒发冲冠，并没有用他最擅长的射箭与对方对垒，而是直马冲过去，那神箭手射箭皆被薛仁贵躲开，冲到近处伸手就将那神箭手活捉而回。同年12月，薛仁贵与辛文陵在黑山击败契丹。擒契丹王阿卜固及诸首领，押送东都洛阳。薛仁贵因功升任左武卫将军，封为河东县男。这次生擒的契丹王是薛仁贵生擒的第一位政权君主。

五、薛礼三箭定天山，壮士长歌入汉关

龙朔元年（661年），铁勒进犯唐边。薛仁贵为铁勒道行军副大总管。出发前唐高宗宴请诸将士，唐高宗早听闻薛仁贵善射，想一见

其威力，就在席间对薛仁贵说："古善射有穿七札者，卿试以五甲射焉。"就是问薛仁贵能不能一箭射穿五层铠甲。薛仁贵一笑应命，置甲取弓箭射去，只听弓弦响过，箭已穿五甲而过。唐高宗大吃一惊，心下大喜，当即命人取更加坚固的铠甲赏赐薛仁贵。

龙朔二年（662年），回纥铁勒九姓突厥（九个部落联盟）得知唐军将至，便聚兵10余万人，凭借天山（今蒙古杭爱山）有利地形，阻击唐军。当年三月初一，唐军与铁勒交战于天山，铁勒派几十员大将前来挑战，薛仁贵应声出战，独挑几十人，连发三箭，敌人3员将领坠马而亡，敌大军见之，立即混乱，薛仁贵指挥大军趁势掩杀，将敌人迅速消灭。

唐代胡俑

之后薛仁贵继续北进，将铁勒九部的首领伪叶护三兄弟生擒，从此回纥九姓突厥衰落。当时民间流传歌谣"将军三箭定天山，战士长歌入汉关"。正是歌颂薛仁贵仗打得漂亮，战争本来是艰苦、残忍的事情，士兵们却能在轻松战胜后唱着歌回家，表达了军民将士们的喜悦之情。

这次战役虽然大胜，但由于薛仁贵不是主将，担任主将的郑仁泰却犯了错误，导致了这次战争不完美。铁勒的思结、多览葛等部落本来要投降，郑仁泰不结纳，反而出兵捕获了对方的家属，赏赐给部下，这些部落只好逃亡。郑仁泰派兵追赶，不但没有找到敌军，还因为缺乏粮草，损失了许多兵员。本来这次大战可以一举消灭铁勒，开拓唐朝北方边疆，从而遏制东突厥势力的发展，但由于主将郑仁泰的严重政治性错误使得此战前功尽弃。但薛仁贵三箭定天山，使得对唐边境威胁达数十年的铁勒族在不到一个月就马上衰败，也是创下了军事奇迹了。

六、苏定方渡海灭百济，刘仁轨大军扫东夷

显庆五年（660年），百济攻新罗，高宗、武后诏令薛仁贵等与战，两军在横山大战，打败了高句丽大将温沙门，取得了胜利。而唐军主力十万由神邱道行军大总管统带，讨伐百济。苏定方于同年八月在山东城山渡海至朝鲜半岛，与百济军队战于熊津江口，大败百济军。苏定方挥师追击，直抵其都城固麻。两军又于城下大战，百济全军败绩，百济王义慈与太子隆逃至固麻以北的一个小城。苏定方追至城下，迫其五部、三十七郡部众全部投降，唐朝在百济置熊津等五个都督府。

苏定方押着义慈父子献俘于朝廷。同年十一月戊戌，高宗、武后登上则天门接受俘虏，又当场释放，表现了赫赫的大国风度，使唐太宗征服朝鲜半岛的愿望初步得到实现。

龙朔元年（661年）三月，高宗在胜利的冲动下想效法父皇，亲征高句丽。此时，高句丽军队包围了中郎将刘仁愿留守的原百济都城。武后见高宗身体太差，劝阻亲征，连当时的战事，也由武后亲自布置指挥了。派检校刘仁轨率部入朝，往救刘仁愿。

刘仁轨是唐初宿儒名将，博学多才。战前他发出誓言："此去扫平东夷，颁大唐正朔于海表！"入朝迅速解了刘仁愿之围，于熊津口

结阵。随后，西路军主帅苏定方率军入朝，连战皆捷，遂围平壤。高句丽统帅泉盖苏文率数万军队坚守鸭绿江，与唐军任雅相等军交战，曾败高句丽军。但因任雅相病殁军中，苏定方久围平壤不下，武后再命回师。仅留刘仁轨、刘仁愿驻守熊津口。

尤朔二年（662年）七月，百济残军再叛，并向日本军请发援军进攻仁轨、仁愿军。两军战于白江，四战唐军皆胜，烧毁日本战船四百艘，百济同日本联军大败，仁愿归国。仁轨在百济统计户口、恢复生产，立唐社稷。百济人大悦，全境各安其业。刘仁轨率士卒在百济屯田，积粮备战，准备经略高句丽。

七、李勣天兵灭高句丽，薛礼仁政治朝鲜

隋唐之际，东北方最大的敌手势力是高句丽，它一直对中国领土有吞并野心，所以隋唐两朝四位君主都不停地东征高句丽，隋炀帝杨广曾三征高句丽，每次出兵都在 30 万以上，最多一次居然派出了112 万，号称200 万的大军，但高句丽依仗大海阻隔，大河屏障，又设坚城固守，并坚壁清野，结果对高句丽次次失败，并损失惨重，可以说强大的隋帝国的灭亡跟不断讨伐高句丽有很大关系。而唐太宗的数十万大军征伐时也被困在了安市城外，成为这位伟大帝王的终身遗憾，其他的征讨多为小规模的战争，但无论是大的战争还是小的战争，都只不过阻滞了高句丽的扩张步伐而已，没有损其根本。

而到了唐高宗时期，高句丽又不停地犯边，唐高宗决定完成父亲遗志，灭掉高句丽。乾封元年（666年），高句丽泉盖苏文死，长子泉男生继任莫离支，与其弟泉男建、泉男产不和，泉男建自称莫离支，发兵讨伐泉男生。泉男生于是派其子泉献诚到唐朝求援。同年六月初七，高宗任命右骁卫大将军契芯何力为辽东道安抚大使，领兵救援泉男生；任命泉献诚为右武卫将军，担任向导。左金吾卫将军庞同善、营州都督高侃为行军总管，共同讨伐高句丽。九月，庞同善大败高句丽军，薛仁贵也统兵出征高句丽。

到十二月，高宗命李勣为辽东道行军大总管，司列少常伯郝处俊为副大总管，契苾何力、庞同善亦为副大总管并兼安抚大使，水陆诸军总管和运粮使窦义积、独孤卿云、郭待封等亦受李勣节度，与薛仁贵、高侃诸路合击高句丽，同时征调河北诸州县的全部租赋以供辽东军用。

乾封二年（667年），高宗的病又加重了，他命令太子监国，想让武后交出手中的实权，这个时候太子李弘已经16岁了，按说应该具有一定的处理政事的能力了。他是如何表现的呢？太子弘的身体从来就很虚弱，经常生病，但他生性好学，对儒家经典具有宗教信仰般狂热的信任，小时候读《春秋左传》，读到楚王弑父的情节时竟然坚决拒绝读，认为这不是人干得出来的事情，是位仁孝加上一点纯洁主义至上的少年人，当然也少不了这个年龄的少年的某种逆反性格，他对母亲排挤父皇，亲自抓权的行为很看不惯，和母后的小小冲突也时有发生，这当然也是太子身边的老师教育的结果。

乾封二年（667年），李勣兵取高句丽军事重镇新城（今辽宁抚顺北高尔山城）。留契苾何力镇守，并趁势将附近的16座城池全部攻下。

唐军进攻高句丽，在军事方面是大致顺利的，九月，李勣攻克新城，契苾何力负责驻守新城，新城是一座战略上极其重要的城市，是整个战场的军事血脉的枢纽，地位不言而喻，而且李勣自己也说了"新城，高句丽西边要害，不先得之，余城未易取也"。而李勣却疏忽了对刚打下来的新城的防守，往往这样就会出事故，果然刚过几天，高句丽总头领之一泉男建率大军夜袭二人的军营，新城告急。关键时刻，薛仁贵率军狂奔而到，神降天兵，突然杀到，把处于劣势的形势瞬间扭转过来，倒过来斩杀敌人数百人，解救了新城之围。

同年十月，庞同善继续进攻，在金山路上遇到高句丽大军10多万人，被打得落荒回逃，高句丽军追得兴起，薛仁贵率本部兵马冲杀出来，将敌人大军拦腰截断，敌军大乱，薛仁贵领兵奋力杀敌，此战杀得昏天暗地，敌人数不胜数，最后薛仁贵大败高句丽军，斩首5万人。唐军乘胜攻占3城，与泉男生部会合，赢得了金山之战的胜利。

高宗亲笔写诏书慰劳仁贵："金山大阵，凶党实繁。卿身先士卒，奋不顾命，左冲右击，所向无敌，诸军贾勇，致斯克捷。宜善建功业，全此令名也。"金山之战是唐朝初年罕见的大规模遭遇战，是灭高句丽四大战役最关键、最大的一次战役，此战基本消灭高句丽精锐部队，为彻底胜利奠定基础。

高侃的军队就打得不怎么样了，他中了泉男建的埋伏，被打败，逃到金山，又打了败仗，高句丽军队得了便宜还卖乖，居然不知见好就收，竟然继续追击，薛仁贵引兵伏击，打得高句丽军伏尸5万，大败而逃，唐军趁机攻下南苏、木底、苍岩三城，与泉男生合兵一处。

另外一路郭待封率领水军开赴平壤，李勣派别将冯师本载着粮草辎重去支援他，没有想到冯师本没有能够在约定时间赶到预定地点，郭待封的军队缺乏食物，又想给李勣写信催粮，又怕被高句丽人得知虚实，于是故作玄虚地写了一首离合诗给李勣，李勣是个武人，哪看得懂，骂道："军事如此之急，居然还有心情写诗？我定要军法从事！"行军管记通事舍人元万顷向李勣解释了这首诗的意思，李勣于是另行派人给郭待封送去粮草。

元万顷很聪明但有时也犯糊涂，他写了一篇《檄高句丽文》，中间加了一句："不知守鸭绿之险。"泉男建也幽默，他回书说："谨受命！"于是命军队守住鸭绿江，唐兵因此不得渡，高宗听说大怒，把元万顷流放到岭南。

其实高宗流放元万顷，绝对不仅仅是因为他一言之失，而是因为元万顷是武后亲自提拔起来的北门学士之一，北门学士直接受命于武后，分宰相之权（也等于是分高宗之权），高宗也不是傻瓜，他也想打击打击老是跟他争夺权力的老婆，抓住这个漏洞，岂有放过之理？

废后事件之后，武后对宰相就不再信任，她亲自召集一批文人学士进入禁中，从事著述，又密令参决朝政，他们编了不少书，如

《列女传》《臣轨》《百僚新戒》《乐书》等，以武后的名义发表，为武后争取政治资本，领衔人物就是刘祎之和元万顷。

战争进入胶着状态后，对唐军士气影响最大的不是高句丽军队的骚扰，而是半岛冬天那零下二三十摄氏度的严冬，唐军的成分又较为复杂，全国各地及各族士卒都有，许多士兵由于长年在外，思乡情切，难耐严冬，就开始逃亡，但是由于受不了饥寒交迫，又不得不回大本营自首，受到留用察看的处分后又再次开赴前线，有的人两次三番的逃跑，这个时候再自首和抓回来受到的处分就不是留用察看，而是立即斩首示众！家属也要受到牵连。

太子李弘听到这种情况，就上奏谏议说："臣听说有很多逃卒家属也受到牵连，许多逃卒或者逾期自首者被抓回来都关入牢中准备定罪，实在是太可怜了，应该分情况对待，因为有的人是因病掉队，怕受处分而逃走，有的人是为敌军俘虏，有的人是已经战死而我军不知，有的人是因伤而不能行动等等，军令上一律从严，这太过分，应该区别对待。"但他的建议并没有被武则天采纳。因为他的话听起来是件好事，可是在战场上应该如何实行呢？儒生最大的毛病就是只能提出建议而缺乏实践能力，军队如果搞得像慈善机构，这样的军队能打胜仗吗？铁血治军是古今中外所有名将制胜的不二之道！

拖到第二年，也就是乾封三年（三月改元总章，668年）正月开春，武后任命右相刘仁轨为辽东道副大总管，继续增兵，不拔高句丽誓不罢休！二月，薛仁贵以三千精兵攻破高句丽名城扶余城，斩首万余人，对高句丽军队的士气打击十分严重，扶余川中四十余城望风请降。泉男建知道大势不好，拼凑出一支5万人的援军去救扶余城，李勣带领唐军杀死了其中的3万余人，乘胜进攻大行城，高句丽再也无力派遣援军了。

各路唐军会师，推进至鸭绿江。高句丽发兵抵抗，唐军奋勇出击，大败高句丽军，追奔200余里，攻振辱夷城（今朝鲜永柔境），高句丽其他各城守军或逃或降。唐军进至平壤城下，围平壤月余，高句丽王高藏派泉男产率首领98人出降。泉男建仍然闭门拒守，并多次遣兵出战，皆败。

九月十二日，高句丽僧信诚打开城门，唐军冲进城中，俘男建，高句丽全部平定。至此，立国八百余年，隋炀帝三征不下，唐太宗亲征不克的高句丽国，被李勣和薛仁贵等轻松灭国。

总章元年十月，李勣带领大军凯旋，军中奏起破阵乐，沿途百姓夹道欢迎，欢歌颂舞，其中包括十几万请求内附的原高句丽国民。唐朝将高句丽原有之五部，一百七十六城，六十九万余户，重新分为九都督府，四十二州、百县，在平壤设立都护府，命薛仁贵率二万士卒驻扎在此，镇抚高句丽全境，并封为济右威卫大将军，平阳郡公。十二月，高宗与武后双圣，驾临蓬莱宫含元殿，赦免高句丽王藏的罪行，封为司平大常伯员外，养老终生。其余高句丽官员，分别派任为各地都督、刺史、县令等官员，正式成为唐朝的官吏。

薛仁贵雕像

133

至此，历时一百多年的高句丽之乱终被平定，高宗与武后完成了隋唐两代天子的夙愿！

那么为什么隋炀帝和唐太宗都攻不下的高句丽，却由唐高宗和武则天最终完成了呢？原因固然是多方面的，但有一个重要的原因就是用人得当。《资治通鉴》里有一段精彩记载：侍御史贾言忠从高句丽回来，高宗问他高句丽是否能够攻下，他回答说："高句丽必平。"高宗问："你怎么知道？"贾言忠回答："隋炀帝攻高句丽而不克是因为人心离散的缘故，先帝（唐太宗）攻高句丽不克是因为高句丽内部未乱。但是现在高藏为人微弱，权臣用命，盖苏文死了，男建兄弟又自己争斗，男生倾心内附，高句丽虚实尽入我们掌握之中，而且现在国家富强（战争拼的是钱，这句话可是没一点儿错处，任何一个国家和中华这样的大国陷入胶着状态都必败无疑），将士尽力，高句丽又人心离散，所以我们肯定能够打败他们。"高宗又问他："辽东诸将谁贤？"贾言忠说："薛仁贵勇冠三军，庞同善治军严整，高侃勤俭忠果有谋，契苾何力沈毅能断，有统帅之才，而李勣更是夙夜小心，忘身忧国，全力以赴。"高宗深以为然。

以上可见武后的识人之明，其实一位君主只要做好三件事就可以获得成功，这三件事是：一为政由己出，权力不能放手。权力一放手你就不再是君主，甚至于脑袋都保不住，所以在中国古代的制度下，要做好君主这是第一要务。二是明察善断，下不容奸；三是知人善任。只要你会用人，那么这个天下就是稳当的。武后基本上做到了以上三条，所以作为君主她无疑是成功的。当然，这也不能够说完全是武后的功劳，毕竟高宗才是完全掌握国家权力的最高统治者，所以说这应该是高宗武后共同努力的结果。

为什么隋唐两任天子都以攻灭高句丽为己任呢？其原因如下：一是他们都认为高句丽所统治的区域是中华故地，故地当然是应该收复的。公元前11世纪，殷人箕子率族人东走朝鲜，受周封爵，战国时，附于燕，秦灭燕，设郡县。汉初燕人卫满东渡鸭绿江，自立为王，定都平壤，称朝鲜王。汉武帝元封三年（前108年）灭卫氏朝鲜，设乐浪（平壤）、临屯、玄菟、真番（汉城）四郡，后又罢临屯真番，其地并入乐浪玄菟。东汉末年，辽东太守公孙康在乐浪郡南另设带方郡，曹魏覆灭公孙氏，直至魏晋，中原王朝仍然控制着辽东半岛和朝鲜北部，实行和中原王朝一样的郡县制度。

1世纪初，高句丽的创业之主朱蒙从扶余南逃，在朝鲜北部及今吉林东部长白山地区建立了政权，东汉时多次发生战争，晋末丧乱，他们趁中原无力北顾时才鲸吞了乐浪郡，十六国南北朝时，多次遣使与中原王朝通好，中原人为逃避战乱，也有不少逃避高句丽的，他们的文字文化官制社会风俗均与我中原相同，当时的高句丽王也从未将自己视为外人，而将自己视为与南北朝鼎足三分的王朝。

二是高句丽人趁中国南北两朝对峙的时机两头交好，趁机发展自己，称霸一时，而隋朝统一中国，就打破了这种三足的均势，高句丽人当然不舒服，每次隋唐要有什么大动作的时候都会受到高句丽的骚扰，癣疥之患也让人头痛。这是隋唐天子所不能够忍受的。所以攻灭高句丽就成了必然之事。

但就攻灭高句丽国这件军事大功而言，与其说是高宗的政绩还不如说是武后的政绩，在对付高句丽的最艰难时刻里，高宗大部分时间是在养病，太子李弘也不可能真正地与母后争权，所以武后才是真正的总指挥兼总后勤，经过灭亡高句丽事件之后，武则天对政权和军权的控制力更牢了，她的威望更进一步地提高，对自己的信心也更加增强了。

八、西南边陲战事起，黑齿常之破吐蕃

朝鲜平定仅二年，西部烽烟又起。咸亨元年夏四月，吐蕃攻陷西域十八州。时称"二圣"的高宗、武后派薛仁贵、阿史那道真和郭待封率大军西征。

吐蕃本是唐朝的友好邻国，贞观八年时，吐蕃王松赞干布统一吐蕃各部，建都城于"逻那城"，即今拉萨市。松赞干布遣使纳贡向大

唐求婚，太宗送文成公主与吐蕃和亲，松赞干布为文成公主筑城，建宫殿。自此以后，唐、吐关系密切起来。高宗永徽年间，文成公主派使至大唐，要求高宗派遣养蚕缫丝、造酒、制造纸墨等工匠，得到许可，吐蕃的社会生产力由此快速发展起来，国力渐渐强大。

松赞干布像

时过不久，日渐昌盛的吐蕃贪图唐朝疆土，开始向唐朝西部边区进犯，迫唐朝再度用兵西北。

于是在咸亨元年夏，薛仁贵率大军先行，辎重随后。唐军在积石河口大败吐蕃兵，但由郭待封看守的军需辎重全部被吐蕃夺走，薛仁贵只好退守待援。唐军失去军需粮草，无力作战，被吐蕃大军打败，几乎全军覆没，唐朝只得与吐蕃罢兵，薛仁贵、郭待封率残兵东归，皆被贬谪。

仪凤元年八月，吐蕃又犯叠州（今甘肃迭部县），时称天皇、天后的高宗和武则天令宰相刘仁轨出师，但受朝中李敬玄掣肘，则以李代刘前往。

正月十九日，李敬玄代替刘仁轨为洮河道大总管兼安抚大使，仍检校鄯州都督；工部尚书、卫大将军刘审礼为洮河道行军司马，统军出击；并敕益州长史李孝逸、巂州都督拓王奉益调动剑南道等地之兵，配合作战。二十六日，唐高宗又派金吾将军曹怀舜等分赴黄河南北等地广招精兵良将，很快组建了一支精锐之旅。

这次，唐朝以18万兵马逼近吐蕃，可谓空前。黑齿常之也以本部兵马随李敬玄、刘审礼出征。吐蕃闻讯后，即以名将噶尔·钦陵为帅，督兵严阵以待。七月，双方在龙支交战。唐军将领张虔勖率精兵，一日连取两阵。吐蕃军诈败，一退数百里。唐军轻率进击，刘审礼领前队人马深入，屯兵于濠所。噶尔·钦陵突出奇兵，猛攻唐军营帐。刘审礼率军力敌，但寡不敌众，未能突破重围。此时唐军形势危急，但身为主帅的李敬玄看到吐蕃兵士众多，却怯懦畏战，按兵不动，以图自保。结果唐军前锋部队于九月二十日全军覆没，刘审礼被俘。李敬玄闻讯，狼狈撤退，率部奔逃至廓州广威县西南的承凤岭，凭借泥沟结阵自固。吐蕃追兵赶到后，先占据制高点，形成居高临下之势，然后以优势兵力围唐军，使唐军陷于死地。李敬玄无计可施，只好率部坐以待毙。此时黑齿常之看到形势对唐军不利，遂率由500兵士组成的敢死队，深夜偷袭吐蕃兵营。吐蕃自恃兵多，没有料到唐军会有此举，所以未设防备。黑齿常之偷袭成功，吐蕃兵营顿时大乱，死300余人，将军跋地设匆忙中引军逃命。李敬玄这才得以收集余众，返回鄯州，但已损兵过半。

此次征战，唐军主帅李敬玄由于怯懦畏战，又消极防守，使唐军陷于被动挨打的绝境。幸亏身为部将的黑齿常之在关键时刻能够审时度势，率猛士背水一战，夜袭吐蕃军营，方使唐军能够化险为夷，可谓力挽狂澜。唐高宗闻报后，嘉赏黑齿常之之功，擢其为左武卫将军，兼检校左羽林军，充河源军副使，并赐黄金五百两、绢五百匹。

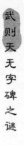

将指挥不力的李敬玄贬为衡州刺史。

不久，唐高宗又遣以猛士从军的监察御史娄师德出使吐蕃，双方达成和解。由此吐蕃数年不再犯边。黑齿常之和娄师德从此成为抵抗吐蕃入侵的著名将领。

承风岭战败以后，唐高宗常以吐蕃为忧，故多次召集大臣商议对策。由于大臣们意见不一、争论不休，竟议而未决。后来太学生魏元忠在上书中提出了防御三策：即"选将当以智略为本，勇力为末"；"赏厚有功"，"罚重有过"；"开畜马之禁，使百姓皆得畜"。此举深得高宗"叹异"，从此，唐朝在河陇一带改取守势，屯田备边。

吐蕃虽然与唐朝达成和解，但并没放弃河陇，而是伺机再发起进攻。调露元年，吐蕃由于连年征战，国内厌战情绪日益增高。十月，文成公主遣吐蕃大臣论塞调傍就赞普去世事到唐朝告丧，请婚求和，双方遂再开和谈。但调露二年，吐蕃噶尔家族利用短暂的休战之机，铲除政敌，清理"叛臣"，重新巩固其地位，唐蕃亦再度破裂。

七月，噶尔·钦陵统率吐蕃军再次向河源地区发起进攻。黑齿常之率部迎击，将其击退。黑齿常之因功被擢升为河源军经略大使，并赏物四百匹。黑齿常之任职后，认为河源地区为唐蕃力争冲要之地，但地处边远，运输不畅，遂于该地置烽燧 70 余所，开屯田 5000 余顷，每年收粮达 500 余万石，由是军粮充足，有力地保障了唐军的供给。在黑齿常之不懈的努力下，唐朝的河源防线更为牢固，成为抗御吐蕃的中坚力量。吐蕃见河源防线牢不可破，被迫将主攻方向改为西域和剑南两个方向。而西域方向又因安西都护王方翼经营有方，也使吐蕃无计可施，只好改向剑南方向发展。

不久，吐蕃又在生羌的导引下，攻占了茂州的安戎城，留兵据守。由是吐蕃"地方万余里，诸胡之盛，莫与为比"。吐蕃对西南边境的大肆侵扰，引起了唐廷的极大关注。此时，吐蕃驻防河源前线的将军噶尔·赞婆自从唐朝加强了防卫力量，不甘心受黑齿常之所制，也率部 3 万屯田于良非川。唐高宗遂决意对吐蕃用兵。开耀元年五月二十一日，黑齿常之奉命出击。此次出击的目的一是破坏噶尔·赞婆的屯田；二是牵制吐蕃在剑南的军事力量。黑齿常之率精骑万余乘夜突袭吐蕃兵营，唐军大获全胜，斩首 2000 级，缴获羊、马数万，噶尔·赞婆等单骑而逃。随即黑齿常之将吐蕃粮仓等尽数烧毁，引军回撤。

黑齿常之在河源军前后共 7 年，多次打败吐蕃，使吐蕃兵众闻风丧胆，多年不敢侵犯边疆。

九、王孝杰连战制吐蕃，狄仁杰大名退契丹

高宗时期的许多大政都是武则天经手的，特别是到后期，高宗常卧病在床，军国大事基本都由武则天做主，武则天临朝称制后，最初几年四境无事。自垂拱三年（687 年）突厥、吐蕃、契丹又先后犯边。武则天凭借雄厚的国力和多年处理边境战争的经验，调兵遣将，逐一平服，使边境复归平静。

先是突厥部于垂拱三年（687 年）犯昌平、朔州等地，武则天命左右鹰扬大将军黑齿常之和李多祚讨伐。二将皆为智勇双全的少数民族老将军，在朔州大破乱军，突厥军队退走漠北。

长寿元年（692 年），吐蕃再起。武则天派武威军总管王孝杰、武卫大将军阿史那忠节率兵击之。王孝杰也是一位久经战场的老将，他连败吐蕃犯边之军，恢复了战前的西部边疆形势。

其间，唐朝东北边族契丹强盛起来，当西部边患平息后，威胁唐朝的便是契丹族。太宗贞观年间，契丹臣服大唐。

万岁通天元年（696 年），大唐营州（今辽宁锦州市）都督赵文翙施行暴政，虐待臣服大唐的契丹酋长，激起边事。这年五月，契丹松漠都督李尽忠、归诚州刺史孙万荣攻陷营州，杀死赵文翙。李尽忠自称无上可汗，占据营州。以李万荣为前锋，四处攻略，数日间有兵数万，进军檀州。

武则天闻警即派鹰扬卫将军曹仁师、右金吾卫大将军张玄遇、左威卫大将军李多祚等二十八将讨之。

文成公主像

但是，唐朝大军未及对阵已中奸计大败。契丹破营州后把俘获的官兵囚在地牢里，然后派人告诉俘囚："我们是契丹军士的家属，已饥寒难活，待官兵一到就投降大唐。"征讨军将到时，又把这些俘囚放出来，告诉说："养你们无粮，杀你们不忍，放你们回去吧！"俘囚们回至幽州向唐朝官佐说："契丹粮食奇缺，人心思降。"各路将领信以为真，乃轻骑驱行，争先恐后。兵至黄獐后，又有契丹老弱兵迎降。唐兵更加急行。结果中了埋伏，骑兵被绊索绊倒，将卒死者填满山谷。生擒右金吾大将军张玄遇、司农卿麻仁节。契丹军又迫令张玄遇在假文件上署名，派人给后军总管燕匪石等。催他们急行军赶往营州。结果，唐军再度中伏，致使全军覆没。

武则天闻报大怒。她下令："天下系囚及庶士家奴骁勇者，官偿其值，发以击契丹！"令山东近边各州置武骑团兵。其意思是广泛征集兵员，发动近离战场地区的民众，组织抗契丹的军队，坚决消灭契丹叛军。

140

　　武则天并任命同州刺史武攸宜为右武卫大将军，任清边道行军大总管；以英勇善战的王孝杰为清边道行军总管；右拾遗陈子昂为攸宜府参谋。集中了十八万大军讨伐契丹。

　　与此同时，契丹又进攻崇州，龙山军副使许钦寂战败被擒。契丹军再围安东都护府城，逼迫许钦寂劝降，钦寂向城中的安东都护裴玄珪大声喊："契丹狂贼，灭在朝夕，裴公要鼓励将士杀贼守城以全忠节啊！"契丹人便把他杀死在城下。

契丹骑兵雕像

　　因契丹反叛，吐蕃和突厥也活跃起来，形势复杂而紧迫。突厥酋长默啜请武则天收他为子，为他的女儿向大唐求婚，并要求返回河西之地，答应这些条件就率部为大唐讨伐契丹。武则天就授他左卫大将军、迁善可汗。而吐蕃向大唐提出种种条件，伤及国体，则被拒绝。

　　这年十月，契丹叛首李尽忠死了，孙万荣代领其众。默啜乘机袭击松漠，俘虏了李尽忠和孙万荣的家属。武则天拜默啜为颉跌施大单于、立功报国可汗。

　　孙万荣则更加穷凶极恶，便收拾余众，向河北进攻。于是，先攻陷冀州（今河北冀县），杀刺史陈宝积和官吏人民数千，继攻瀛洲（今河北保定）。河北震动，纷纷逃散。形势极为凶险。武则天想起了被贬为彭泽令的狄仁杰来，便下诏起用狄仁杰为魏州（今河北大名）刺史。前刺史独孤思庄为防契丹进攻，正在组织老百姓运土搬石，修筑城垒，紧急备战。狄仁杰到任后，便下令解散，让百姓回家各安其业。守将们不理解，狄仁杰说："贼犹在远，何烦如是！万一贼来，吾自当之。"官民人等闻言人心顿安，而契丹人闻狄仁杰之名，竟不战自退，于是百姓们都编出歌来颂扬他，立碑纪念他的功德。武则天又令狄仁杰为幽州（今北京市）都督，抵御契丹的进攻。后来被贬为原州司马的娄师德也被起用，镇守一方抵御契丹。

决战时机到来了。神功元年（697年）三月，武则天命王孝杰率17万大军进攻契丹军，与孙万荣在东硖石谷大战。契丹被打得大败而逃，王孝杰督兵紧追不舍。行至绝险的山岭上，契丹军回兵再战。王孝杰的后军苏宏晖竟然自乱其阵，弃甲逃走。王孝杰兵力单薄，被契丹人马迫上悬崖，坠谷而死，兵将也死亡殆尽。

武则天闻此军情，派使者至军中斩苏宏晖，但使者尚未到达，苏宏晖又立了战功，得免其死。武则天追赠王孝杰的官爵。

之后契丹更加猖狂，在边境地区烧杀掳掠，武则天愈愤契丹人的叛恶行径，再派大军前往讨伐。

孙万荣攻破王孝杰军后，在柳城西北方400里处依险筑新城，留下部队防守，自引精兵攻幽州。此时，默啜得到了武则天的赏赐，发兵攻袭契丹的新城，围城三日而破之。尽俘其众，获其财物而还。孙万荣正与唐军对峙，闻新城被毁，后备尽失，大为恐慌。唐前军总管张九节乘势攻击，孙万荣大败，逃至潞水，息于林下叹曰："今欲归唐，罪已大。归突厥亦死，归新罗亦死。将安之乎！"当时随行的只有几个家奴了，见他穷途末路，便把他杀死，向唐朝投降。自此，契丹叛乱才被平息。

十、武则天武功赫赫，唐王朝称雄世界

在唐高宗和武则天统治时期，唐朝边疆虽然屡遭侵扰，但大唐雄兵四面出击，基本都能取胜拓土，所以在武则天执政时期，唐朝的疆

域超过了历史上任何朝代，成为整个世界当之无愧的霸主。

有唐一代，总计在边陲地区设置了九大都护府，但武则天自己就设置了五个，并且将唐太宗设置的安西都护府也扩大了辖区范围。

都护府是唐朝在边疆民族地理设置的特别行政机构。分为大都护府和上都护府。大都护从二品，上都护正三品。都护的职责是"抚慰诸藩，辑宁外寇"，凡对周边民族之"抚慰、征讨、叙功、罚过事宜，皆其所统。它的出现，是唐初边疆地区民族关系发展的客观需要。许多部落自武德起就主动内附。自太宗年间起，唐朝先后平定了突厥、薛延陀等部，更多的边疆部族纷纷降附。唐王朝面临着如何处置众多归附民族的课题。由于数百年民族联系的不断加强，友好往来的不断增长以及唐初统治者民族偏见较少，唐太宗将治理内地的经验推广到周边，于少数民族地区列置州县，使各部首领管理本部。为管理这些州县，唐王朝又仿汉代西域都护府的建制在民族地区设置都护府。从太宗至武后，建立了安东、东夷、安北、单于、安西、北庭、昆陵、蒙池、安南等九个都护府。到玄宗开元天宝时，只剩下安东、安北、单于、安西、北庭、安南都护府，这就是著名的六都护府。

都护府是唐王朝加强地方统治，处理民族关系采取的重要举措，也是唐朝前期政治清明、经济发展、社会繁荣的原因之一。这项制度对后世产生了非常深远的影响。

武则天设立的五个都护府如下。

1. 单于都护府

贞观四年三月，唐朝大将李靖俘颉利可汗，灭亡东突厥。唐太宗在突利可汗故地设置顺、祐、化、长四州都督府，颉利可汗故地置定襄都督府、云中都督府。永徽元年唐平突厥车鼻可汗，"突厥诸部尽为封疆之臣"，乃于其地设瀚海都护府，领狼山、云中、桑干三都督府，苏农等二十四州，与燕然都护府壤地交错。龙朔三年，移治云中古城，改名云中都护府，移燕然都护府于碛北，并改名瀚海都护府，遂以碛为界，碛南诸都督府州隶云中。麟德元年，武则天改其为单于都护府，辖境北距大漠、南抵黄河。高宗末年后突厥兴起，尽拔诸羁

縻府州。垂拱二年改置镇守使，圣历元年并入安北都护府。开元八年复为单于都护府，安北都护府移治中受降城。

2. 安东都护府

总章元年（668年），唐朝灭亡高句丽后，在平壤设置安东都护府以统辖其地，所辖包括辽东半岛全部、朝鲜半岛北部、吉林西北地区和朝鲜半岛西南部的百济故地，包括有今乌苏里江以东和黑龙江下游西岸及库页岛直至大海。上元三年（676年），唐将安东都护府治所迁往辽东故城（今辽阳）。仪凤二年（677年），迁治新城（今抚顺高尔山）。

在平定高句丽，安抚册封渤海、契丹、奚、靺鞨、室韦等民族的基础上，唐朝在东北先后设置了安东都护府、营州上都督府、饶乐都督府、松漠都督府、渤海都督府、黑水都督府、室韦都督府等。以都护府、督都府、州、道等行政体制对东北进行行政管理，开发建设东北。安东都护府初隶河北道营州都督府；武则天初年以幽州都督兼安东都护；长安四年（704年）以幽、营州都督兼安东都护；开元七年（719年）以平卢节度使兼领安东都护；开元二十年（732年）以幽州节度使兼领安东都护及平卢节度使；天宝元年（742年）幽州节度使改为范阳节度使，平卢节度使从中划出，以平卢节度使兼领安东都护。

安东都护府是军政合一的地方行政机构，其在地方行政体制上接受唐中央政府双重体制管辖。一方面，都护府作为河北道辖区的一级政府受制于河北道采访使，治所在魏州（今河北大名）。另外，安东都护府的设置是在征服高句丽民族基础上形成的，高句丽作为东北夷，根据唐制，被征服诸夷，"散诸处幽州、营州界内，以州名羁縻之"。羁縻制度是唐朝政府管理和安抚境内诸少数民族的一种方式。安东部护府带有羁縻性质，根据唐朝规定，羁縻府州，可由本民族人物出任都督、刺史之职参与管理本民族事务，并可以世袭。中央政府派员参与管理，或设置相应机构协调、监督管理。

安东都护府属上都护府，其长官为安东都护，正三品，"掌统诸蕃，抚慰、征讨、叙功、罚过，总判府事"。有唐一代，薛仁贵、高侃、唐休景、仁贵子薛纳、王玄志、薛泰、许钦凑、裴云挂、玄宗第十三子颖王李磁等，都先后担任过安东都护之职。

3. 安北都护府

贞观二十年（646年）唐破薛延陀后，铁勒诸部内附。次年正月置瀚海都督府等六都督府和皋兰州等七州，各以部帅为都督、刺史，旋设燕然都护府以统之。八月，铁勒诸部中最远的骨利部来附，置为玄阙州。后又以结骨、葛逻禄诸部置坚昆都督府、阴山都督府、大漠都督府、玄池都督府和浑河州、狼山州等都督府和州，均归燕然都护府统领。都护府治所在故单于台（今内蒙古杭锦后旗东北乌加河北）。辖境相当于今内蒙古乌加河以北、蒙古人民共和国全部、俄罗斯额尔齐斯河、叶尼塞河流域和安加拉河、贝加尔湖周围地区。龙朔三年，都护府移于漠北回纥本部，治今蒙古人民共和国哈尔和林西北。改名瀚海都护府，与云中都护府以碛为界，领碛北诸羁縻府州。总章二年，武则天改为安北都护府。

高宗末年后突厥兴起，不久铁勒故地皆为所并，安北都护府遂废。武后时回纥、契骨、思结、浑等部度碛徙甘、凉间，垂拱元年侨置安北都护府于居延海西之同城（今内蒙古额济纳旗东南），不久又内移至西安城（今甘肃民乐西北），圣历元年迁至单于都护府旧治云中古城（今内蒙古和林格尔西北土城子）。景龙二年，张仁愿于河套北筑东、中、西三受降城，遂移安北都护府治西受降城（今内蒙古乌拉特中后旗西南乌加河北）。开元三年移治中受降城（今内蒙古包头西南黄河北岸）。天宝八载，都护府复移治横塞军（今内蒙古乌拉特中后旗西南阴山南麓），由军使兼理府事。十四载又移治大安军（乾元后改名天德军，今内蒙古乌拉特前旗东北乌加河东）。至德二年改名镇北都护府。兴元后遂不复见。会昌年间复改单于都护府为安北都护府。五代地入契丹，遂废。都护府在同城、西安时，当领有内迁甘、凉间的回纥等部，仍有瀚海等府州名号。其后回纥等部北还投突厥，都护府东迁碛南，所领部落府州无考。天宝初置附郭阴山县。

4. 安南都护府

调露元年（679年），武则天以交州都督府改置安南都护府，为岭南五管之一，治所位于宋平（今越南河内），辖境北抵今云南南盘江，南抵越南河静、广平省界，东有广西那坡、靖西和龙州、宁明、防城部分地区，西界在越南红河黑水之间。都护由交州刺史兼任。至德二年（757年），改名镇南都护府，永泰二年（766年），复名安南都护府。

5. 安西都护府

唐贞观十四年，侯君集平高昌，在其地设西州都护府，治所在西州。同年9月在交河城（今新疆吐鲁番西雅尔郭勒）设安西都护府，用以针对西突厥。安西都护府第一任都护为乔师望，后由郭孝恪接任，开始时只有数千人的兵力。贞观二十二年，郭孝恪击败龟兹国，把安西都护府迁至龟兹（今新疆库车县）。

唐高宗显庆二年十一月，苏定方在碎叶水平定阿史那贺鲁的反叛，从而平定了西突厥，将安西都护府治所迁回高昌故地。显庆三年五月，安西都护府又迁到龟兹（今库车），安西都护府升格为大都护府。唐高宗改变太宗时只重军事而轻行政管理的做法，在突厥故地分设蒙池、昆陵两个都护府，并将其附属小国分别设置州府，西境直抵波斯，都隶属于安西大都护府，使这一带都置于唐朝的直接统治之下。唐朝贞观十四年设置的安西都护府治所西（今新疆吐鲁番东高昌故城），统安西四镇，龟兹、疏勒、于阗、碎叶（今吉尔吉斯斯坦的托克马克市），辖境相当于今新疆及哈萨克东部、吉尔吉斯北部楚河流域。自显庆元年至麟德元年，这期间，是武则天为皇后辅佐高宗到垂帘听政阶段。显庆、龙朔年间，唐军平定西突厥，辖区扩大至今阿尔泰山西至咸海及葱岭的东西各部直至阿姆河两岸城的诸城邦国，包括今吉尔吉斯斯坦大部分。

显庆五年，位于葱岭以西的西突厥都曼部降唐，朝廷派人去该部巡查。龙朔元年，又派遣吐火罗道置州县使王名巡视葱岭以西，在于阗以西、波斯以东十六国，设置十六都督州府，统辖八十个州，一百一十个县，一百二十六个军府，并在吐火罗立碑记述此事。在此时，安西大都护府的管辖地包括安西四镇、濛池、昆陵都护府（西突厥故地）、昭武九姓、吐火罗乃至波斯都督府，大体相当于今日新疆与中亚五国、阿富汗的总和。

龙朔二年之后，吐蕃和唐朝反复争夺安西四镇，此处多处易手，直到唐德宗贞元六年（790年），安西四镇相继完全陷落。

咸亨元年四月，吐蕃军队攻陷了安西都护府。其间唐朝也两次放弃安西四镇：咸亨四年，唐朝恢复了安西四镇，仪凤二年，又被吐蕃控制；仪凤四年，安西四镇被唐将裴行俭收复，垂拱三年，武则天被迫收缩战线，放弃安西四镇，安西都护府治所移至碎叶城。

裴行俭像

武则天长寿二年，王孝杰收复了安西四镇，在龟兹国恢复设置了安西都护府。此后，安西都护府的府衙在龟兹稳固下来。

总之，在武则天辅佐高宗的时代、武则天垂帘听政的时代和武则天做女皇帝的时代中，唐军在中央的指挥下（特别是武则天的指挥下）东西征战，军事上大都能取得胜利，大唐的国土超过了以往任何时期，声威播于世界，这都说明，女皇武则天的赫赫武功，在中国既往的历史上是十分卓著的。

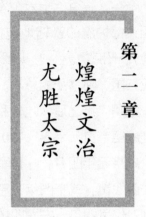

在武则天参政掌权的几十年中，中华大地上生产力得到了很大发展，全国人口迅速增多，经济发展很快，国力达到了历史上少有的强盛时期，文化方面也有长足的进步，文学方面更是直接催生了唐诗这朵奇葩，可以说，武则天在治国方面有着极高的成就，文治之盛不让太宗，故史称其统治时期有"贞观遗风"。

巍巍无字碑屹立千年，也是在向世人标榜着武则天的煌煌文治之功。

一、发展农业兴水利，考核官员看垦田

武则天很重视农业生产。早在她为皇后时，就曾向高宗建言十二事，其中第一条就是"劝农桑，薄赋徭"。武则天执政后又说："然俱王天下者，必国富而粟多。粟生于农，故先王贵之。劝农之急，必先禁末作。田垦则粟多，粟多则人富。"她认为"建国之本，必在于农"，"家足人足，则国自安焉"。武则天还将所撰农书《兆人本业记》发给诸州来京的朝集使颁行天下。其后唐朝历代皇帝皆推崇这部农书，"每年二月一日，以农务方兴，令百僚具则天大圣皇后所册定《兆人本业记》进奉"，成为定制。

武则天为发展农业生产，采取了一系列的措施。

唐代陶器

首先，是继续推行均田制。在已发现的敦煌户籍残卷中，有属于武则天时代的户籍（邯寿寿户、张玄均户），里面记载着应受田数、已受田数、未受田数和已受田中永业、口分、园宅的亩数。与唐制完全符合。说明武则天时代确实严格依据唐初田令推行过均田制。

其次，武则天在边远地区实行军事性屯田、营田。娄师德出身进士，天授初（690年）兼任丰州（治今内蒙古五原）都督，依旧知营田事，率军屯田，取得丰收，武则天降书慰劳说："不烦和余之费，无复转输之艰，两军及北镇兵数年咸得支给。"不久升任宰相。郭元振亦是进士出身，才兼文武。长安元年，武则天任郭元振为凉州（治今甘肃武威）都督、陇右诸军大使。凉州原先经常受突厥、吐蕃侵扰，元振去后，突厥、吐蕃再不敢至城下，"元振又令甘州（治今甘肃张掖）刺史李汉通开置屯由，尽水陆之利"，结果"积军粮支数十年"。元振在凉州五年，"牛羊被野，路不拾遗"。

再次，武则天还重视和提倡兴修水利。在她独掌政权的21年里，仅据《新唐书·地理志》记载，就有19项水利工程，大者"引汉水溉田二百顷"，"引渠溉田百余顷"，是有唐一代290年间地方水利建设蓬勃发展的时期。

最后，武则天还以境内农田好坏作为奖惩地方官吏的标准。她亲政后即规定，州县境内"田畴垦辟，家有余粮"，官吏则予以升奖；如果"为政苛滥，户口流移"，则加以惩处，"轻者年终贬考，甚者非时解替"。

武则天的这些措施，极大地促进了农业生产的发展。其一，国家仓库里储满了粮食。史载，长安四年（704年），"神都积藏储粟，积年充实，淮海漕运，日夕流衍"。其二，地方储粮亦很丰富。义仓储粮很多，"不许杂用"，以备荒年。其三，户口显著增加。永徽三年唐有户三百八十万，到神龙元年武则天病逝时，有户六百一十五万，几乎增加了一倍，平均每年增长9.1%，这是一个很高的增长率，这说明农业生产的发展加快了人口的增值，也是反映武则天时期唐代生产力发展的客观数据。

二、工业发达商业兴，大唐国力世无匹

武则天时代的手工业也在快速发展进步。当时采矿业和铸造业很发达，除国家开采外，亦允许私人经营，规定"凡天下诸州出铜铁之所，听人私采，官收其税"。为了颂扬自己的德政，曾经让人立天枢，铸九鼎，耗费大量铜铁。天册万岁元年四月，天枢成，"高一百五尺、径十二尺，八面，各径五尺"。神功元年四月，铸九鼎成，神都洛阳的"豫州鼎高丈八尺，受千八百石；余州高丈四尺，受千二百石；各图山川物产于其上，共用铜五十六万七百余斤"。

纺织业也有一定程度的发展。垂拱元年，尚方监有"短蕃匠5279人，绩绵巧儿365人，内作使绩匠83人，掖庭绩匠150人，内作巧儿42人，配京都诸司使杂匠125人"，共5794人，其中纯属纺织工匠者598人，占工匠的十分之一多。制造出来的丝织品，质地精良，花色艳丽，久享盛誉。当时纺织业的发达，其特点一是地区相当广泛，从内地到边陲；二是发展程度高，不仅官营作坊分工细密，工匠众多，而且出现了较大规模的私人作坊。

描述唐代纺织情景的图画

武周时期农业、手工业的发展，又促进了商业的繁荣。主要表现在"市"的增加和城市贸易的发达。长寿元年，武则天令宰相李昭德增筑神都外郭城，"城内纵横各十街，凡坊一百十三，市三"，使洛阳更加宏伟、繁华。长安年间苏瓖任扬州大都督府长史，"扬州地当冲要，多富商大贾，珠翠珍怪之产"。当时广州的海外贸易很发达，很多外国商人每年都来此经商。

唐代钱币

武周时期农业、手工业的发展和商业的繁荣，又促进了交通事业的发达。史家在论述唐代前期交通、运输盛况时都经常征引史书上这样的记载，说此时"天下诸津，舟航所聚，旁通巴、汉，前指闽、越，七泽十，三江五湖，控引河洛，兼包淮海。艅船巨舰，千轴万艘，交贸往还，昧旦永日"。这段话是长安三年（703年）凤阁舍人崔融在给女皇武则天上疏中说的，恰好证明武周时期的交通、商贸关系确实发达。

三、武则天三教并重，儒释道大行天下

武则天在中国文化史上的贡献也是很大的，正是有了她的推动，才有了盛唐文化百花齐放的局面。

作为一代女皇，武则天在文化史上的贡献，还应着重研究她执政时期推行怎样的文化政策。尽人皆知，在国政文化现象中，思想文化是深层次的，起决定作用的载体和表现。武则天对各种宗教持什么态度呢？论者多认为武则天出于当女皇的政治需要利用佛教，而贬低、排斥道教、儒教。实际上，武则天辅政和独掌政权的44年中虽然出于某种政治需要，有时崇佛，有时尊儒，有时佛道并重，但大体上推行唐初以来奉行的三教兼容、崇佛信道尊儒的文化政策，促其共同发展，并没有用行政手段强行压制、排斥一种宗教。

我们说武则天三教兼容，各为所需，并不等于说她没有固定的宗教信仰。武则天崇佛是一贯的。她于武德七年（624年）生于长安。隋唐之际崇佛氛围此时仍笼罩着长安。她的母亲杨氏是一位虔诚的佛教徒。受其母亲佛教思想的熏陶，武则天自幼便皈依佛门，正如她后来所说"朕幼崇释教，夙慕归依"。唐太宗死后，她曾入感业寺为尼姑三年多，进一步熟读了佛教经典。她二进宫后，与崇佛的唐高宗日夜相伴，又深受其佛教思想的影响。高宗也是一位崇佛信道尊儒的皇帝。显庆四年（659年），僧人智琼等奏请弘护法门寺真身佛塔，高宗即予"钱五千贯、绢五千匹"以充供养，又以绢三千匹令造与自己等身的阿育王像，余钱修塔陵。次年将法门寺佛骨舍利迎入东都洛阳宫内供奉，武则天则"舍所寝衣帐直绢一千匹，为舍利造金棺银撑，数有九重，雕镂穿奇"。

可见二人崇佛极为真诚。至天授元年（690年）前后，武则天为

了当女皇和巩固武周政权，崇佛达到了登峰造极的程度。因为她发现，佛教《大云经》中记载，有一名叫净光的天女，实为菩萨，"为化众生，现受女身"，"女既承正，威服天下"，这使她欣喜不已。天授元年（690年）七月，薛怀义与东魏国寺僧法明等撰《大云经》（实为注疏）4卷"表上之，言太后乃弥勒佛下生，当代唐为阎浮提主"，武则天立即下令颁行天下。天授二年（691年）四月，则天女皇又下令："释教宜在道教之上，僧尼处道士之前。"可见武则天与佛的关系，既有发自内心的虔诚信仰，又有出于政治需要的利用。

唐代图画

武则天信道另有原因。她初期信道，是为了迎合高宗崇道的心理，以取得和巩固辅政地位；晚年痴迷道教，以求延年益寿。唐初高祖、太宗、高宗三帝皆崇道，他们自称是道教始祖老子李耳的后裔。正如台湾一位教授所说："大唐自谓老子是其始祖，故官方叙三教位次先后为道、儒、佛，甚至天皇（高宗）追尊老子为太上玄元皇帝，遂使老子地位显然远高于先圣（孔子）与佛。"多年生活在长安宫中的武则天，对此自然耳熟能详。上元元年（674年），则天武后进号天后，向高宗进言十二事，其中一条是"王公以降皆习《老子》，把《道德经》指定为王公百官必读的教科书"。其后，武则天与许多道士交往很熟。道士郭行真"出入宫掖，为则天行厌胜之术"。

她与道士潘师正、司马承祯等人交往甚密。永隆元年（680年）春二月，高宗与则天武后、太子李贤至嵩山处士田游岩、道士潘师正住宅拜访，成为声播远近的大事。但自弘道元年（683年）十二月高宗病亡后，武则天对道教的态度似乎逐渐冷淡下来，究其原因，是由于武则天独掌大权，当女皇的欲望日渐增强，而道教与儒学一样都不能为她当女皇提供根据。于是武则天对佛教情有独钟。待女皇宝座稳固后，她崇佛之心稍淡，信道之举又日渐升温。其显著标志，就是万岁通天元年（696 年）六月，武则天颁布《僧道并重敕》，取消了天授二年（691 年）四月颁发的《释教在道法上制》。

圣历元年（698 年）正月，又颁布《条流佛道二教制》，说："佛道二教，同归于善，无为究竟，皆是一家"，从理论上把道教抬到与佛教等同的地位。有学者认为，武则天尊崇道教，除政治上的需要外，还有两大原因，一是"为了烧炼黄金，聚集钱财"；二是"为了求金丹，幻想长生不老"。其实，武则天晚年何以痴迷道教，主要原因是为了延年益寿。万岁通天元年（696 年）她登封嵩山后，以为大周江山已经巩固，天下从此太平，便一味企求长生不老。她赠书道士，"倘蒙九转之余，希遗一丸金药"。她向嵩山投放"金简"，表白自己想做"长生神仙"。

久视元年（700 年）五月，她在三阳宫避暑时，因服食胡超（原为僧人后出家学道）所制长生药，改元久视。甚至她晚年选择男宠的条件，亦是会长生术者优先。史载，武则天最后的两个男宠张昌宗、张易之，昌宗是由太平公主推荐的，昌宗又推荐"易之材用过臣，善冶炼药石。即召见，悦之"。

武则天尊儒更多的是出于辅政、治国的需要。在她当上女皇的前后，由于儒家经典那种重男轻女的倾向，使她一度漠然视之。除此之外，她在初期和后期都是大力提倡习读儒家经书的。自"罢黜百家，独尊儒术"之后，至迟在隋唐之际儒学已跻身三教之一，并占据着正宗地位。唐初高祖崇道，武德八年下诏"老先，次孔，末后释宗"，确定了道、儒、佛的三教次序。

但几年后，太宗便大力提倡儒教，说"腾今所好者，唯在尧舜之道，周孔之教。以为如鸟有翼，如鱼依水，失之必死，不可暂无耳"。后来又命颜师古编成《五经定本》，命孔颖达撰写《五经正义》，以儒教为正宗。到了永徽四年三月，高宗"颁孔颖达《五经正义》于天下，每年明经令依此考试"。应该说，当时武则天接触最多的书籍莫过于儒家经典。在武则天命人撰写的著作中，也以儒家类为最多。

唐代各国供养人图画

《旧唐书·则天皇后本纪》载："太后尝召文学之士周思茂、范履冰、卫敬业，令撰《玄览》及《古今内范》各百卷，《青宫纪要》《少阳正范》各三十卷，《维城典训》《凤楼新诫》《孝子·列女传》

各20卷,《内范要略》《乐书要录》各10卷,《百僚新诫》《兆人本业》各5卷,《臣轨》两卷,并文集120卷,藏于秘阁。"

《新唐书·则天顺圣皇后武氏传》载:"后武则天:乃更为太平文治事,大集诸儒禁殿,撰定《列女传》《臣轨》《百僚新诫》等,大抵千余篇。"其中,至今尚存的《臣轨》,如上文所述是武氏自撰的,广征博引《管子》《吕氏春秋》《老子》等书的论断,然而征引最多的则是儒家的五经、《论语》中的词句及臣下事君要"至忠"的思想。这不仅说明武则天精通文史,更能证明她是尊儒的。

武则天晚年对待三教的最大举措,是命令其亲信兼情人张昌宗领衔,由大手笔张说、李峤、沈佺期、宋之问等人修撰,于长安元年编纂成集儒、道、佛三教精品的《三教珠英》。这是中国历史上唯一的一部三教文献汇编。这标志着从唐高祖、太宗开创,高宗继承,至此形成了三教兼容,在竞争中相互交融、共同发展的繁盛局面。三教鼎盛局面的出现,极大地促进了文学、史学、音乐、舞蹈、绘画、学校教育、建筑艺术等各个文化领域的发展,促进了盛唐文明的绚烂多姿。这是武则天在文化史上的重大贡献。

四、科举制度大发展,文武并重聚人才

武则天对科举制度的发展也是有极大贡献的,正因为她大力提倡科举制,才有了唐代在文化上的全盛局面。

科举制度是中国古代最重要的选拔录用人才的方法,最早起源于隋朝。隋统一全国后,隋文帝为了适应封建经济和政治关系的发展变化,为了扩大封建统治阶级参与政权的要求,加强中央集权,于是把选拔官吏的权力收归中央,废除九品中正制,开始采用分科考试的方式选拔官员,他令"诸州岁贡三人"参加考试,合格者可以做官。据史载,开皇三年(583年)正月,隋文帝曾下诏举"贤良"。应为开皇七年(587年),又令京官五品以上,总管,刺史,以"志行修谨""清平干济"二科举人。

隋炀帝大业三年（607 年）四月，诏令文武官员有职事者，可以"孝悌有闻""德行敦厚""结义可称""操履清洁""强毅正直""执宪不饶""学业优敏""文才秀美""才堪将略""膂力骄壮"等 10 科举人。进士二科，并以"试策"取士，这标志着科举制正式诞生了。进士一词初见于《礼记·王制》篇，其本义为可以进受爵禄之义。当时主要考时务策，就是有关当时国家政治生活方面的政治论文，叫试策。这种分科取士，以试策取士的办法，在当时虽是草创时期，并不形成制度，但把读书、应考和做官三者紧密结合起来，揭开中国选举史上新的一页。唐玄宗时礼部尚书沈既济对这个历史性的变化有过中肯的评价："前代选用，皆州郡察举……至于齐隋，不胜其弊……是以置州府之权而归于吏部。自隋罢外选，招天下之人，聚于京师春还秋往，乌聚云合。"

隋朝灭亡后，唐朝的帝王承袭了隋朝传下来的人才选拔制度，并做了进一步的完善。由此，科举制度逐渐完备起来。唐太宗、武则天、唐玄宗是完善科举制的关键人物。在唐朝，考试的科目分常科和制科两大类别。每年分期举行的称常科，由皇帝下诏临时举行的考试称制科。

常科的科目有秀才、明经、进士、俊士、明法、明字、明算等五十多种。其中明法、明算、明字等科，不为人重视。俊士等科不经常举行，秀才一科，在唐初要求很高，后来渐废。所以，明经、进士两科便成为唐代常科的主要科目（进士考时务策和诗赋、文章，明经考时务策与经义；前者难，后者易）。

唐高宗以后进士科尤为时人所重。唐朝许多宰相大多是进士出身。常科的考生有两个来源：一个是生徒；另一个是乡贡。由京师及州县学馆出身，而送往尚书省受试者叫生徒；不由学馆而先经州县考试，及第后再送尚书省应试者叫乡贡。由乡贡入京应试者通称举人。州县考试称为解试，尚书省的考试通称省试，或礼部试。礼部试都在春季举行，故又称春闱，闱也就是考场的意思。

明经、进士两科，最初都只是试策，考试的内容为经义或时务。

古代科举考试情景（一）

后来两种考试的科目虽有变化，但基本精神是进士重诗赋，明经重帖经、墨义。所谓帖经，就是将经书任揭一页，将左右两边蒙上，中间只开一行，再用纸帖盖三字，令试者填充。墨义是对经文的字句作简单的笔试。帖经与墨义，只要熟读经传和注释就可中式，诗赋则需要具有文学才能。进士科得第很难，所以当时流传有"三十老明经，五十少进士"的说法。

常科考试最初由吏部考功员外郎主持，后改由礼部侍郎主持，称"权知贡举"。进士及第称"登龙门"，第一名曰状元或状头。同榜人要凑钱举行庆贺活动，以同榜少年二人在名园探采名花，称探花使。要集体到杏园参加宴会，叫探花宴。宴会以后，同到慈恩寺的大雁塔下题名以显其荣耀，所以又把中进士称为"雁塔题名"。唐孟郊曾作《登科后》诗："春风得意马蹄疾，一日看遍长安花。"所以，春风得意又成为进士及第的代称。常科登第后，还要经吏部考试，叫选试。合格者，才能授予官职。唐代大家柳宗元进士及第后，以博学宏词，被即刻授予"集贤殿正字"。如果吏部考试落选，只能到节度使那儿去当幕僚，再争取得到国家正式委任的官职。韩愈在考中进士后，三次选试都未通过，不得不去担任节度使的幕僚，才踏进官场。

唐代取士，不仅看考试成绩，还要有各名士的推荐。因此，考生纷纷奔走于公卿门下，向他们投献自己的代表作，叫投卷。向礼部投的叫公卷，向达官贵人投的叫行卷。投卷确实使有才能的人显露头角，如诗人白居易向顾况投诗《赋得原上草》受到老诗人的极力称赞。但是弄虚作假，欺世盗名的也不乏其人。唐太宗重视人才的培养和选拔。他即位后，大大扩充了国学的规模，扩建学舍，增加学员。

至高宗、武则天时，科举制又有了很大发展。武则天在科举制度史上的主要贡献有如下几种。

1. 开创殿试

殿试因考试地点大都在京城殿廷，由皇帝亲临殿廷策问贡举人，故这种考试方式称殿试，又叫廷试。如同所讲述的，史书明确记载殿前试人始于武则天载初元年二月，女皇亲自"策问贡人于洛成殿"。

殿试是皇帝亲临殿廷策问贡举人的一种考试方式，也是科举制度中制举的最高形式。因考试地点在京城宫殿朝廷，故称殿试，又叫廷试。殿试始于武则天载初元年（690年）《唐会要》记载，这年二月十四日武则天"试贡举人于洛城殿前，数日方毕。殿前试人，自兹始也"。《资治通鉴》云，这年"二月，辛酉（十四日），太后策贡士于洛城殿。贡士殿试自此始"。《通典》亦云，"武太后载初元年二月，策问贡人于洛城殿，数日方了。殿前试人自此始"。此时距离武则天登基只有7个月，虽未当女皇但独掌大权同皇帝无异。因此，毫无疑问，殿试是武则天开创的，这种皇帝亲临策试，很好地减少了作弊现象的产生，并且在影响力上也极大地推动了科举制的发展。

2. 初设武举

在武则天掌权之前和执政的初、中期，科举项目虽然较多，但都属于文科举，与武艺无涉。史载，武则天晚年重返长安大明宫的第二年，于长安二年春正月，在长安"初设武举"，所以，武举是武则天的历史功绩。

武举，又称为武科，是唐代选拔武才、武官和武将的重要考试科目，它包括常科和制科两种，但通常人们多作常科解。在唐代，武科虽然没有文科影响大，但因其特殊的作用，因此它常与选拔文官的进士、明经等科目相对应。

武举中有长垛、骑射、马枪、步射、材貌、言语、举重七项，每项皆经考试决出名次。史书又云，武则天"长安二年教人习武艺，其后每岁如明经、进士之法，行乡饮酒礼送于兵部"。

从此在应试的群体中，除云集大批舞文弄墨的饱学之士，还跃动着许多舞枪弄棒的骁勇将才，无疑，这对于增强军队的战斗力，保卫辽阔的疆土和强身健体，都有十分重要的意义。因此，为后代所继承。

武则天为什么创设武举呢？说起来大致有这么几条原因。

《新唐书·兵制》曰："自高宗、武后时，天下久不用兵，府兵之法浸坏。"所说的府兵制指的是一种兵农不分、兵农合一的兵役制度。通俗的解释就是，如果有了兵事，就拿起武器为卒武；如果没有兵事，就分散在各地，务农种地，而且是大部分时间在家种地，偶尔才治武，这种府兵制实际上有名无实，最大的弊端是造成兵源流失。因此说府兵制败坏是创设武举的重要原因之一。

第二个原因是当时外患不断，而朝廷武将乏才。唐太宗是马上得天下，对各方外族首领熟稔于恩威两手并用，等到高宗晚年及武则天执政时，周边地区日益不宁，突厥、契丹、吐蕃尤甚，而朝廷对军事人才的培养相对滞后。迫于形势也必须加强武力人员的培训。

第三就是扩大统治基础，维护周武政权。也就是说，开武科选拔人才，不过是武则天网罗党羽、构筑其社会基础的重要组成部分。

除此之外，武则天创设武举，其实也是历史的必然。因为武举产生时，唐代实施科举考试制度已经有八十多年了，其间在高宗晚年时，文举考试中的主干科目进士、明经都曾进行过重大的改革，科举考试总体水平的提高，自然会给新考试科目的开设以积极的影响。从史书的记载来看，武举常科分为两大科目，即平射与武举。平射科只是考定位射箭，主要是检验应试者射箭的准确度和力度；而武举科对应试者的要求就比较全面了，既有掌握不同兵器的要求，如射箭与马枪；也有技术力量的要求，如射箭、马枪、举重等；还有身材相貌、言谈举止的要求，如才貌和言语等。相对而言，武举科在考试占据着主要的地位。

武举和文举一样，除了常科外，也设有制科。因为制科是应不时之需而设置的选拔武人的科目，因此它往往作为常科的有效补充。如仪凤二年（677年），朝廷下《求猛士诏》："令关内河东诸州，广求猛士。"具体要求是"膂力雄果，弓马灼然"（见《唐大诏令集》卷一○二），而唐代关于武举的最早记载则为《册府元龟》卷六七所记贞观三年（629年）诏征的"文武才能，灼然可取"。一般地说，它比规范而略嫌刻板的常科更具有灵活性和针对性。

3. 增加制举次数和常举的难度

唐代科举制度主要分常举与制举两种。常举是按"常贡之科"经常举行的考试选官制度，主要有秀才、进士、明经、明法、明书、明算等科目。

制举是由皇帝临时特诏举行的科举考试，即"其天子自诏者曰制举"。举行的次数较少。唐代制举"始于显庆，盛于开元、贞元"。高宗显庆三年（658年）二月，设志烈秋霜科，韩思彦及第。武则天执政后，增加了制举次数，从永隆元年（680年）至长安二年（702年），几乎每年都有制举。同时，增加了常举各科考试内容的难度。特别是明经、进士等科。由于制举是皇帝亲自倡导的，甚至亲临策试，因而对科举制的发展起了很大的推动作用。

4. 进士成为诸科之首

在武则天时期，进士成为科举中诸科的重心，尤其是咸亨年以后，每年考取进士的人数比贞观年间扩大一倍，平均有二十余人。而且越来越重视以文章取士。史家称这和"太后颇涉文史，好雕虫之艺"有直接关系。这种风尚有力地促进了盛唐文坛上的极大繁荣。与以门第取人的九品中正制比较，这种"学而优则仕"的科举制度无疑是历史的进步。唐玄宗开元之治的名相姚崇、宋璟、张九龄等，都是在这个时期通过科举选拔出来的杰出人才。

武则天时不仅进士科录取的人数大增，并且还开设很多制科。因为武则天常住东都洛阳，自永昌元年（689年）又开始在东西两都取士，据张说《四门助教尹守贞墓志》载："长安（武则天年号）之初，大开贡举，是年千五百人。考功召先生课核淑慝，时称无滞焉。"可见应考人之多。同年二月，武则天还在东都洛阳洛城殿亲自试策贡士，被后世认为是科举上的"殿试"之始。虽然这只是皇帝的一时心血来潮，和后来宋代确立的殿试并不相同，但却突出地体现出武则天对科举取士的高度重视。

古代科举考试情景（二）

武则天发展科举制度的巨大社会效益，就是提高了官僚队伍以及全体知识分子的文化素质。先以宰相集团为例。史书云："宰相之职，佐天子总百官、治要事，其任重矣。"据统计，高祖朝宰相12人，通过科举入仕者只有1人，占宰相总数的8%；太宗朝宰相29人，科举入仕者3人，占10%；高宗朝宰相37人，科举入仕者11人，占23%；而则天朝宰相75人，科举入仕者27人，占30%。比例之大，远超前代。这里的"则天朝"，是指弘道元年（683 年）十二月高宗死后武则天独掌政权的 21 年，即"武周时期"。而显庆五年（660 年）以后的高宗朝，实际上也是由武则天参政、辅政的。

高宗、则天朝通过科举入仕的宰相逐渐增多，不仅表明门荫制度的日趋衰落，而且标志着宰相集团文化素质的普遍提高。再以各朝进士及第者增多为例来说明，高祖朝 56 人，太宗朝 205 人，高宗朝 555 人，则天朝 464 人。高宗、则天朝总共录取进士 1019 人，总见科举制的发展。

魏之谷、杜审言、郭元稹、沈佺期、宋之问、张钱、苏俄、宋璟、张子昂、刘志义、张柬之、贺知章、张九龄等进士，就是在这个时期金榜题名的。张说是在武则天创立"殿试"时显露头角的。他们中有的成为中枢贤相，有的成为文坛巨星，有的成为著名史家，在盛唐文化中大放光彩。从此，文学之士代替了世袭贵族，逐渐成为唐代官僚队伍的主角，进而提高了整个知识分子阶层的文化素质。因此可以说，武则天发展科举制的贡献具有划时代的重要意义。

五、重吏治各司其职，驭天下唯才是用

武则天通过科举、自举和别人推荐，选拔了一批杰出的人才，成为武周政权的中流砥柱，如狄仁杰、姚崇、宋璟、魏元忠、韦安石、朱敬则、苏良嗣、徐有功等人。其中，姚崇、宋璟，后来成为开元时期的贤相。

吏治对社会状况至关重要，武则天知道，对官吏光用法律的形式来约束是不行的，要使他们"称职"必须加强教育，使其懂得为臣之道。为此，她亲自撰写《臣轨》一书，从十个方面对臣下提出要求：同体、至忠、守道、公正、匡谏、诚信、缜密、廉洁、良将、利人。

显然，其中心思想是要求臣子成为德才兼备、忠君爱国的人物。由于此书采用摆事实、讲道理的方式，要求严而不苛，因而起到了较

好的作用，使武周时期官员较为廉洁奉公。

改唐为周时，武则天 67 岁。已近古稀之年的她仍然保持着旺盛的精力。史载："太后春秋虽高，善自涂泽，虽左右不觉其衰。""临御天下，忧劳兆庶。宵衣仁旦，望调东户之风；旰食忘眠，希缉南熏之化。"为了使各项政令有益于民，武则天十分注意了解民情。早在参与朝政之前，她就认识到上下蒙蔽的坏处。称帝后除继续利用铜匦等手段外，还常常派遣使节至民间调查，有时会亲自过问民间之事。圣历元年，武则天曾问群臣："比在外有何好事？"久视元年，鸾台侍郎同平章事陆元方因说："人间细事，不足以烦圣听"，而被武则天免去了宰相职务。

根据了解到的实际情况，充分听取大臣意见后，再采用相应的政策，是武则天的一贯做法。为了及时处理各种问题，武则天除每日早朝以外，还特令宰相轮流宿值。她深知掌握实权的重要，因而总是紧握权柄，防止大权旁落。

武则天特别注意人才的擢拔。早在即位前，她就多次颁发《求贤制》，大力搜罗人才。登基后，在这方面做得更加突出。除大力度重视并发展科举制外，她还要求臣下自荐并推荐人才。

对官员大力提倡自荐，此外，确有才能，愿意进仕者平时可以投匦自荐。鉴于许多名士不愿意自荐的情况，武则天特别强调推荐，把荐举人才作为官僚的一项任务。有时还特别要求某些大臣荐举有关人才。如圣历元年，令宰相各举尚书郎一人。

当然，武则天是要求推荐真贤的。范履冰因推举犯逆者而被杀。狄仁杰荐其子光嗣为地官员外郎，很称职，赢得了武则天的夸奖。

由于通过各种渠道、命令、鼓励荐举人才，又不限门第高低、富贵贫贱，也不限种族、离京远近等，因而，选司空前忙碌。对此，今人谓之"太滥"。其实，这正是武则天超越其他帝王的地方。她敢于冲破以往狭窄的选官范围，不拘一格选拔人才，因而谋臣猛将和文苑俊杰涌现，这不仅是治理大周所需要的，而且也为后来开元盛世的出现准备了一个重要条件。

武则天坚持对众多的官员进行筛选，对于从各地搜求来的人才，武则天皆予厚待，能很好地做到"量才授职"。如在天授二年创立的试官制度，即让搜求来的人才担任一定职务而锻炼他们的政治才干，则又是一大胆创举。武则天在他们赴任时，往往赐袍训诫。不仅如此，武则天还加强了左右肃政台的力量，常常派使者对官吏进行督查。检查的项目很多，达 30 余项，全面衡量，以确定升降。对情况比较突出的，武则天皆亲自予以处理。史载，她的堂姐的儿子宗秦客兄弟居官贪浊，"奸赃事发"，武则天毫不留情，将他们"配流岭外"。对于智能之士，武则天往往破格提拔。如殷仲容精通书法，知名当时，武则天爱其才，官至申州刺史。后来促成"开元盛世"的许多著名大臣，都经受过武则天的赏识和提拔。姚崇、宋璟、张说就是如此。

武则天选拔人才时没有成见，主要看其是否称职：即使是敌人的后代，只要有真才实学，又能改变政治态度的，她都尽量擢为己用。如上官婉儿，是李唐五言诗"上官体"的鼻祖上官仪的孙女，上官仪被武则天以"大逆之罪"治死，同时抄家灭籍。时年一岁的上官婉儿及其生母被充作宫婢，发配东京洛阳宫廷为奴。上官婉儿 14 岁那年，太子李贤与大臣裴炎、骆宾王等策划倒武政变，上官婉儿为了报仇也积极参与。但事情败露，太子被废，裴炎被斩，骆宾王死里逃生。上官婉儿以为自己也将被处死，但结果却完全相反：竟被武则天破例收为机要秘书。其原因主要是上官婉儿有才，而武则天又尤为爱才。

上官婉儿 14 岁时曾作了一首名为《彩书怨》的诗，被武则天无意中发现。武则天不相信这么好的诗竟会出自一位女孩之手，便以室内剪彩花为题，让她即兴作出一首五律来，同时要用和《彩书怨》同样的韵。婉儿很快写出"密叶因栽吐，新花逐剪舒。攀条虽不谬，摘蕊讵知虚。春至由来发，秋还未肯疏。借问桃将李，相乱欲何如？"的诗句。武则天看后连声称好。所以后来武则天决定对婉儿处以黥刑，即在她的额上刺一朵梅花，把朱砂涂进去。并把婉儿留在自

己身边，此后，武则天又一直对婉儿悉心指导，培养她、重用她。婉儿从武则天的言行举止中，了解了她的治国天才、博大胸怀和用人艺术，对她彻底消除了积怨和误解，代之以敬服、尊重和爱戴，并以其聪明才智，替她分忧解难，成了她最得力的心腹人物。武则天此举，表现了一种容人的大度，也反映了一种待人的风格。

另外，契丹将领李楷固善用飞索，马上功夫超群，曾擒官军将领麻仁节、张玄遇等人。被俘后，武则天"惜其才不杀，用以为将"。以宽容而待人的谋略，正是用人的高超艺术。可见武则天深谙此道。

武则天也比较尊重并注重保护谏臣。如狄仁杰（630—700），并州太原（今山西太原）人，先后任大理侍御史、文昌右相及地方官多年。在出任豫州刺史时，正值赵王李贞叛乱，被武则天遣宰相张光辅率军平定，缘坐此案者六七百人，籍没者五千口。

司刑使逼促行刑，仁杰知多为无辜者，设法缓刑，密表上奏武则天，特救敕之，减死配流。豫州囚徒至流所，立碑感激仁杰活命之恩。但仁杰因批评张光辅纵兵横暴，杀归降之众，光辅怀恨在心，还都后奏仁杰不逊，左授复州刺史，又为洛州司马。不久武则天即察明狄仁杰在地方的善政和张光辅的诬告。天授二年（691年）九月，武则天任狄仁杰为地官侍郎，与冬官侍郎裴行本并同平章事，晋升为宰相。武则天问仁杰："卿在汝南，甚有善政，卿欲知潜卿者名乎?"仁杰说："陛下以臣为过，臣请改之；知臣无过，臣之幸也，不愿知进谗者名。"

武则天很佩服仁杰这种美德，久视元年（700年）闰七月，武则天欲造大像，需钱数百万，令天下僧民每日出一钱赞助修建。仁杰立即上疏谏诤说，僧尼的钱也是来自百姓，"工不使鬼，止在役人，物不天来，终须地出，不损百姓，将何以求"？而近来"水旱不节，征役稍繁"，应当"宽征镇之徭，省不急之费"。武则天立即采纳，遂罢此役。武则天重用狄仁杰，群臣莫及，常称为"国老"而不呼其名。仁杰直言不讳，武则天虚心听纳。仁杰因年老有病多次请求退休，武则天不准。仁杰上朝，武则天不让他行跪拜礼，说："每见公拜，朕亦身痛。"并免去值夜班，还告诫其同僚说："自非军国大事，勿以烦公。"

同年九月，狄仁杰病死，武则天为之举哀，废朝三日，哭泣着说："朝堂空矣！"从此，朝廷每有大事而不能决断时，武则天便想到狄仁杰，感叹地说："天夺吾国老何太早邪？"

武则天虽然能谋善断，但也能虚心纳谏，这点是很不容易的，因为大凡能谋善断的人常常会自以为是，不愿听别人的见解，但武则天不同，她虽然很聪明，计谋很多，但也很能听从别人的意见。在《臣轨》一书中，武则天就提出，臣子应"外扬君之善，内匡君之恶"。

有一段时间，就是武周代唐之际、改朝换代之初，武则天为稳固政权，继续重用酷吏，独断专行，似乎不能纳谏，但这是由当时的环境决定的。政权稳固后，武则天一方面打击酷吏，把他们一一杀掉；另一方面健全谏官制度，越到后来越为突出。

中国历史上有一些有作为的皇帝，统治前期颇能纳谏，但到晚年却往往刚愎自用，如秦始皇、汉武帝、隋文帝、唐太宗。这里可拿武则天与唐太宗比较。唐太宗于贞观初中期素以纳谏著称，但到了暮年，"虑人致谏"或"杜谏者之口"；而武则天则不然，晚年愈能纳谏，对于臣下的批评意见，她也能虚心接受。如延载元年九月，武则天出梨花一枝以试宰相。宰相皆以为瑞，杜景俭独不以为然。武则天说："卿真宰相也。"

武则天重用酷吏是她人生的一大污点，但处于她当时的情况下，如果不用酷吏整下一大批反对者，她是难以在后来当上皇帝并坐稳那个位置的，但不管怎样，武则天是个私欲和权力欲极强的人，在历史上犯下的错误是实实在在的，她重用酷吏的罪恶行径也不容抹杀。

武则天励精图治，躬亲庶政，通过各种方式选拔有用之才，健全中枢机构，发挥他们的积极作用。因而，武周时期在政治上下情得以上达，而且朝廷政令也能够雷厉风行，直达边陲。她重用的人才中，许多人都成为唐玄宗时期的重要大臣，为开元盛世局面的开创立下了大功。下面简述几位。

1. 姚崇

　　唐高宗永徽元年出生于陕州（今河南三门峡陕县）一个武将之家，祖籍吴兴（今浙江省湖州市人），姚崇二十岁时，父亲病故，随母亲迁回汝州梁县广成外婆家。姚崇继承了父亲的尚武遗风，每日以习武为功课，经常同乡里少年一起到山野射猎比武。十数年坚持不懈地锻炼，练就一身强健的体魄和勇猛无畏的精神，诸般兵器无所不通。后来饱学之士张憬藏游学路经广成，落脚姚崇家，见姚崇气宇轩昂，眼神里透出一股灵气，非一般山村野夫可比，但与之交谈起来却感到他知识贫乏，文理欠通，力劝姚崇好好读书，增长识见，并鼓励说："广成是上古贤人广成子所居之地，黄帝曾问道于广成子。你将来当以文才显名，很可能做到宰相一级大官，不要自暴自弃，要好自为之！"

　　从此，姚崇潜心修文，刻苦攻读，学业大进，参加科举，考中进士，步入政坛，入朝论政，对答如流，且下笔成章，得到武则天的赏识，初拜侍郎，后连续升迁，成为武则天、中宗、睿宗、玄宗四朝宰相，是中国封建史上一位杰出的政治家。

姚崇像

168

姚崇入朝做事，负责理案刑狱，正值武则天时严刑峻法横生，他执法公正，把许多人从冤狱中解放出来，引起朝野注目，官职连续晋升。698 年，武则天破格提升他为尚书，兼相王李旦府长史。五年后，因得罪武则天内宠张易之、张昌宗兄弟，被借突厥犯境之际调任安抚大使。临行推荐张柬之任宰相。705 年，武则天病重，姚崇从边关返京，同张柬之密谋诛杀了张氏兄弟，逼武则天让位给太子显。李显复位，以姚、张为宰相，因姚有功，加封为梁县侯。中宗继位，武家势力十分强大，姚崇没有接受相位，以种种借口出任亳州刺史。之后出现了张柬之被杀、武三思和韦后掌权，太子杀死武三思，韦后和安乐公主毒死中宗掌握朝中大权，李隆基发动政变杀死韦后拥李旦继位的宫廷权力争斗。姚崇幸免于难。

睿宗李旦继位后，于 710 年，拜姚崇为兵部尚书、同中书门下三品，第二次当了宰相。因太平公主想走母亲的道路，掌握大权。姚崇向李旦建议将太平公主安置洛阳，诸王派往各州，确保东宫李隆基之位。没想到昏庸的睿宗李旦竟然将姚崇的话如实转告了太平公主，使事情败露。李隆基为争取主动，以姚崇调拨兄妹关系为由，贬姚崇为地方官。这任宰相在职还不到一年。

开元元年（713 年），唐玄宗继位消灭了太平公主的党羽，巩固了地位，决定起用姚崇为相。十月，唐玄宗在骊山下举行盛大阅兵式，参加的有 20 万军队，旗帜相连 50 余里，但军容不整，秩序紊乱。看到这种情况，玄宗大怒，下令把阅兵式总指挥宰相兼兵部尚书郭元振罢官流放。召姚崇速赴骊山行营。姚崇赶到骊山时，玄宗正游猎于渭河之滨。玄宗问姚崇："卿颇知猎否？"姚崇回答："臣少孤，年二十居广成泽，目不知书，唯以射猎为事。四十岁方遇张憬藏，谓臣当以文学备位宰相，无为自弃。尔来折节读书，今虽官位过忝，至于驰射，老而犹能。"于是指挥卒伍，呼鹰放犬，投枪射箭，进退有序。玄宗很称意，即拜姚崇兵部尚书、同中书门下三品，代替郭元振做宰相。姚崇任宰相三年，实行了选贤任能、奖励清廉、精简机构、裁减沉员、惩治贪官、爱护百姓的清明政治，为"开元盛世"奠定了基础。姚崇被誉为"救时宰相"，与唐太宗时的房玄龄、杜如晦并称为贤相。

2. 宋璟

邢州南和（今属河北省）人。博学，工于文翰，进士出身。为官刚正不阿，"则天甚重之"。长安三年，有一次，武则天在宫中设宴，令朝臣权贵侍宴，男宠张易之、张昌宗兄弟皆为列卿，位三品，宋璟为左御史台中，本阶六品，座位在易之等人之下。易之素怕宋璟，欲同宋璟拉关系，虚位以让，"公第一人，何乃下座"？宋璟说："才劣品卑，张卿以为第一人，何也？"当时，许多人因二张是内宠，不敢怠慢，不称官名，呼易之为五郎，昌宗为六郎。天官侍郎郑善果对宋璟说："中垂奈何呼五郎为卿？"宋璟说"以官言之，正当为卿；若以亲故，当为张五。足下非易之家奴，何郎之有？郑善果一何懦哉！"

史书说宋璟"其刚正皆此类也"。正因为宋璟刚正不阿，所以经常遭到酷吏、男宠们的攻击和诬陷，但"则天察其情，竟以获免"。但宋璟待人和善，与人友爱，朝野赞誉他为"有脚阳春"，意言他如一缕春风，走到哪里都似春风煦物，让人倍感温暖。

3. 魏元忠

宋州宋城（今河南商丘南）人，太学生出身，高宗时任监察御史。光宅元年（684 年），武则天擢为殿中侍御史。

徐敬业据扬州叛乱后，武则天令元忠监军镇压，因功擢为司刑正、洛阳令。圣历二年升宰相。武则天男宠张易之家奴残暴百姓，他不畏，"笞杀之，权豪莫不敬惮"。

他屡遭酷吏迫害，三次被流放，但旋即回朝，继续同权贵斗争，其主要原因就是有武则天撑腰。

4. 韦安石

京兆万年（今陕西西安）人，应明经举，历任州县官，武周后期主要宰臣之一。他出身于官僚世家，应明经举及第，初任乾封县尉。永昌元年，迁任雍州司兵参军。宰相苏良嗣赏识他有才干，向武则天推荐，擢升为膳部员外郎，再迁并州司马。在任有政绩，武则天曾亲笔致书慰劳说："闻卿在彼，庶事存心，善政表于能官，仁明彰于镇抚。如此称职，深慰朕怀。"后被擢拜并州刺史，后历任德州、郑州刺史。

韦安石生性敦厚，为人持重，为官严明清正。迁为文昌丞不久拜鸾台侍郎、同凤阁鸾台平章事，当了宰相，又兼任太子左庶子。长安三年，担任东都洛阳留守，兼管天官、秋官两尚书事。不久知纳言事，仍为凤阁鸾台三品、兼太子左庶子。

武则天在暮年时仍想稳住自己的统治地位，牢牢掌握最高权力，于是组成了以张易之兄弟为中心的新的政治势力，将朝政大权多委托于张易之、张昌宗二人。二张凭借武则天的宠爱，横行于朝，欺压大臣，迫害正直之士，引起朝中许多官员的强烈不平。韦安石不畏权贵，反对张氏兄弟。一次，武则天在宫中设宴，张易之引来蜀中商人在席前嬉戏，安石立即向武则天奏谏，认为不应将商人引入宫内，有失朝廷威严。武则天无话可对，安石立即命左右将商人赶出，在座大臣皆惊，武则天见他言辞正直，也无可奈何。凤阁侍郎陆元方退席后对人说："此真宰相，非吾等所及也。"

长安四年七月，张易之兄弟五人贪赃枉法的事情败露，被同时下狱。武则天借口张昌宗合药有功，将其赦免，并令复职。接着，韦安石又检举张易之等的罪状，武则天无奈敕付韦安石、唐休璟审问。但随即在八月又将韦、唐二人调为外官，安石去扬州任大都督府长史，草草了结了对张易之的审讯。但是，对立两派的政治斗争并未缓和，反二张派的朝官很快组成了政变集团，趁武则天卧病，于长安四年正月二十二日，以武力冲入内宫，杀了张易之、张昌宗兄弟及其党羽，逼武则天交出政权，拥中宗李显复位。

中宗复立，以韦安石原任过自己的侍读、左庶子之职，怀有旧情，尤其是他反对二张的政治态度，受到中宗一派的赞赏，立即将他从扬州调回朝任刑部尚书、吏部尚书，参议政事。不久，又升任中书令，封郧国公，食 300 户。后又相继担任相王李旦府长史、户部尚书、侍中、监修国史等。

5. 朱敬则

亳州永城（今属河南）人，初以辞学知名，任小县官，长寿元年武则天破格擢他为右补阙，长安三年又升为宰相。他为官清正，敢于直言谏诤，并以用人为先。他向武则天推荐的裴怀古、魏知古、张思敬等人，都很称职，"则天以为知人"。苏良嗣，雍州武功（今属陕西）人。垂拱二年任宰相。有一次在朝堂遇男宠薛怀义，怀义不为礼，良嗣大怒，"命左右捽曳，批其颊数十"，怀义跑去向武则天诉苦，武则天说："阿师当于北门出入，南牙宰相所往来，勿犯也。"可见武则天并不是没有原则地袒护男宠。

6. 徐有功

名宏敏，字有功，山东临沂人，青年时期举明经及第。历经蒲州司法参军、司刑（大理）寺丞、秋官（刑部）郎中、侍御史、司刑寺少卿等。长期在司法任上，是唐武则天时期与酷吏斗争的一面旗帜，也是历史上罕见的一位以死守法、执正的法官、清官。《新唐史》对他有"虽十岁未见其比"之赞誉。

武则天当政时，徐有功历任蒲州司法参军（地方司法官员）、左肃政台侍御史、司刑少卿（大理寺司法官员）等官职。当时，酷吏恣横，构陷无辜，严刑峻法，朝野震恐，莫敢正言。独徐有功犯颜护法，三次被罢官，但矢志不渝，前后共救了数十家人。有一次，博州刺史因罪被诛杀，牵涉到官吏颜余庆，武则天指令酷吏来俊臣审理此案，来俊臣给颜余庆定下了谋反的罪名。在朝廷上，来俊臣向武则天汇报时，侍御史魏元忠也认为应该判颜余庆死罪，武则天下旨批准。徐有功却坚持颜余庆不是"魁首"，不能诛杀。武则天大怒，斥问："何谓魁首？"徐有功说："魁者，大帅；首者，元谋。"后来，武则天免除了颜余庆的死罪。

有个叫韩纪孝的人，在徐敬业谋反时接受了伪官职。在朝廷审理徐敬业谋反案时，韩纪孝已死，但负责审理此案的顾仲琰却要求籍没韩纪孝的家产，武则天予以认可。徐有功抗辩说："人已经死了，就不应该再追究其罪，更不应该株连其他人。"后来因为这个案子获得宽恕的百姓就有几十人。

徐有功曾经对自己的亲人说："今身为大理，人命所悬，必不能顺旨诡辞，以求苟免。"当时，告密者通常采取诱使他人的奴婢状告主人的办法，以求获得官府的功赏。润州刺史窦孝谌的妻子庞氏被奴婢诬告，监察御史薛季昶审理认为应该判庞氏死罪。其子到徐有功处讼冤，徐有功一边发文要求停刑，一边上奏武则天。薛季昶十分恼火，弹劾徐有功枉法，罪当处死。徐有功却说："岂吾独死，而诸人长不死邪？"武则天召见并责问他说："公比断狱多失出，何耶？"徐有功回答："失出，臣小过；好生，陛下大德。"武则天知道徐有功是忠臣，于是，免去了庞氏的死罪。

徐有功死后，武则天追赠他为大理寺卿。唐中宗李显登位后加赠他为越州都督（一品）头衔，并特下制书表彰："节操贞敬，器怀亮直，徇古人之志业，实一代之贤良"和"卓然守法、虽死不移。无屈挠之心，有忠烈之议"。

武则天鼓励臣下直言，破格用人，事例很多。因此，后来唐中期的宰相陆贽赞扬武则天善于用人，赏罚分明，说："深责既严，进退皆速，不肖者旋，才能者骤升，是以当代谓知人之明，累朝赖多士之用。"北宋史学家司马光亦认为，武则天"挟刑赏之柄以驾驭天下，政由己出，明察善断，故当时英贤亦竞为之用"。这些评语是符合实际的。这正因为如此，在她执政期间社会秩序安定，即使发生了徐敬业起兵那样较大的动乱，也没有爆发农民起义，正如当时的陈子昂所说的，"扬州构祸，殆有五旬，而海内晏然，纤尘不动"。

六、实行建言十二策，贞观遗风启开元

为使国家大治，武则天实行了"建言十二事"，为普通百姓和中下级官员着想，为他们争得利益，赢得了绝大多数百姓和官员的拥护。

具体内容是：

1. 劝农桑，薄徭赋；

2. 免除三辅一带百姓徭役；

3. 息兵，以道德教化天下；

4. 在全国各地禁止浮巧；

5. 节省功费、力役；

6. 广言路；

7. 杜谗言；

8. 王公以下皆习《老子》；

9. 父在为母服缞三年；

10. 上元以前勋官以给告身者无追覆；

11. 京官八品以上者增加俸禄；

12. 百官任职已久、才高位下者，得以晋阶升迁。

这十二条，归纳起来是四大政策：一是富国强民；二是善用人才；三是笼络百官；四是提高妇女地位。

武则天步入政坛后，风波迭起，颇不平坦，耗费了很多心力来应付局面，但是太宗之魂从没有离开她的头脑。武则天自始至终把富民强国作为头等大事来完成。她以巨大的魄力削弱贵族势力，提拔重用了许多中小地主出身的官吏，扩大了统治基础。她一再鼓励农业生产，州县荒地开垦并户有余粮的，州县长官可得升迁。在她的统治期间，户口增加，社会经济进一步发展。

在她和唐高宗联合执政时期，大唐从战后恢复期进入蓬勃发展期，国力渐盛，人口激增，万民乐业。这个因素，才是武则天屹立不倒的根本原因。她的智谋、权术、心计，固然是她纵横政坛的利器，但即便是一个绝顶聪明的政治家，如果漠视民意，或敢于倒行逆施，那是早晚都要被民众情绪这个"覆舟之水"所掀翻的。

当时很多人诋毁武则天，说她阴毒、淫荡，夺取了李唐的江山，对其"建议十二事"也不以为然。而"建议十二事"的推行，稳定了社会，造福了百姓，为后来一些执政者提供了很好的参考。

武则天统治时期，唐朝经济继续发展，国力不断增强，史称武则天统治时期有"贞观遗风"，说她的统治大有贞观之治的模子，现代史学家郭沫若称赞武则天的业绩说："政启开元，治宏贞观。"为唐朝全盛时期的到来奠定了基础，但她也是具有创新思想的皇帝。她的许多创制打破陈规，影响千年。她是唯一突破陈腐礼制，呼唤妇女解放的皇帝，在数千年男权传统社会中，她的呼唤响彻云霄，影响极大。

由此可见，武则天基本上继承了贞观之治的措施，发展了贞观之治的局面，她的统治具有上承贞观之治、下启开元盛世的重要地位，唐玄宗统治前期，政治比较安定，经济繁荣发展，唐朝进入全盛时期，中国封建社会呈现前所未有的盛世景象。唐玄宗统治前期的年号叫"开元"，史称"开元盛世"，但这一切，不能不说有武则天的很大功劳。

七、功绩巍巍垂千古，恶行累累臭万年

在武则天掌权近半个世纪的较长时期内，虽有很多正确的举措，也有很多过失。

她重用酷吏，奖励告密。使不少污吏横行一时。他们刑讯逼供，滥杀无辜，诬陷于人，使不少文臣武将蒙受不白之冤。虽然对武周政权的巩固起过一些作用，但是，搞得统治集团内部矛盾激化，人人自危，必然影响国家的治理和生产的发展。她放手选官，使官僚集团急剧增大，官僚机构膨胀，必然要加重人民的负担。她晚年好大喜功，生活奢靡，耗费大量财资和劳力。这都不同程度影响和延缓了生产力的发展。不过，这些错误和过失，毕竟是武则天政治生涯中的支流。不管怎么说，武则天称帝后的种种举措对于后来的盛世发挥了巨大的作用。

她作为中国历史上唯一的女皇帝，能够排除万难，在统治长达半个世纪的年代，形成强有力的中央集权，社会安定，经济发展，上承

"贞观之治"，下启"开元盛世"，革除时弊，发展生产，完善科举，破除门阀观念，不拘一格任用贤才，顺应历史潮流，有大刀阔斧改革的历史功绩。然而，她的历史功过，恰如她给自己立下的那块"无字碑"一样，只能由历史去作出评论和判断。

第四编

是非功过过眼云烟
一切归零何须言谈

第一章 博学多才文史通 才华横溢理天下

武则天不但智谋过人，而且博学多才，《旧唐书》评价武则天，"后素多智计，兼涉文史"。"素多智计"，《新唐书》诠释为"权数，诡变无穷"，主要表现在政治方面；而"兼涉文史"就是指她的文化建树和文学才干了。唐高宗《述圣记》碑文便是武则天所写，从现今遗留的字句来看，便知她文笔出众，假若她在无字碑上着文，当又是一篇奇丽佳作。

若论武则天的文才，首先，她是一位杰出的诗人。据《全唐诗》载，武则天有诗46首，《武后享清庙乐章》10首，共56首。有些诗如《如意娘》《催花诗》等都脍炙人口。如《如意娘》：看朱成碧思纷纷，憔悴交离为忆君。不信比来常下泪，开箱验取石榴裙。又如《催花诗》：明朝游上宛，火速报春知。花须连夜发，莫待晓风吹。

武则天在音乐舞蹈方面也有很高的才华和鉴赏力，音乐舞蹈在唐时合称乐舞，是大唐艺术史卷中最光辉的篇章；而其中武周时期的乐舞，更是绚丽多姿的一页。史载武则天"自制宫舞，用舞者九百人"。

唐太宗时的《十部乐》，到高宗、武则天时又分为《立部伎》和《坐部会》。如《圣寿乐》，为歌颂武则天而制的字舞，属立部伎。用五色画衣、优美的舞姿、变化的队形展示"圣超千古、道泰百王、皇帝万年、宝祚弥昌"16个字，象征着寿比南山、洪福齐天。又如

《鸟歌万岁乐》，也是武则天时制作的字舞。据说宫中养的一只鸟会叫万岁，武则天于是命乐工制《鸟歌万岁乐》，"舞三人，纬大袖，并画鹤鸰，冠作鸟像"。另有《长寿乐》《天授乐》，亦分别为武则天长寿、天授年间制作。史载，武则天能自制乐舞。长寿二年（693年）正月，武则天享"万象神宫"，以魏王武承嗣为亚献，梁王武三思为终献。

武则天也是一位文化鉴赏大家。有专家评价说："武则天有着过人的文化鉴赏力和理解力，并因此影响到唐代的文化艺术"，这个论点十分中肯。这比她本人写了多少诗文更加重要，因为她是一代女皇，是最高掌权者。她有很高的诗文鉴赏力，如洛阳龙门赛诗会上"夺袍以赐"的故事早已传为佳话。

史载，"武则天幸洛阳，令从官赋诗，右史东方虬，诗先成，则天以锦袍赐之。及（宋）之问诗成，则天称其词愈高，夺虬，锦袍以赏之"，武则天这种过人的诗文鉴赏力，并奖励优胜者，自然也就极大地促进了诗文的发展。

史载武则天有《垂拱集》100卷、《金轮集》10卷，后散佚。据统计，清代编纂的《全唐文》及《唐文拾遗》《唐文续拾》，共辑录武则天文四卷99篇，今人已汇编成《武则天集》。有的专家经过多年的研究，又发现武则天遗文61篇。因而武则天文总数应为160篇。主要包括应用文中的词、敕、制、政论文和各种碑文。这160篇文章不可能，也无必要全部或大部出自武则天亲笔所撰。但从武则天的文化素养和喜欢大权独揽的个性分析，凡是以她名义颁发的诏敕、政论文、碑文和专书，必须经她过目，亦在情理之中。

这里，试以学界公认为武则天亲笔撰写的两块碑文为例，看其文史知识及文学修养究竟达到何种程度。这两篇佳作，就是著名的《述圣记》和《升仙太子》碑文。

《述圣记》碑文，武则天撰文，中宗李显书丹，迄今仍矗立在陕西乾陵陵园朱雀门外司马道西侧。撰文、书丹在文明元年（684年）二月，中宗李显被废为庐陵王之前，立于同年八月安葬高宗时。全文

5600 余字（现碑上仅余 1600 余字），这在当时可谓长篇宏论。

此碑文之后收入多种文献，近年来颇受学术界关注。该文虽然主旨在于颂扬高宗的文治武功，"兴百王之绝典，播千祀之高躅"，"谋臣如雨，猛将如云"，但内涵之丰富，文采之飞扬，骈体运用之熟练，都达到了很高的艺术境界，反映出武则天渊博的历史知识和深厚的文学功底。这不仅是一篇盛唐初期质量很高的碑文，而且"是中国历史文化重要组成部分"。

《升仙太子碑并序》，武则天撰文并书丹，迄今仍矗立在河南偃师市府店镇猴山之巅。史载圣历二年（699 年），"二月，乙丑（四日）太后幸侯氏，过升仙太子庙"。又载"二年春二月，戊子，幸嵩山，过王子晋庙（即升仙太子庙）。丙申，幸缑山。丁酉，至自嵩山"。武则天返回神都洛阳后，于同年六月亲笔撰书了《升仙太子碑并序》，两千余字。中宗李显复位后于神龙二年（706 年）八月，由相王李旦奉命刻石立碑。这篇出于一代女皇手书的碑文，如今受到许多学者的交口称赞。通篇借歌颂周灵王太子晋"升仙"的盛况来抒发她对武周皇朝疆域辽阔、国富民强的感叹，"乾坤交泰，阴阳和而风雨调；远肃迩安，兵戈敛而烘烽静"，借描绘"升仙太子庙"的宏伟气势，来讴歌武周盛世的灿烂壮丽。其中，涉及历史故事，道教典故之多，叙述之精神，亦令当今汉文化使者、道教研究专家惊叹不已。无疑这是一篇难得的传世佳作。

武则天擅长书法，尤其精通行草和飞白体。她的书法作品保存至今最完整的，当属《升仙太子》碑文。古人品论碑文："才调之高，古今罕有其匹。"评论其碑额："碑首'升仙太子之碑'6 个大字飞白书，作鸟形亦佳。飞白书久不传于世，此其仅存者耳。"今人赞美此碑文："观其书迹，确有功底，有大丈夫之气魄，真不愧是女中豪杰"，其用笔"潇洒流落，翰逸神飞"，"具有雍容华贵不加雕饰之大家风度"；其"书法艺术已达到相当高的水平。同时还证明武则天不仅是卓有建树的一代君主，又是我国历代帝王中首屈一指的书法家"。这些并非溢美之词。

　　武则天对建筑艺术的鉴赏力更异乎寻常，有很高的悟性和热情，经她支持、赞助、鉴赏而保存至今的古建筑，不仅众多而知名度也很高。例如长安大雁塔。唐高宗永徽三年（652年），由名僧玄奘法师主持建成，只有5层，砖表土心，不甚坚固。不久塔身逐渐颓坏，经则天女皇批准，于长安年间重新修建，高至10层。又如嵩山少林寺。史载，永隆元年，则天武后陪高宗前往河南嵩山，后又两次从驾幸嵩山之奉天宫，并写有《从驾幸少林寺诗》，其后，武则天还曾亲自书赠少林寺僧人，派遣武三思携带金、绢等物前去嵩山，请修缮佛寺，以表弟子之诚，再如洛阳龙门石窟奉先寺卢舍那大佛像。开凿于高宗永徽初年，完成于武则天执政时期。据佛座上开元十年补刊的《河洛上都龙门山之阳大卢舍那像龛记》载："咸亨三年壬申之岁四月一日，皇后武士助脂粉钱贰万贯"，从而加速了工程的进度。据说卢舍那佛像丰盈秀目、雍容华贵，面带微笑、君临天下的气概，就是模仿武则天的形象塑造的，因而具有永恒的艺术魅力。

乾陵

　　最典型的还当属乾陵的营造。这座规模浩大、气势宏伟的盛唐皇家陵园，始建于弘道元年，至光宅元年八月埋葬高宗时，完成主体工程，到神龙元年基本完成，其主要建筑是在武则天的指导、规划下进行的。它充分体现了武则天的文化鉴赏力和建筑艺术。

武则天何以会有如此高的文化素养和文化鉴赏力？史载的"后素多智计"的"素多"二字，就是指武则天的才能，既有天赋的因素，又有长期受教育的结果。具体地说，一是受父母亲的熏陶；二是14岁入皇宫后，受宫中教育特别是受唐太宗、高宗父子的影响。但更应该看到，是唐朝前期文化素质日渐提高的群体氛围，培养和造就了武则天；武则天遭遇坎坷，充满激烈斗争的人生经历，磨炼了她，极大地提高了武则天的文化素养。试想，面对众多学富五车的文臣、久经沙场的武将，她没有渊博的文史知识，没有高超的斗争艺术，能够驾驭、威慑他们吗？是执掌天下权柄的需要促使她兼涉文史，勤学苦练，才具备了过人的才华，而她的才华也帮助她打理好了大唐的政权，推动了社会的进步，为中华文化的发展作出了光耀史册的成就。

第二章

暗通情人冯小宝
专宠面首薛怀义

　　武则天虽然文才出众，但个人淫欲也是很出众的。无论是正史还是野史，都记载武则天有很多男宠，其中以冯小宝为最，他是武则天的第一个男宠，也是陪武则天时间最长的男宠。

　　那么两人是如何相识并走到一起的呢？有两种说法，第一种是在武则天感业寺做尼姑时。那时是唐太宗死后不久，还是才人的武媚娘作为太宗的嫔妃被送到感业寺出家为尼。而感业寺与关着和尚的白马寺只有一墙之隔，而且两寺同饮一井水，有一天，武媚娘和冯小宝在井台相遇，武媚娘打不动水，正在为难之时，身材高大、健壮有力的冯小宝也来井台挑水，帮助武媚娘打好了水，还给挑着送到了尼姑庵的大门口，然后再自己去挑水，于是二人就认识了。

　　和尚和尼姑都是戒吃荤腥的，冯小宝半路出家当然戒不掉。有一天，冯小宝又来井台挑水，有一只山鸡口渴，落在井沿儿找水喝，冯小宝看见了，悄手蹑脚靠上去，一扁担打死了。好肥的一只山鸡，冯小宝决定把山鸡吃掉。他的水也不挑了，捡来一堆柴火，到前边树林子里，笼火烤鸡去了。

　　偏巧这一天，武媚娘也来井沿儿挑水。井台上只见冯小宝的水桶不见人，武媚娘四处看了半天，附近也没有冯小宝的踪影。这时，顺风刮过来一股烤肉的香味儿。武媚娘自从离开后宫以后，就再也没有吃过肉。这肉味儿好香啊！是从哪里飘过来的呢？不远处的小树林，

184

不是还在冒着一缕青烟吗？一定是在那里。这样想着，就身不由己地朝小树林走去。

武媚娘看清了，正是冯小宝在火上烤肉，不知烤的是什么肉，反正是香味儿直往鼻孔里钻，过了一会儿，肉烤熟了，冯小宝从火上取下烤得焦黄的鸡肉，扯下一条大腿儿咬了一口。

"什么肉，香吗？"武媚娘忍不住地问道。冯小宝忽然听见有人说话，当时吓了一跳，回过头一看，见是武媚娘，就不好意思地笑了，说："是鸡，野鸡。落在井台上喝水，抢起扁担，只一下，哈哈哈……"说着，撕下另一个鸡大腿，递给武媚娘，说："你敢不敢吃？香极啦！"武媚娘接过来说这有什么不敢的，说完就大口大口地吃了起来。

从那以后，冯小宝三天两头不是弄一只鸡，就是弄个狗大腿儿，偷偷送给武媚娘。武媚娘于是抢着去井沿挑水，也就是去和冯小宝相会，反正也不用她真挑。

武则天当上皇帝后，立刻让冯小宝当上了洛阳名刹白马寺的住持。高宗死后，武则天就让冯小宝随便出入后宫，又把他的名字改为"怀义"，赐给他薛姓。薛怀义凭着过人的聪明，加上当年的感情，之后的很长时间都很得武则天的爱惜。

第二种说法是：冯小宝本来是在洛阳城市井之中靠卖野药为生的小货郎，相当于老北京天桥上专卖大力丸的，卖药之前还要先比画几招。正因为从事这种职业，冯小宝身体结实魁梧，又能说会道，被一家豪宅的侍女看上了，成了侍女的情人。这个侍女的主人便是宗室谋反案之后为了保命，主动要求当武则天女儿的千金公主。这个侍女偷偷把冯小宝领到公主府幽会，不小心被千金公主发现了。起初自然是勃然大怒，但是看看跪在地上的冯小宝一表人才，千金公主也就原谅了他，不仅没有惩罚他，还把他留下来了。不想一番销魂之后，千金公主觉得冯小宝确实是难得的人才，尝到冯小宝的甜头之后，对冯小宝的功力大为折服，自己虽然吃了贴身侍女的剩饭，好在冯小宝功力有增无减，两个人从此享尽鱼水之欢、床笫之乐。

白马寺

这个时候，武则天通过一系列政治手腕奠定了自己独立执掌唐朝大权的地位，朝中再也没有势力可以和她继续抗衡。千金公主善于察言观色，对时局的发展有准确的判断，武则天的性心理被千金公主摸得一清二楚，她觉得自己巴结武则天的时机来临，再者她一直和武则天有着较深的私人关系，因此事事都能讨得武则天的欢心，她知道武则天虽已年过花甲，但青春活力不减当年，加之李治过早死去，政治斗争经常弄得她身心疲惫，夜里寂寞难耐。她也是一个女人，需要男人的拥抱，也需要和男人彼此交欢，体验人性的快乐。

于是千金公主在一次觐见武则天时推荐冯小宝，说冯小宝有非常之才，可以让他留在身边。武则天何许人也，听了千金公主的话将信将疑，但心里还是有一种无法掩饰的高兴。这个千金公主真是了解武则天的心思，她的提议得到武则天的首肯。于是冯小宝的人生迎来了最辉煌的时刻。

武则天当时已经是太后，高宗去世了，再也没有能够真正约束她的人，而且她又刚刚平息了徐敬业叛乱，正需要好好放松一下，于是就笑纳了。

对于此等情节，有小说家描述道：

宽大的寝殿的内室里，有一顶巨大的粉红色的半透明的真丝罗帐，罗帐内，有一张一丈见方的红木大床，透过罗帐，隐约可见床上躺着一个丰腴的妇人，正在看书。千金公主拽了拽冯小宝，往里努努嘴，催促冯小宝上。冯小宝畏缩着不敢上，他头一次进宫，乍一见宫殿内恢宏的气势、富丽堂皇的装饰，心里直打怵，更别说让他去面见名震天下的皇太后了。

"小宝，快去啊。记住临来时我说的话吗？伺候好了太后，你后半生就飞黄腾达了。"千金公主小声催促着。

"公主，我，我不敢。"冯小宝可怜巴巴地说。

"有什么不敢的，在你面前，太后就是一个女人，你该怎么做就怎么做。"

"我，我……我还是不敢。"冯小宝眼望着罗帐里的人，手拽着千金公主的裙角不丢。"谁在外面喧哗？"罗帐里的武则天拉长声音问道。

"是我，千金公主，这冯小宝慑于太后的天表，不敢进侍。"千金公主忙对里面回答说。"进来吧，我又不会吃人。"

"快进吧。"千金公主拉着冯小宝往里走，吓唬他说，"不进去就是抗旨。"进了罗帐，冯小宝自然而然地"扑通"一声跪在地上，拜倒在床前，口里"万岁、万岁"地乱叫一气。

"脱掉衣服上来吧，看看你是怎样一个罗汉。"武则天围着锦被，命令道。千金公主转身要走，却被武则天叫住了："这小宝初来乍到，一回生二回熟，你还是留下来，帮他几把吧。"千金公主答应一声，走过去给冯小宝解下衣服，又悄悄叮嘱了他好多话，才把他推到床上。而后才拱手向武则天告辞出去了。

"果然是'非常材'。"武则天抚弄着冯小宝，由衷地称赞着。

冯小宝年轻气盛，渐渐地熟络了，不太害怕了，于是按照千金公主的授意，一心一意地服侍起太后武则天。

唐朝宗教气氛浓厚，和尚、道士经常出入宫廷，武则天便令冯小宝出家为僧，赠名怀义，这样进宫就方便了。可是还有一个问题，小宝出身太低微了，虽然武则天不拘一格用人才，但是说起来一个江湖卖药的，让人不舒服。怎么给他换个出身呢？当时武则天的小女儿太平公主已经出嫁了，丈夫叫薛绍，武则天灵机一动，让薛绍认了小宝做叔叔。这样，经过两度包装，冯小宝摇身一变成了薛怀义，而且很快当上了洛阳名寺白马寺的住持。

从此薛怀义经常出入武太后的寝宫，人人都知道他的身份地位非同寻常，尊称他为薛师，不敢直呼其名，就连在朝廷里威风八面的武承嗣、武三思兄弟，也甘心在他面前低三下四跟奴才似的。

冯小宝开始得宠的时候，也正是武则天向皇帝之位发起最后冲刺的时候。武则天还活着的两个儿子，大儿子李显已经被她废为庐陵王，发配到房州囚禁起来了，小儿子李旦名义上还是皇帝，但是也被软禁在宫里，政务上一点都插不上手。所有反对她当皇帝的人，武则天都有信心搞定。人，她是能摆平的，但是当皇帝需要天命所归，怎么摆平这个天呢？这个时候冯小宝派上用场了。整个朝廷里，没有谁比他和太后的心贴得更近，太后的事业就是他的事业。谁也别把他仅仅看成一个男宠，他也要有所作为，为太后排忧解难，当太后的"贤内助"。怎么才能当好"贤内助"呢？

冯小宝做了三件大事。第一件是建明堂。明堂是儒家经典所记载的天子布正之所，非常神圣。武则天要把明堂建起来，以证明她统治的合法性。这个工程的主持人就是冯小宝。要说让一个男宠去主持修建儒家圣物真够离经叛道的，但是，武则天用人眼光一向准确，冯小宝果真不负重托，不到一年就把明堂修成了。新修的明堂宏伟壮丽，有大概三十层楼那么高，起名叫万象神宫，武则天在那里祭天祭祖，接受百官朝贺，大大出了一把风头。更加绝妙的是，冯小宝还在明堂背后修建了一座天堂，贮存佛像，遮风挡雨。这个佛像多大呢？据说一个小指头就能装好几十个人，所以天堂盖得极其高大壮丽，一共有五层，才到第三层就已经比明堂高了。武则天为什么要盖建这么宏伟的天堂呢？一方面是因为冯小宝的宗教情结，另一方面恐怕还是武则天此时想要利用佛教为自己当皇帝服务了。

冯小宝做的第二件大事，就是在佛教经典中找到了能支持武则天当皇帝的理论，我们前面讲过，经过以冯小宝为首的和尚的刻苦攻关，终于在浩如烟海的佛经里找到一部《大云经》，经里记载女主统治国家，最后又成佛。这就是名正言顺地为武则天当皇帝提供了经典依据。但是，冯小宝并没有止步，为了普及《大云经》，他又带领一帮和尚炮制了解释经典的《大云经疏》，用通俗易懂的语言把晦涩的经文加以演绎阐发，并和当时流行的弥勒信仰结合起来，称唐宗室衰微，太后就是弥勒下生，必定取代唐朝的统治。武则天当皇帝的理论难题解决了，冯小宝也因此顺理成章地成为武周建国的大功臣，官拜正三品的左威卫大将军。

第三件事是帮助武则天讨伐突厥。冯小宝既然已经是大将军了，当然要建立军功。当时突厥常常威胁北部边疆，而武则天忙于改朝换代，对于武将不大信任，因此冯小宝又被派上用场，去帮武则天讨伐突厥。第一次是在永昌元年（689年），也就是武则天称帝的前一年，武则天委任冯小宝为新平道行军大总管讨伐突厥。冯小宝本来是一个卖药的小混混，哪里知道什么打仗啊，可是俗话说无知者无畏呀，他还真去了。不过他的运气不错，突厥是游牧民族，逐水草而居，来无影去无踪，冯小宝到了前线，正好突厥兵走了。没找到敌人那就凯旋吧，回来以后，对武则天他可不这么说。他说，敌人闻风丧胆，听见我的名字就害怕了，所以我还没到那儿，他们已经望风而逃了。武则天也很高兴，当下封他当了二品的辅国大将军。

既然冯小宝打突厥有功，以后对付突厥的事就交给他了。延载元年（694年），也就是武则天当皇帝的第五年，冯小宝又被派出去讨伐突厥了。这次，他的头衔是伐逆道行军大总管，两位宰相当他的幕僚，率领十八位将军出征。要说老天真是太照顾冯小宝了，也不知道为什么，运气特别好，还没等他们出发，敌人又是已经无影无踪了，所以冯小宝又是毫发无损，再立新功。当然啦，他给武则天的理由仍然是"敌人一听说我的名字就吓跑了"。

第二次讨伐突厥，可以说是冯小宝一生事业发展的巅峰。他既是武则天的男宠，又是白马寺的住持，同时还是朝廷里威风凛凛的大将军，真是炙手可热势可绝伦。

可是，人往往取得一丁点儿成就，就会飘飘然，甚至连一些大贤大德都不例外，更不要说冯小宝这样一个没什么底蕴的市井小混混了。小人得志的他很快就忘乎所以了，一次次地犯错误。

从他当了面首，就开始犯错误了。冯小宝当了和尚以后，就得住在寺里，他觉得这太闷得慌，太寂寞，不甘心，怎么办？他就私自剃度了好多小流氓当和尚，每天也不在寺里念经，跑到街上去，骑着高头大马，在洛阳城里横冲直撞，路上行人纷纷躲避。谁要是躲得不够及时，马上就被他们打得头破血流。然后，扔在路边，扬长而去，根本不管别人死活。特别是看到道士，更是分外眼红，一定要把人家抓过来，剃光头发，陪他一起当和尚，有时候连道教的高级人物也不能幸免。当时有一位著名的道士，叫侯尊，是弘首观的观主，有一次不小心被冯小宝看见了。冯小宝才不管他是谁，马上把人家拉进寺里去，强迫当了好几年的和尚，直到冯小宝死后，这才出来，再重新蓄发当道士。

冯小宝对官员也挺不客气的。当时有一位御史看不过他的所作所为，多次依法弹劾他，冯小宝一怒之下，把这人堵在路上，打了个半死。这类为非作歹的事情干多了，有时候也会碰钉子。有一天，冯小宝带着自己的一帮喽啰进宫，在门口遇到了宰相苏良嗣。冯小宝骄横惯了，觉得我是宠儿啊，我得先进门啊，根本没把苏良嗣放在眼里。

要知道，唐代的宰相非常威风，号称"礼绝百僚"，哪里容得下一个男宠如此无礼！苏良嗣勃然大怒，当即叫左右把冯小宝揪过来，劈头盖脸一顿暴打，把冯小宝打得满地找牙。冯小宝自从进宫，哪里受过这种委屈啊，跑到武则天面前哭诉，说是可忍孰不可忍。没想到武则天心里非常明白，公私分得很清，摸着冯小宝的光头说："孩子你记住，北门才是你出入的地方，南衙是宰相理政的地方，你没事到那里闯什么祸呢？"当然，能够这样跟冯小宝叫板的人少之又少，特别是随着冯小宝地位的提升，宰相也奈何他不得。在出征突厥期间，李昭德以宰相的身份充当小宝的幕僚，因为一言不合，冯小宝挥拳便打，李昭德那么有性格，这时候也只能惶惧求饶，可见冯小宝的威风。

唐代铜镜

冯小宝是武则天还是太后时的第一个男宠，本来就唯我独尊，缺乏各类知识。并且，随着武则天从太后做成皇帝，她的胃口也变大了，不再满足于只有一个"后宫佳丽"了，她身边的男宠逐渐多了起来，这对冯小宝的打击可太大了，他为武则天立了那么大的功劳，武则天怎么可以移情别恋呢？冯小宝一气之下，耍起了小性子，干脆不进宫找武则天了，整天待在白马寺里，和他剃度的那些小流氓胡闹。闹来闹去，又引起不满了。有一位御史叫周矩，看不下去了，毕竟冯小宝整天出入宫廷，要是和这帮小流氓搞出什么阴谋危害皇帝怎么办？于是他上奏武则天，说薛师每天都纠集一些不法和尚在那儿操练，他又整天出入您的身边，万一他对您有什么不良的企图，大家就防不住了，要求审问冯小宝。

武则天当时也正生冯小宝的气，就批准了，说：你先回去吧，我马上让他过去受审。周矩刚刚回到御史台，冯小宝骑着高头大马也来了。进门后他不是跪地受审，一看那有一张床，下了马就躺在床上了，袒胸露腹，旁若无人。周矩气坏了，说你这是什么意思，目中无人哪，招呼手下过来，就要把冯小宝押上公堂。没想到冯小宝一跃而起，骑着马扬长而去。周矩顿时就气了个七窍生烟。没办法，向武则天汇报吧，武则天听完汇报后笑了，说：这和尚疯了，你也不必再审问他，就把他剃度的那些小流氓处理掉就可以了。周矩没办法，只好先把那近千个和尚给流放了。

武则天的态度表明，虽然冯小宝任性引起了她的不满，但是念及旧情，武则天还是愿意保护他的。不过，冯小宝并没有体会到这点，他不仅没有因此收敛一下，反而沿着错误的道路越走越远了。

证圣元年正月十五是中国传统的上元佳节。朝廷取消宵禁，百姓家里也是张灯结彩，天下狂欢。冯小宝为这个节日做了精心准备，他指挥手下在明堂的地上挖了一个五丈深的大坑，坑里面预先埋上佛像，装上机关。然后，用丝绸在坑上搭了一座宫殿。皇帝也得过节啊，武则天来到明堂之后，冯小宝指挥手下将佛像从坑底徐徐拉起，一直拉到彩绸搭建的宫殿之中。从旁边看起来，活像是地底涌出佛像。这景象难道不神奇不壮观吗？不过他还留着一手。他早就杀了一头牛，用牛血画了二百尺高的一个大佛，把这个佛像张挂在天津桥上，然后对武则天说，这是我割破膝盖，用自己的血画成的。武则天哪里会信啊，你就是割破主动脉也没有这么多血啊，所以武则天还是淡淡一笑，没有理会。

这可太伤冯小宝的心了，他为武则天做了那么多事，现在要被打入冷宫，冯小宝这次真的吃醋了，他一夜都没有睡着。第二天正月十六，就在夜里，明堂忽然起火了。火借风势，迅速蔓延，很快天堂就成了一片火海。当初建天堂的时候，所费以万计，府藏为之枯竭，耗费了国家多少财富啊，如今只剩下一片灰堆。这还不算，大火又继续蔓延，把明堂也给点着了。烈火熊熊，把神都洛阳照耀得如同白昼。

这一场大火一直烧至天明，明堂和天堂一起化为灰烬。

这火就是冯小宝放的，他无法忍受武则天冷落他，就想既然你不再在乎我了，我就给你做一件大事，让你看看我的厉害。小混混的想法是，也许只有干出这么一件惊天动地的大事，武则天才会注意到他的存在。

可是这件事他大大办错了。明堂和天堂能随便玩没了吗？他犯了公私不分的错误。对于武则天而言，明堂是她得天命的标志，是她号令天下的场所，是大周王朝的象征。明堂顶上一凤压九龙的造型，更是她自身的写照，这些是她毕生追求的东西。相对于这些而言，和冯小宝之间微不足道的私情算得了什么呢？但是，冯小宝天真地把这两者混为一谈了，为了引起皇帝的注意，他不惜烧掉她心中最神圣的东西。这一次，皇帝很生气。

但武则天不但没有杀冯小宝，而且重修天堂和明堂的工程主持人还是冯小宝。

以武则天的脾气早杀冯小宝了，不杀可能有以下两个原因。

第一个原因，武则天要遮羞。她不能公开惩办冯小宝，天下人都知道冯小宝是她的面首，现在如果昭告天下，说冯小宝因为争风吃醋火烧明堂，我们必须予以惩处，这也太没面子了吧。不仅不能公开他的罪行，还要尽可能地帮他脱清干系。怎么脱清呢？说这是天火？不行，如果是天火，那不就意味着天谴了吗？只能归罪于人。那应该归罪于谁呢？武则天诿过于工匠，说他们用火不慎，点着了天堂里的大佛，大佛含麻较多，属于易燃品，引起火势迅速蔓延。也就是说，这件事和冯小宝毫无关系，一切谣言纯属捕风捉影。

第二个原因，武则天对冯小宝还是有一定感情的，舍不得下手。自冯小宝从垂拱元年（685年）进入武则天的后宫，到延载二年（695年）的正月，已经过去了整整十年。人生有几个十年啊，冯小宝跟着她一起经历了改朝换代的种种风浪，为她登基称帝没少操劳。这次放火，也是多情所致，只有多情，才会嫉妒嘛，想想这些，武则天不愿意太过绝情。

因为这样一考虑，所以武则天不仅没有杀冯小宝，她还昭告天下，要重新修建明堂和天堂，仍然让冯小宝当项目负责人。那我们说两个人的感情是不是恢复如初了？不可能，无论是武则天还是冯小宝，谁也不可能真正忘记这场明堂大火。

对于武则天来说，明堂是她得天命的标志，突然被烧了，怎么解释这场火灾呢？当时大臣就分成两派，一派说就是上天降灾示警，皇帝应该反省自己，谢罪于天。另一派就是马屁精了，说这哪里是天谴啊，这是祥瑞！为什么呢？有人说了，当年周武王伐纣，军队过河时便有天降大火，结果武王伐纣成功了，所以明堂失火是说明我们的大周朝也会发旺啊！还有人说，当年弥勒成佛时便有天魔烧宫，这说明陛下您真是弥勒佛啊！两种意见，都挺有道理的，武则天信哪个啊？虽然武则天爱听好话，但她其实更相信前者。很长一段时间，她心里都摆脱不了天谴的阴影。

那冯小宝呢？其实他心里也并不平静，天天琢磨这个事情。他知道自己把这个娄子捅大了，以他对武则天的了解，他不相信武则天会真的饶了他。人在不安的情况下会有两种反应，有人更加小心翼翼，而有人就会破罐子破摔，显得更加狂妄，冯小宝属于后者。于是，他在武则天面前更放肆了，经常出言不逊。到了这一步，武则天再也不想容忍他了。而且，武则天开始觉得他是一个危险分子了，为了防备他突然发疯，利用随便出入皇帝寝宫的特权搞袭击谋害自己，武则天秘密挑选了一百多个健壮的宫女，组成一支宫廷女子特警队，整天跟在自己身边，以防不测。

两人的关系都到这份儿上了，冯小宝会是什么结果呢？延载二年二月四日，火烧明堂半个多月之后，冯小宝死了。怎么死呢？史书上记载了三种说法。

第一种说法见于《实录》，后来又被《资治通鉴》采纳，说冯小宝是被武则天的堂侄武攸宁暗杀的。暗杀的地点，就在洛阳宫城内的瑶光殿。瑶光殿四面环水，景色清幽。有一天，武则天约冯小宝来这儿见面，冯小宝乘兴而来，没想到等他的不是女皇，而是女皇的侄子武攸宁，武攸宁一看见冯小宝，不容分说，率领壮士一拥而上，将他扑倒在地，冯小宝虽然练过几招拳脚，哪里敌得过众多壮士！双拳难敌四腿，一顿劈头盖脸的毒打之后，冯小宝当即毙命。

第二种说法见于《旧唐书》，说冯小宝是被武则天的女儿太平公主的乳母张夫人率领壮士暗杀的，具体情节和武攸宁的故事差不多。也是说武则天召唤冯小宝到瑶光殿幽会，冯小宝屁颠屁颠来了，没看到武则天，倒看见太平公主的奶妈张夫人了。张夫人率领的壮士一拥而上，把冯小宝扑倒在地，一阵乱棒打死。

第三种说法见于李商隐所写的《宜都内人传》。宜都内人是武则天的宫女，她规劝武则天，男为阳，女为阴，武则天如果用男宠，那就是以阴求阳，自毁长城。因此必须除去男宠，培养自身阳刚之气，只有这样统治才能长久。武则天听后觉得有道理，因此，就下令杀了冯小宝。按照这个说法，武则天对冯小宝就是明杀，不是暗杀了。

第三章

寂寞又得沈南璆
御医命丧石榴裙

　　武则天第二个男宠是御医沈南璆，他有一副异常俊美的脸庞，十分匀称的身材，看起来令人赏心悦目，而且他为人温和，很知道武则天的心思。这时候，武则天已经年届七旬，身为御医的沈南璆尽职尽责，对女皇关心有加。一来二往之中，武则天喜欢上了他，让他侍寝。

　　关于他们之间的事，史家所记不多，不过小说家倒有丰富的描写，请看这篇：

　　迎仙宫内，武则天捋起袖子说：沈爱卿，可以切脉了吧？

　　沈南璆：不用切脉。

　　武则天大惊，她佩服地说：不用切脉便能看病，高明啊。你是如何看出哀家有病的？

　　沈南璆脱口而出，他说：太后时而汗出，时而汗退，学生就站在你的对面，还能看不出吗？

　　武则天：从汗出汗落，就能判定人的病情吗？

　　沈南璆：汗为心之液，时出时退，说明太后心脉不定。

　　武则天：宫中御医皆言哀家无病，难道他们说得不对吗？

　　沈南璆笑了，他说：此话不必问学生，要问太后才是，病在太后身上，有病无病，太后还不清楚吗？

　　武则天服了，她说：爱卿真是神了，你快讲哀家是什么病？

沈南璆欲言又止。

武则天：你如何不讲啊？

沈南璆：学生直言，唯恐开罪太后。

武则天：哀家不治罪于你，大胆讲来。

沈南璆支吾地讲着：太后，对月事而言，妇人一般是 45 岁前后就断绝了，太后年过花甲，血脉充盈，月事正常。学生敢于断言，太后的月事刚过不久。是不是这样啊？

武则天：是啊，你讲得不错，请讲讲哀家的病因。

沈南璆接着说：有的人 40 岁的年纪，60 岁的血脉，太后是 60 岁的年纪，40 岁的血脉。

武则天一喜说：你是说哀家年轻？

沈南璆奉承着：太后若是不信，可拿镜子来，看你一头秀发，面若桃李，像六十多岁的人吗？

武则天沾沾自喜地说：是啊，许多人都说哀家年轻，漂亮。可这与哀家的病有何干系？

沈南璆：世上万事万物尽在阴阳二字中，阴阳和谐，方能健康。

武则天：你如何越扯越远了，请快讲哀家的病情。

沈南璆：太后的病为血亏。

武则天：何为血亏，如何治之？

沈南璆：女子的血亏即为阴亏，阴亏需用阳补，方能保持阴阳平衡，若是阴阳平衡，太后方可无虞。

武则天：如何以阳补阴？

沈南璆：太后，学生说不出口啊。

武则天：有道是病不忌医，难道医还忌病吗？

沈南璆：学生实在说不出口。

武则天杏目圆睁，怒而吼道：快讲，若不讲哀家就杀了你。

沈南璆跪下：太后恕臣无罪，学生方敢开口。

武则天：哀家恕你无罪。

沈南璆：以阳补阴需得男女交……

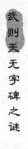

武则天：交什么？

沈南璆：交欢……

武则天一喜，她拉起沈南璆问：是吗，你说这男女之事还能治病？

沈南璆：如何不能？久旱遇甘霖，不是解了草木之病吗？

武则天拥着沈南璆：既是这样能治病，沈爱卿，快到内室与哀家治病。

扑通一声，沈南璆吓得跪在地上，连连叩头说：太后，学生忠于朝廷，实实不敢造次！

武则天和颜悦色地：沈爱卿，哀家问你，朝中何人为尊？

沈南璆：太后为尊。

武则天：既是哀家为尊，你想抗旨吗？

沈南璆：学生不敢。

武则天：那就到内室为哀家治病。

沈南璆：学生……臣……

武则天拉起沈南璆就走，她不容置辩地叫着：来吧，你就随哀家来吧！

见武则天拉着沈学士进了内宫，上官婉儿连忙守在门口，警惕地四下看着，害怕别人闯入。这时，太平公主匆匆走来。

上官婉儿：迎接公主。

太平：我母亲呢？

上官婉儿：就在宫内。

太平就要进门，却被上官婉儿拦住了。

太平：本公主去见母亲，你却阻拦，这是为何？

上官婉儿：太后正在治病，不许进宫。

太平：既是母亲病了，我这个做女儿的，更应该进去看看。

上官婉儿：此种治法是不便看的。

太平：治病还能不让看，怪事！

上官婉儿对太平耳语。

太平莞尔：还有如此的治法？

上官婉儿：公主，你说这样的治法，你能看吗？

太平：是呀，如此的治法，是不能让别人看的。

事毕，武则天扶着沈南璆从内室走出，沈南璆累得大汗淋淋，气喘吁吁。他一屁股坐下叫着：哎呀，累煞我也。

武则天笑着说：沈爱卿啊，你给哀家治病，倒把你给治成这样，真是忠心可嘉呀。

沈南璆：太后，学生身体虚弱，已好久不经此道了。

武则天安慰着说：身子虚不要紧，哀家这里有诸多补药，送你一些人参也就是了。

沈南璆：不可，不可。

武则天：为何不可？

沈南璆：过虚不可猛补，这是医道。若是猛补，学生就惨了。

武则天无奈地念叨着：这可如何是好啊，哀家的病……。

沈南璆：太后，往后小可多陪你就是了嘛。

武则天叹息着：唉！也只有如此了。

沈南璆虽然心胆包天，却是个银样镶枪头，每日忘我的奉献，已使他身体掏空，体力大大地不支。这日奉召，竟是一副有气无力的样子。女皇不满意了，转过脸来问："南璆，你今儿是怎么啦？"

沈南璆冲女皇笑了一下，一酡红晕泛上他苍白的脸："南璆得侍陛下这样的千古奇女子，已属三生有幸。虽有病亦不敢退却，因而每日借大量的药顶着。但是，猛补反招损，今日一役，连药也不管用了，怕臣以后再也无福侍奉陛下了。"

武则天一听，又觉伤心，又觉感动，抚摸着沈南璆的胸脯说："卿之体力虽不如那死去的薛怀义，可卿之忠诚，过怀义百倍也。你身体有病，应该早给朕说，早说早让你歇着。"

"谢谢陛下的夸奖，臣至死愿效力于陛下。"

武则天动情地说："从今以后，卿安心休息，安心养病，不必再当御医了，朕封你为四品朝散大夫，回家养病去吧。"

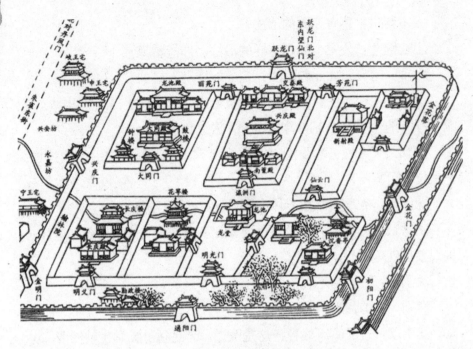

唐兴庆宫布局

沈南璆惨然一笑，说："臣恐怕再也无福消受陛下的恩赐了。臣食补药过量，猛已火毒攻心。近日常觉头晕眼花，望风打战，以我医生的经验，自觉离大去之日不远矣。"

沈南璆不愧为御医国手，对自己的病情发展预言得一点不差，过了十几天，沈先生果告不治，一命呜呼。消息传到武则天那里，武则天痛哭一场，又题诗一首，以志纪念，诗曰：

> 皇恩新荷春相随，谁料天年已莫追。
>
> 休为沈君伤夭逝，四龄已可傲颜回。

第四章
太平公主为母分忧
二张兄弟侍奉武曌

沈南璆死后，武则天心情抑郁，常常坐于宫中，望着窗外长吁短叹，脾气来了，就摔桌子打板凳，喝骂近侍。

上官婉儿体会出女皇烦心的原因所在，急忙出宫，来找太平公主，对她说："公主，陛下每日政务繁忙，回宫后又冷冷清清，常常觉得人生无趣。自古以来，一国之君，都是三宫六院七十二妃，佳丽三千，可皇上现在却孤床无伴，殊不公平。公主作为皇上的唯一女儿，得替皇上着想才行，得想办法给皇上找一个开心的伴儿才好。"

说到这里，上官婉儿又怕太平公主有什么误会，连忙又补上一句，说："此事原来我都是找千金公主，可惜千金公主已经过世了，此事只有来找你了。"

太平公主点点头，说："事不宜迟，我马上撒出人马去找。"

功夫不负有心人，万岁通天二年（697年）正月的一天，太平公主果然带着一个美姿容的少年，来到皇宫，行献"宝"之礼。

那少年有20岁左右的样子，不高不矮，不胖不瘦，白白净净，穿着一身新衣服，挎着个小包袱，紧紧跟在太平公主的后头，生怕丢了似的。进了金碧辉煌的皇宫，那少年眼睛就不够使的，这里望望，那里瞧瞧，嘴里还啧啧地称赞着："乖乖，这屋这么高，这么大。乖乖，地都是用玉砖铺的，墙角都用金子包的。"

太平公主笑道："你只要好好地侍奉皇上，侍奉得皇上满意了，皇上就会留下你，你可以日日在这皇宫大内玩耍。"

那少年不住地点头称是："我一定尽心尽力，决不辜负公主的殷殷期望。"

这张昌宗是定州义丰（今河北安国）人，家中行六。史载其美姿容，人称六郎美如莲花。神功元年，以太平公主荐，与其兄张易之同入侍宫中，为武则天男宠。传说发生的时间大约在 695 年以后，太平公主将自己的男宠张昌宗送给母亲解闷。从此，张昌宗、张易之兄弟就成为武则天最心爱的侍寝男宠，每天都跟随在女皇的身边，自然也就与女皇的秘书上官婉儿天天见面。张昌宗是个男宠，但并不是绣花枕头。他出身名门精通音律，容貌俊美也工于心计。

进了长生殿，见到女皇，三叩六拜后，太平公主指着那少年介绍说："这位少年乃贞观末年宰相张行成的族孙，姓张名昌宗，以门荫为尚乘奉御。年不足二十，身体很健康，各方面都没有毛病。另外，他还善于音律歌词，吹一手好笛子，他是女儿特地从数百名候选人中，精选出来献给母皇的。"

好半天，武则天哼了一声，太平公主忙退了下去。张昌宗见公主走了，满眼都剩些不认识的人，有些不安，跪在那里动来动去。武则天招呼道："少年郎，过来，过来。"

张昌宗抖抖索索地站起来，一步一步挪到床边，武则天拉起张昌宗一只手，一边抚摸，一边和蔼地问："今年多大了，家里还有什么人啊？"

张昌宗看了一下女皇，又急忙低下头，答道："臣属小龙的，今年虚岁二十整，家里有一个哥哥，还有一位寡居的老母亲，我哥哥排行第五，叫小五子，我叫小六子。"

女皇点了点头，拍拍床沿，说："别害羞，来，坐在床上，陪朕说话。"

张昌宗依命坐在床沿上，一个机灵的宫婢急忙过来给张昌宗脱掉鞋子，又把他的腿搬到床上。

女皇细细打量着怀中的少年。少年五官端正，齿白唇红，皮肤细腻，比之往日粗犷型的薛怀义，别有一番新的滋味。女皇点点头，说："人虽嫩点，身上的肉还算结实。"

女皇对旁边的上官婉儿说："让她们把炉火烧得旺一些。"

"已吩咐下去了。"上官婉儿说着，知趣地把帷帘拉上，躬一下腰，领着众近侍退到了外殿。

"昌宗啊，伺候得朕满意了。"武则天把身子往床上一躺，说道。

张昌宗跪着身子，望着面前这个至高无上，浑身笼罩着神秘光环的老太婆，脑子里只觉一阵眩晕，险些栽倒。

"别怕，朕也是一个凡人嘛。"武则天笑着说道，又伸出一只手，探向张昌宗的腰下。

张昌宗定了定神，赶紧呈上一脸灿烂明媚的微笑。一边轻轻地抚摸着女皇，一边从上到下，慢慢地给女皇除去衣服，在女皇老态龙钟的身子上，尽情地耕耘起来……

张昌宗令女皇春风荡漾，大畅其意。

初次进幸，张昌宗自然在女皇面前刻意卖弄，结束后，张昌宗又从自己的小包里拿出一支玉笛，对女皇说："陛下且歇歇，听臣给陛下奏上一首《万岁乐》。"

女皇笑，说："小的时候，朕也喜欢弄笛拂琴，这些年来，政务繁忙，几乎都忘记了。"

张昌宗果然是个弄笛高手，一曲《万岁乐》让他吹得余音绕梁、荡气回肠。武则天在床上听得如醉如痴，搂住了张昌宗说："卿果是高手。"

"皇上，"张昌宗说，"臣兄易之器用过臣，兼工合炼。"

"是吗？"武则天忙欠起身子。张昌宗点点头。

武则天得陇望蜀之心油生，忙拉了拉床头的响铃。上官婉儿撩起帘子，走到床前，问："皇上召臣何事？"

武则天："速传昌宗兄易之晋见。"

昌宗在女皇面前力荐其兄易之，他有他的考虑，他素闻女皇需求强烈，他怕日子长了，自己孤军奋战，身子吃不消，难逃"药渣"

的厄运。所以有意让老兄易之来分担进御之劳，一者同沐皇恩，二者兄弟在宫中也相互有个照应。

旨令一下，快马加鞭，约半个时辰，张昌宗兄张易之被接到了皇宫。这张易之和张昌宗简直是一个模子扣出来的，也是细皮嫩肉，一表的人才，女皇把他叫到床上一试，果然曲尽其妙，不同凡响，当即表示把张易之也留了下来。

太平公主从后苑回来，见一个张昌宗变成两个张昌宗，心下明白，又见女皇春风满面，笑逐颜开，知事已谐，便道："母皇，总要多赐人荣华富贵才好。"

武则天又是一通哈哈大笑，笑过之后说："婉儿，拟一圣旨。"

上官婉儿忙拿过纸笔，静听女皇口述旨令。"迁昌宗为散骑常侍，易之为司卫少卿。"

二张一听，喜形于色。连着给女皇磕了三个头。张昌宗目如秋水，看着女皇，一揖到底，要求道："家里住的房子年久失修，下雨天即漏雨，家母为之忧虑，恳请陛下让臣把旧房翻盖成新的。"

武则天笑道："皇宫东边的通天坊有几处空着的王府，皆高门大院，带后花园，你选一处，给自己用吧。"

二张又是磕头谢恩，却迟迟不起，女皇心下明白，说："需要什么，可跟上官婉儿说一声，到国库里现支，什么锦帛、奴婢、驰马，缺什么拿什么。"

"谢皇上，我俩也代表我寡居多年苦命的老母亲谢谢皇上的恩赐。"二张叩头说道。

武则天笑着点头说："封为太夫人。"

二张善于侍奉女皇，同时也是要钱索财的高手，总是趁女皇兴浓之际，伸手要这要那。女皇本来就是个慷慨大方之人，用在面首身上更是无所吝惜。兴之所至，什么七宝帐、金银、珠玉、宝贝之类，一概赏赐。不数日，原本穷得叮当响的二张家，就富比王侯。二张也俨然以国库的半个主人自居，慷国家之慨，耗用公物为母阿臧铺象牙床、织犀角簟、铺貂皮褥……

一时间，张氏兄弟成了武三思兄弟献媚的对象。武三思把珍宝一股脑儿搬到了张昌宗的家里，武承嗣则三番五次地给张易之送礼，武氏兄弟目的是一个：请二张在女皇面前美言几句，立自己为皇嗣。

唐《步辇图》

答应人家的事，不能不办，收了人家礼的二张，轮番在女皇耳边吹枕头风。这个说武承嗣为人稳重，又是武氏嗣子，当为皇嗣；那个说武三思也不错，心眼子多，善交际，做皇嗣最合适。直听得女皇耳朵起茧子，不无奇怪地问："你两个小黄子，什么时候学会关心起国事来了？"

二张答道："自古天子未有以异姓为嗣者。臣朝夕侍奉陛下，不能不为陛下考虑也。"

武则天说："难为你俩有这份孝心，至于立旦立显还是立承嗣立三思，朕尚未仔细考虑。"

"立姓武的不就得了吗？"二张在一旁苍蝇似的直叫。

此话题一向是女皇拿不定主意的老难题。二张聒噪不已，惹出女皇的烦心事来，十分不高兴地说："此事先不要再提了，快伺候朕睡觉吧。"

二张一见女皇不愿听这事，忙收住话头，集中精力，使出浑身解数侍候起女皇来。

对于现在的人来说，六郎张昌宗远远不如他的五哥张易之出名。但是在则天一朝的宫廷中，张昌宗才是最出色的美男。武则天和所有的帝王一样都追求长生登仙之术，她很羡慕传说中的周灵王太子姬晋（即王子乔），这位王子乔传说擅吹笙作凤鸣，后随浮丘公登仙而去，成仙后还乘白鹤现于缑山，人称"升仙太子"。武则天曾经为这位升仙太子题写过碑文。于是马屁应运而生。

武三思想讨姑妈的欢心，便将她最羡慕和最心爱的人扯到一起，说："我以为六郎之美，已非凡世所能有，他一定是王子乔转世。"武则天很欢迎这个比喻，下令造鹤氅并制木鹤，将张昌宗打扮成她心目中的王子乔模样，果然仿若神仙中人。后来宫中游宴赏莲，马屁又诵道："六郎似莲花。"谁知高手还在后面，宰相杨再思的发言更胜一筹："非也，正谓莲花似六郎。"虽是马屁，但也足以证明张昌宗的美色非同凡响，始能先动太平公主，再动武则天，又在传说中被选为打动上官婉儿的人物，绝非张易之可比。却不知为何如今的影视作品中张易之反倒成了美男代表。但是再怎样的美男，再怎样的才女，对于武则天来说，实质不过是玩物奴婢而已。大概就是这样的情形下，同病相怜的张昌宗和上官婉儿之间产生了爱情。

这时的上官婉儿至少也该有三十二岁了，张昌宗则可能在二十岁上下。私情很快就被武则天发现，她不舍得处置张昌宗，于是上官婉儿就成为发泄的目标，虽然逃过一死，仍然被处以黥刑：在面上刺青。

在传说中，婉儿请求行刑人以朱色刺纹，从此她的额上有了一朵朱红的梅花，反而平添几分风姿。实际上，婉儿和行刑人既不可能，也不敢在武则天的面前做这样偷天换日的勾当。刺青应该还是被不折不扣地施行了的。不过梅花妆也确实是她的发明——这是以金银箔制成梅花贴面额的妆法，倒很有可能是她成为唐中宗嫔妃后为遮掩刺青的发明。另一项与黥刑有关的发明则是发型。为了遮挡疤痕，上官婉儿创造了一种卷曲的发髻，号"上官髻"。

事实上，史书上并没有详细记载上官婉儿被施黥刑的真正原因。野史中除了张昌宗之外，另一种说法则与武则天的第一任男宠薛怀义有关。据说薛怀义失宠后前去求见武则天，上官婉儿知其失宠而不予通报。怒火中烧的薛怀义便一把火烧掉了奢华的明堂。武则天追究根由，便给了上官婉儿黥面之罚。若照此算来，婉儿受刑时的年龄当在三十岁之前。婉儿被处黥刑的同时，武周王朝内部就继承人的问题也风起云涌。最后，在各方势力的角逐、国内外现实的逼迫以及重臣狄仁杰的劝说下，武则天作出决定：接回废帝李显，重新立为皇储。

因为武则天年事已高，政事就很多由张易之兄弟来处理，二人权倾朝中，连武则天的侄儿武承嗣、武三思等人都争着为二人执鞭牵马。张易之和张昌宗兄弟分别掌管控鹤监和秘书监，都受武则天的宠信，二人比赛似的显示豪奢和残暴。

张易之制作一个大铁蒸笼，笼内燃着炭火，火旁边放一个铜盆，盆里盛着五味汁。鹅鸭放进铁笼中，受到烘烤，必然焦渴，就饮那汤汁，而汤汁也已被烤热。这样，鹅鸭内外受热，不一会儿就毛落肉熟而死。张昌宗则是建造一间小房子，密不透风，中间燃上炭火，火旁放置五味，把一头毛驴拴在房中，像张易之烤鹅鸭似的直到把驴肉烤熟，供他食用。在内宫里，武则天则肆意同张易之、张昌宗兄弟共享床笫之欢。

武则天的心腹丫头上官婉儿生得妖冶艳丽，秀美轻盈，加上天生聪秀，过目成诵，文采过人，下笔千言，尤其书法秀媚，格仿簪花。武则天所下制诰，多出上官婉儿的手笔。武则天将上官婉儿倚为心

腹，甚至与张易之、张昌宗兄弟在床榻间交欢时也不避忌她。上官婉儿正值情窦初开，免不得被引动，加上张昌宗姿容秀美，不由得心如鹿撞。

一天，婉儿与张昌宗私相调谑，被武则天看见，拔取金刀，插入上官婉儿前髻，伤及左额，且怒目道："汝敢近我禁脔，罪当处死。"亏得张昌宗替她跪求，才得赦免。婉儿因额有伤痕，便在伤疤处刺了一朵红色的梅花以遮掩，谁知却益加娇媚。宫女们皆以为美，有人偷偷以胭脂在前额点红效仿，渐渐地宫中便有了这种红梅妆。

作为一个女皇，一个精明的政治家，武则天畜养男宠应该说主要是为了显示女皇的威权。二张入侍后，武则天已年满七十三岁，就算生活优裕，养生得法，服用春药，也难使一个老妪返老还童。她这是在向众人炫耀：既然男子为帝可以有成群的嫔妃，女子登基也应该有侍奉的男宠。

翻开中国的历史画卷，女人为帝绝无仅有。她一位女性政治家在男性皇帝专制时代，想立于不败之地，可以说是"树大招风"，面临孤军作战的艰难。为使臣民信服，就要人为地、主动树立自己的绝对权威和尊严。她在所有的领域内都要行使同男性皇帝一样的权利，都要享受同男性帝王一样的利益。因此，在"性"的问题上，她也要效法男性帝王了。即使不是为了"性欲"，她想拥有几个可以安慰寂寞、稍解老来忧愁的年轻异性，在贵为天子的她也是可以理解的。那么，武则天究竟养了多少男宠呢？史书记载她"面首三千"，这个到底是真是假，不得而知。

第五章
老虎虽毒不食子
武曌杀子却成癖

　　武则天最为后人诟病的莫过于其心地之狠辣了，为了满足权力的欲望和报复心理，她凶残地杀死了姐姐、外甥女、两个同父异母的哥哥，这还不算，连她自己亲生的孩子她也不放过。

　　据史书记载，武则天共生过六个子女，四个男孩两个女孩，均系二次入宫后和高宗李治所生。但她的六个孩子中，有一半都是她自己杀死的，即两子一女三个孩子，被她自己处死。

　　长子李弘，是武则天29岁时所生，曾被封为代王，显庆元年立为太子，咸亨四年为其纳妃于九成宫，上元二年死于合璧宫绮云殿，追为孝敬皇帝。

　　次子李贤，是永徽五年十二月十七日，高宗同武则天从长安出发谒昭陵时，在途中所生，曾被封为雍王，李弘死后李贤被立为太子，曾注《后汉书》，但到永隆元年（680年）又被废为庶人，后死于黔中，以章怀太子陪葬于乾陵。

　　三子李显，显庆元年11月5日生于长安，次年封为周王，李贤被废后，立为太子，弘道元年高宗去世后，12月11日以中宗即位，嗣圣元年二月被废为庐陵王，圣历元年又被立为太子。神龙元年正月二次登基，二月复国号曰唐。四子李旦，龙朔二年被封为豫王。嗣圣元年废中宗李显后，以睿宗称帝，则天一直临朝听政。后又被废，立为相王。

武则天生过两个女儿，一为太平公主，乾封二年生。另一个女儿，据史书记载，为永徽四年末所生，按六子女应排行第二，但未出襁褓，就被武则天当作了政治斗争的牺牲品。前面已有介绍，这里不再赘述，这里先说其杀长子李弘之事。

上元二年春天，高宗的病情加重，头晕目眩，浑身疼痛，连形式上的临朝也撑不住了，决定把政务彻底让给皇后掌管，所以便有了朝中大臣关于皇后摄政的议论。敢于说话的几个大臣不同意高宗的想法，要让太子弘摄政。正在议论期间，太子却突然死亡。两事的巧合发生，宫内外议论纷纷，疑太子为皇后暗害。成为徐敬业等要推翻她、史家们否定她的罪状之一。武则天杀女、杀姐、杀子，所以是"虺蜴为心，豺狼成性"。

上元元年秋，李治自封天皇，尊武则天为天后。同时把其先祖一律追封，把太祖李虎的祖父李熙（后魏时任过金门镇将，谥宣简公）追封为宣皇帝，妣张氏为宣庄皇后；追封李虎之父李天赐为光皇帝，妣贾氏为光懿皇后；太武皇李渊为神尧皇帝，太穆皇后窦氏为太穆神皇后；文皇帝李世民为太宗文武圣皇帝，文德皇后长孙氏为文德圣皇后。因为已追封了太宗和长孙皇后为"圣"了，为避其称号，才把先前的"二圣"改尊为"天皇"和"天后"的。

但是再尊贵的封号也没挡住李治的身体状况越来越坏，自封"天皇"这年李治46岁，离身强力壮的父亲逝世的岁数没几年了。所以，李治的意志很消沉。这些年自己的身体一直很坏，能活到46岁，还亏得妻子武后的关爱。实际上武后已临朝决政20年了，朝中大小政务基本都是武后处理，他只是摆摆样子，免得亲自操劳。后宫的改革，也使高宗不能溺于女色中，自立武则天为后之后，高宗只同她生过五个孩子，和以前的子女加起来共八子三女。高祖是22个皇子，19位公主。太宗是14个皇子，21位公主。武则天进宫后，他几乎过着一夫一妻家庭生活。

然而，他生来就虚弱的体质，加上少年的伤害，使他勉强生存和维持上朝应景。至自封"天皇"之时，他已再难上朝应景了，才考虑再三，提出让"天后"摄政的。

然而，当高宗把自己的想法交众臣讨论时，却遭到或明或暗的反对。而朝中拥护武则天的重臣许敬宗已于咸亨三年（672年）逝世，他死后太常博士袁思古曾提出为他谥"缪"号，这个谥号显然是对许敬宗的极大侮辱，《谥传》上确记有这个号，但那是对一些极不称职官员的盖棺定论，是一种惩罚性的论定。而许敬宗半生替武则天争斗，是武后忠心不贰的大臣，死后竟如此谥号，可见得当时朝中的反对派已再度抬头了，他们打击死去的许敬宗，实际指向就是武则天。

谥号问题在朝中也弄起波澜，许敬宗朝中为官的孙子几乎气疯，向皇帝诉讼袁思古，高宗就下诏让五品以上的官都参加议论，最后才改"缪"为"恭"。"恭"号也几乎是个贬义的，《谥法》说"既过能改也曰恭"。实际上朝臣们之所以给许敬宗送个"恭"号，也只承认他忠于武则天而已，这也是为了给高宗面子罢了，为许敬宗提"恭"谥号的是礼部尚书杨思敬。

在唐朝，儒家传统、男权观念和王朝正朔观念是十分顽固的。所以，在许敬宗等少数由武则天培植的大臣一死，便无人敢替武则天说话了，因为朝中官员毕竟是心怀正义和有着正统思想的官员占绝对优势。虽然多数也不敢说武则天的坏话，但在这重大问题上，也无人为她冲锋陷阵了。

反对武则天摄政的代表是中书侍郎兼任宰相的郝处俊。他向高宗说："天子理外，后理内，天之道也。昔魏文帝著令：虽有幼主，不许皇后临朝，所以杜祸乱之萌也。陛下奈何以高祖、太宗之天下，不传之子孙而委之天后乎！"郝处俊的话刚说完，中书侍郎李义琰又抢着说："处俊之言至忠，陛下宜听之！"

郝处俊敢于直接道破就里，反对皇后临朝，反对让武后摄政，面对武则天的淫威，不能不说他的胆子也太大了。在封建社会，他堪称敢于犯颜直谏的"诤臣"了。他的"诤言"也异常明白：女人是不能执政的，哪怕皇帝再小，也是男人，绝不能让皇后临朝。皇后临朝就不是原姓的天下了，就会出现西汉吕后专权那样的"祸乱"来。如今的天下是李氏的天下，一定要传给李氏的子孙，而不能交给武氏"天后"。

郝处俊此举可称忠义过人，但武则天何许人也，岂会轻易饶人？所以郝处俊的直言也为其子和宗族人带来杀身灭族之祸，郝处俊死后，武则天称帝之际，让人诬告郝象贤谋反，之后下令将郝象贤的尸体割裂分解，而且已死多年的郝处俊也没逃过武则天的惩罚，她让人挖掘郝处俊的坟墓，对其斫棺焚尸。

郝处俊反对武则天摄政的言论不是在背后征求意见，而是"朝议"，"天后"武则天就在高宗的身后，只隔一道帘幕。所以说敕处俊胆大得惊人，其实他同时也是说给"天后"听的。完全可以想象武则天是多么气愤。政权只能交由李家的子孙，那如今自己的丈夫病得上不得朝，李家之子是自己的亲生儿子，亲生儿子比丈夫还要弱。那她做妻、做母的就不能伸头撑一下，让这个朝纲无人做主丢下去？20年来不正是她苦力支撑、辅佐高宗才出现如今的大唐形势吗？如今夫病子弱，拥护她的大臣死去了，没人敢说公道话，让这些大臣又跑出来指手画脚，依她的性子，如何会不气得要死？这么多年来，从长孙无忌开始，朝中大臣就一直瞧不起女人，女人只能做男人的附属物，弄不好就是红颜祸水。这些年她干出了那么多让男人做不到的事，仍被男人瞧不起，她心理怎么会平衡？所以她决定再做一件看看。

廷议武则天摄政事过不久，太子弘突然死亡。死的日期是同年四月己亥日，地点是合璧宫，死时高宗和武后都在他身边。因李弘死在廷议武则天摄政期间，所以"时人以为天后鸩之也"。

李弘酷似高宗，是唐高宗李治第五子，母亲是武则天。655年被封为代王；656年，原本的太子李忠被废，改立李弘为皇太子。他性格忠厚仁儒，身体虚弱，多病多灾。小时候的李弘曾经向郭瑜学习《左传》，当读到楚世子芈商臣弑君的故事时，不禁掩书叹曰："这种事做臣子的都不忍听闻，而经典之书是圣人拿来训示后人的，为什么要记载这种事？"

郭瑜回答他，道："孔子作《春秋》是为了要褒善贬恶，用以劝世或告诫，因此记下商臣的恶行，让千年以后的人都知道有这样一件事。"

李弘说："不是不能让这种事流传，而是我不忍知道有这样的事，请让我改读别的书吧。"

郭瑜向他拜曰："'里名胜母，曾子不入；邑号朝歌，墨子回车。'殿下资质敏睿，既然不忍听闻这些不好的凶事，臣听说要安定上位、治理人民，莫过于精通于礼。不懂礼则无以事天地之神、辨君臣之位，所以先王重视此道。孔子也说：'不学礼，无以立。'那么就请殿下停止读《春秋》，改读《礼记》吧。"李弘接受了这个提议，便开始学礼。

661年，李弘命令许敬宗、许圉师、上官仪、杨思俭等人收集古今文集，选录出五百篇，编集成《瑶山玉彩》，668年，请求追赠颜回为太子少师、曾参为太子少保，高宗同意。

当时在征辽的士兵，如果有逃亡或期限内没报到的，不但找到后要斩首，家人也要充官。李弘进谏："如果士兵有因病而逾期不到的，或是中途不幸溺死压死，军法不但不会认为他们是战死的，反而连同队的人与他的家属都要连坐。于法而言那叫逃亡，实际上士兵如果真的死了，连家人也要跟着陪葬，但他们有很多人背后因素是值得同情的。《左传》有言：'与其杀无辜，宁失不经'，臣希望可以修订法律，以后家中有士兵逃亡者，不用再受连坐之罪。"高宗也同意了这个请求。

671年，高宗巡幸洛阳，让太子李弘留守京师。当时遇上大旱，关中闹起饥荒，于是李弘巡视士兵的粮食，发现有吃榆皮、蓬实的，就私下命家令寺给他们米粮。李弘身体不好，而辅佐他的人是戴至德、张文瓘、萧德昭等人，因此有些小事都是取决于他们。

当时李弘有两个异母姐姐，即义阳公主与宣城公主，因为她们的母亲萧淑妃以前得罪武则天，又没有斗过武则天，被除掉后，这俩姐妹一直被幽禁在宫中，二十多岁了还没有结婚。李弘发现此事后，感到震惊又同情，便向高宗请求让两位姐姐能够出宫结婚。这件事触怒了武后，武后便随便将她们许配给两个翊卫小侍卫。李弘从此渐渐不得母亲喜爱。李弘又上书希望将沙苑之地分借给贫穷之人，高宗准许，武后又不高兴。武后认为太子是将来的一国之君，要处理军国大政，驾驭群臣，这么婆婆妈妈，哪能成其大事？但是高宗却喜欢李弘，认为太子能宾礼大臣，处事心仁，正是他所希望的。

高宗所说的宾礼大臣，有他的根据。例如，太子躲在东宫读书，不愿接纳宫臣，不接宫臣，用膳自然就少。典膳丞邢文伟劝太子多接触臣属，以便理解朝政，就以减少供膳进谏。太子就诚恳地给他回信答书，强调自己身体不好，没有太多的精力接触大臣，还说一定尽量做到多见宫臣和宾客。还有一次，太子设宴，宴席间命宫臣做"掷倒"的游戏以助兴。挨到左奉裕率（太子侍卫官）王及善，王及善拒绝听命，说："做掷倒这把戏，自有伶官。如果臣奉命做了，那我就不配做殿下的侍卫了！"太子听了赶忙称谢。这两事为高宗知道后，分别奖赏了他们二人，并升了他们的官职，还向大臣们讲述了这些小事，表扬了自己的儿子。

后来李弘也被召到东都去，纳裴居道之女为妃，有人表示要用白雁来进行婚礼，竟然刚好就在苑子里捕获了，这让高宗很高兴；而裴妃也是个相当有妇德的贤淑女子，高宗因此常和侍臣说："东宫的事，应该是不用朕担心了。"

大臣们当然更喜欢太子，他谦恭、仁慈，将来做了皇帝，有可能像汉文帝那样亲善和英明，依他的性格和作风，定能让臣子们可以随意劝谏，立言立德、青史留名。而如果让武则天当了女皇帝，别的先不说，先是说话就不能太随便，她聪明睿智、心地歹毒、性刚专断，在诸臣眼里只有对她的畏惧，做她的臣子不可能会舒服，弄不好就会被这个女人屠杀掉。所以满朝大臣都希望李弘做皇帝，而且将国家交给李弘这样的人，不但大臣们放心，老百姓也会过上更好的日子，所以他们基本上全都支持李弘。

高宗对儿子的去世当然比诸臣要伤心痛苦多了。但在诸臣眼里，武后的哭则是猫哭老鼠，怎么看都是假的。但是，太子的身体状况，高宗是清楚的，太子死后高宗制诏曰："自琰圭在手，沉瘵婴身。顾惟耀掌之珍，特切钟心之念。庶几痊复，以禅鸿名。及膝理微和，将逊于位。而弘天资仁厚，孝心纯确。既承朕命，掩欷不言。因兹感结旧疾，增甚亿兆。攸系方崇，下武之基，五福无微，俄迁上宾之驾……"意思是说：自从李弘做了太子，严重的疾病一直缠身。朕盼着他康复后，就把皇位禅让给他。只要他病情减轻些，朕就让位了。但这孩子天生忠厚仁孝，听说朕要让位给他后，再也不说话了，日夜想着怎么能接这个重担子。因此使旧病复发，陡然加重了百倍，终于夭亡了！

这是《旧唐书》里记载的。而《资治通鉴》就简单多了，是把《旧唐书》的"制文"缩写而出的："朕方欲禅位皇太子，而疾遽不起，宜申往命，加以尊名，可谥为孝敬皇帝。"

高宗也是个忠厚坦诚的人，他痛失爱子，表述了李弘突然死去的原因。原来是重担子把他压死的，李弘的身体本来很差，给他太子做，他已感到担子太重，病情便加重了。而高宗和众臣不顾他的死活，又要把皇帝位让给他，其结果使他的旧病复发，比往日暴增百倍，就突然死亡了。儿子的身体、性格和心情，高宗太熟悉了，当年他做太子时，就感到担子重，终日苦恼，也让他虚弱的身子加了病。所以现在40多岁就感到末日将到，和做太子、做皇帝的压力关系太大了。想当初李弘十余岁时就被留在京师监国，李弘的担子重，又想念远去洛阳的父母，经常哭泣，连那些急于求成的辅弼大臣也感到可怜，放他去洛阳父母身边轻松轻松。

李弘之死的原因在当时并没有准确的定论，直到武则天逝世30多年后，唐朝官方形成定论：是武后鸩杀了李弘。《新唐书》却肯定了武后"鸩杀"太子李弘的谣传，在为李弘作传时，说："后将逞志，弘奏请数忤旨，从幸合璧宫，遇鸩薨。"又在《高宗纪》里说："己亥，天后杀皇太子。"《后妃列传》中也说："义阳、宣城公主幽

215

掖庭，几二十不嫁，太子弘言于帝，后怒，鸩杀弘。"使这一结论以正史的形式留给后世，武则天杀长子之事被确定下来。

武则天杀了长子李弘，是不是该收手了，不会，在她向着权力巅峰前进的道路上，没有任何东西能挡住她的脚步。

唐朝中后期时有一首《黄台瓜辞》诗，虽然现在知名度不高，但当时却几乎天下皆知，特别是在李唐宗族中影响极大。这首诗是这样写的：

> 种瓜黄台下，瓜熟子离离。
>
> 一摘使瓜少，再摘使瓜稀。
>
> 三摘犹自可，摘绝抱蔓归。

这首《黄台瓜辞》诗出自武则天和唐高宗所生的第二个儿子李贤之手。说来这李贤英武聪明，颇有当年唐太宗的气质。他曾召集众学士一起来为《后汉书》作注，得到父亲高宗的称赞。他的哥哥李弘被亲生母亲武则天毒死后，当时他就被立为太子，也就是所谓的"章怀太子"。

史载：章怀太子贤，字明允，高宗第六子也。永徽六年，封潞王。显庆元年，迁授岐州刺史。其年，加雍州牧、幽州都督。时始出阁，容止端雅，深为高宗所嗟赏。高宗尝谓司空李勣曰："此儿已读得《尚书》、《礼记》、《论语》，诵古诗赋复十余篇，暂经领览，遂即不忘。我曾遣读《论语》，至'贤贤易色'，遂再三复诵。我问何为如此，乃言性爱此言。方知凤成聪敏，出自天性。"龙朔元年，徙封沛王，加扬州都督、兼左武卫大将军，雍州牧如故。二年，加扬州大都督。麟德二年，加右卫大将军。咸亨三年，改名德，徙封雍王，授凉州大都督，雍州牧、右卫大将军如故，食实封一千户。上元元年，又依旧名贤。

李贤是个有血性的汉子，他不会像他的弟弟李显和李旦那样俯首帖耳地做个稻草人一样的角色，他身上有其母武则天留给他的决绝血液，有其祖父李世民留下来的干云豪气。如果他做皇帝，或许会有汉

216

武帝那样的雄风霸气，史载李贤处事明审，为时论所称。仪凤元年，手敕褒之曰："皇太子贤自顷监国，留心政要。抚字之道，既尽于哀矜；刑纲所施，务存于审察。加以听览余暇，专精经典。往圣遗编，咸窥壶奥；先王策府，备讨菁华。好善载彰，作贞斯在，家国之寄，深副所怀。可赐物五百段。"贤又招集当时学者太子左庶子张大安、洗马刘讷言、洛州司户格希玄、学士许叔牙成玄一史藏诸周宝宁等，注范晔《后汉书》，表上之，赐物三万段，仍以其书付秘阁。

但是，不幸的是，李贤面临的对手，却是他自己的亲生母亲武则天。如果李贤面对的是重重山岭，他也完全有勇气踏平；如果李贤面对的是百倍于他的强敌，他完全可以拿出像李世民一样率三千玄甲军虎入羊群一般冲锋的胆略，但是，他面对的却是自己的母亲，那个已经对权力十分迷恋、几乎失去了人性的母亲。于是，再锋利的刀剑，他也没有办法举起。

阴狠毒辣的武则天，和一般女性是大不一样的。如果换成别的女人，自己的儿子要当皇帝，早就已经心满意足，而武则天不是。她对权力的渴望就像一个吸毒成瘾的人对毒品的渴望一样，她已经离不开权力。权力是什么？这是一种可以让不喜欢的人统统消失，让最骄傲的人也跪在地上，让最勇猛的人也梦中发抖的东西，她喜欢。所以当年为了权力，她可以掐死自己亲生的小女儿，现在为了权力，她也不惜除掉她已经长大成人的儿子。

李贤任太子后不久，正议大夫明崇俨为武则天所任使，以符劾之术密称"英王状类太宗"。又让宫人潜议云"贤是后姊韩国夫人所生"，贤亦自疑惧。武则天又为李贤拿出《少阳政范》及《孝子传》以赐之，仍数作书以责让李贤，李贤愈不自安。

调露二年，明崇俨为盗所杀，武则天怀疑是李贤所为，就让人污蔑李贤要造反，并安排很多心腹去做这件事，之后武则天派人全面搜查太子府，于东宫马坊搜出了数百副甲胄，于是就扬言太子谋反，并决定"大义灭亲"，杀掉太子。但在高宗的反对下，饶过李贤一死，将他幽禁在宫中；第二年，又将他迁往巴州；而高宗死后，武则天重新掌了权力，马上就派酷吏丘神勣逼李贤自杀而死。之后李贤的尸体一直被停放在巴州，直到中宗神龙复辟、武则天被迫退位后才迎还长安，陪葬乾陵。

李贤的这首《黄台瓜辞》诗，就是作于在巴州的时候。这首诗在格调上比较类似于曹植的那首"煮豆燃豆萁，漉菽以为汁。萁在釜下燃，豆在釜中泣。本是同根生，相煎何太急"。但曹植用豆和豆萁比喻兄弟相煎的情形，而李贤这首诗却是用藤和瓜比喻母子相煎。所以，相比于曹诗"相煎何太急"这样激烈的言辞来，李贤的这首《黄台瓜辞》更多的是一种哀婉。他在诗句中也没有办法进行指责，因为敌人是自己的母亲。清代贺裳在《载酒园诗话》中说："《黄台瓜辞》不惟音节似古乐府，'三摘犹自可，摘绝抱蔓归'，言外有身不足恤，忧在宗社意。"是的，李贤的诗中，并没有太抱怨自己的厄运，而是奉劝母后"三摘犹自可，摘绝抱蔓归"，不要对亲生的儿女们赶尽杀绝。

因为李贤惨死于武则天之手，这首《黄台瓜辞》对唐朝皇族们的影响是极大的，一提起此诗，都不禁唏嘘感慨不已。唐代宗李豫当年当太子时也是惶恐不安，因为其父唐肃宗李亨受宠妃张良娣及奸臣李辅国的离间，就杀过儿子建宁王李谈，当时大臣李泌为了保全太子，就对唐肃宗背诵了一回这首《黄台瓜辞》，唐肃宗当场泪下，悔恨不已，从此再也没有起过废李豫的意思。说来唐室宗族间，互相仇杀、父子母子相残的事例实在不少，但武则天却是开杀子先河之人，而且连杀二人，这首《黄台瓜辞》正是李唐皇室血泪的写照。

第五编

时局动荡功过难评
争议太多不了了之

第一章 垂拱而治施高压 以人治人多杀戮

　　武则天称帝前后和退位后的时局一直很动荡，各方势力围绕大唐朝廷争来争去，武则天利用各种手段对付他们，武则天退位和病逝后，关于如何给其以正确的评价和定位，朝廷也没有形成定论，无字碑文也可能是因为当时的争议太多而不了了之。下面我们先从头说起。

　　武则天称帝之前，徐敬业等人举兵讨伐，但未及五个月便被平定。之后，武则天改元"垂拱"，就是垂衣拱手，无为而治之意，那年她已62岁。

　　"垂拱而治"是道家追求的治国办法。就是垂衣拱手什么也不干，天下就太平了，但武则天是不可能做到的。首先，她的反对者太多，在她看来，几乎所有人都是她的反对者。满朝的文武官员她都不放心，同样，满朝文武对她也不放心，他们每看到紫色云帘后面太后的身影，就会从心底升起一种莫大的人格耻辱感。而武则天又偏偏是一个无比倔强的女人，她不信以她的才干就是不能让这些人服从她，不服从她也绝不会后退。她们君臣之间一直就那么"将"着；她一个女人坐在似乎只有男人才能坐的那个位子上，和一大群男人硬对硬地对着。让她如何能"垂衣拱手"呢？

　　在诛杀了裴炎、程务挺，镇压了徐敬业之后，某日武则天临朝，看着殿上一排排冠带朱紫的男人，她站了起来，在那片紫色的薄薄的帘幕后面站了起来，故意让这一排排男人能清楚地看见她虽年过花甲，却依然英挺的、女人的身躯。然后，突然严肃地发问："朕并没有辜负天下、辜负诸位，你们说是不是？"群臣齐声回答："是的！"

她停息片刻后，提高声音，激动地继续说："朕事先帝二十余年，忧天下至矣！公卿富贵，皆朕与之；天下安乐，朕长养之。及先帝弄群臣，以天下托顾于朕，不爱身而爱百姓。今为戎首，皆出于将相，群臣何负朕之深地！且卿辈有受遗老臣，倔强难治过裴炎者乎？有将门贵种，能纠合亡命过徐敬业者乎？有握兵宿将，攻战必胜过程务挺者乎？此三人者，人望也，不利于朕，朕能戮之。卿等有能过此三者，当即为之；不然，须革心事朕，无为天下笑。"

武则天的声音带着雄霸天下的力量，又有着无孔不入的穿透力，直像是把话刻在了群臣心中。尤其她说"今为戎首，皆出于将相"，是谓"今天，反对我的领头大都是将相"！此时，她已压不住激情，声色俱厉，最后说："你们之中，有能超过裴炎、徐敬业、程务挺的，就请站出来反叛我！不然就得好好服从，不要作出让天下笑话的事情来！"

武则天压着怒火说完，缓缓坐了下来。此刻，群臣跪地，不敢仰视，异口同声地回答："唯太后所使！"这次武则天对群臣的严厉训话，由《资治通鉴》注引《唐统纪》，而《考异》认为"恐武后亦不至轻浅如此。今不取"。这是实话，武后为情势所迫是能做到的。

为考察朝中大臣及地方官们的言行动态，并直接听取臣民谏言和冤抑之情，在垂拱元年二月，武则天令于"朝堂所置登闻鼓及肺石，不须防守，有挝鼓立石者，令御史受状以闻"。登闻鼓设于西朝堂外，肺石为红色如肺，设于东朝堂外。即设悬鼓和肺石，让臣民百姓自由登石或击鼓，让御史接取状纸，直接呈给武则天本人。

这是她自己与群臣严厉训话后，整饬朝中百官和地方官的办法。

垂拱二年（686 年）正月，武则天下诏"复政于皇帝"。即不再临朝称制，让睿宗皇帝亲政，其目的为缓和朝野对她执政的不满情绪。但是，睿宗连忙上表，坚决推让，不肯接受。诸史书皆记："睿宗知太后非诚心"；朝野也说她是故作姿态，并非真心归政。不管她出于何种心理，这次下诏归政效果不佳，她还是继续临朝称制。

武则天继续临朝，乃于垂拱二年三月铸铜为匦（guǐ 音轨，匣子），放在朝堂的东、南、西、北四角。太后制铜匦的初衷是和"垂拱而治"的想法有关系的。铜匦如同今天的意见箱，是让广大民众把自己的意见写出来投放在箱内，以供领导采纳。这比采取开大会、走访、座谈会等形式相比较要方便得多，不用采取行动，只要放个匣子，等着让大家自投就行了。

其实，设铜匦也是武则天要治理整顿的想法。朝内朝外的百官整天盯着她，看她是个女人不顺眼，不姓李而姓武就不该坐在李家该坐的座位上。私下里骂她、背地里瞎搞小动作，甚至舞刀弄枪朝她来。现在，她弄个匣子放在朝堂前，发动全体随时把那些阴谋掀出来。这是让全国的或官或民一起帮着她防备阴谋诡计搞颠覆。同时，也让百姓监督，官员们互相监督，治好官风。

据说武则天是立了"四个铜匦"。放在朝堂外东面的叫"延恩"匦，是个用人自荐匦，可以写你的自荐材料，此所谓"献赋颂"，"求仕进者投之"。为求人才，上一年她曾下诏："凡内外九品以上及百姓，咸令自举。"放在朝堂南面的铜匦叫"招谏"匦，"言朝政得失者投之"。这是虚心纳谏，让官民畅所欲言，提供治国的正面建议和反面的教训。立于西面的叫"申冤"匦，"有冤抑者投之"，这个铜匦设立的意图明朗，让冤屈的人直接向中央申诉，免得州县官、或上下串通搞出冤狱，民不得申。封建社会官场黑暗，蒲松龄有"覆盆之下多觉冤哉"的慨叹。如果武则天是个男人皇帝，敢于让黎民百姓直接到皇帝那里投状，史学家们不知该如何称颂了。北面的铜匦叫"通玄"，"言天象灾变及军机祕计者投之"。这个铜匦有点神秘色彩，在当时设此毫不奇怪。大家都有迷信思想，自从武则天作为女人执政后，许多人就用那些玄机的谶兆暗着攻击她。武则天就立个铜匦，有什么玄机，包括军机玄机，写出来好了。她设这个匦，一方面说明她有点相信，另一方面也有防患未然的设计。

武则天无字碑

铜匦铸好后，她郑重其事，特命正谏大夫、补阙、拾遗官各负责一匦掌管。

就这样，"四匦"的方案设计好了，安装设置好了，也有人专管了。全国的官民人等都要跑到洛阳来，或者自荐，或者谏言，或者申冤，或者"通玄"，那就得有个路费和食宿总是。为了做好这项工

224

作，武则天不惜代价，规定：凡上京做那四件事的人，沿途都要提供驿马、按五品官的标准供给伙食，保证他们安全抵达。即使是平民百姓，农夫、樵人，太后也一律写到立"四匦"的史书，记述的内容全是告密的内容。带有全局性的施政改革方面一点也未见到成效，一下被告密杀人取代了。这样的提意见的方法，基本变成了人与人的互相攻击，而武则天于中取便，专治反对自己的人。

第二章

争权力不择手段
称女皇费尽心机

武则天是中国在史上的唯一女皇帝，但是在封建制度下女人当皇帝，这的确太不可思议、太离谱了。那么武则天是从哪一天开始产生了当皇帝的念头的？这问题怕是永远说不清、说不准。

武则天二度入宫之后，就开始投入了争夺后位的残酷斗争中，在废立皇后的宫廷论争中，本来武则天为保住身家性命、背水一战的。而关陇集团为了保住代表士族利益的王皇后，硬说武昭仪若当上皇后，唐朝天下就难保了。唐朝的天下不保，那是谁的天下呢？言外之意就是武家天下了，武家天下不就是说武皇后变成武皇帝吗？实际上这时的武则天想的是，做不上皇后就得倒大霉，小命也要丢掉。但她做了皇后，却进入了政坛，权力的欲望推动着她一直向着那最高的位置前进。

到麟德元年，关陇势力打算利用高宗与武后夫妻间的矛盾废掉皇后，又以道士郭行真出入宫禁挑拨，西台侍郎上官仪说："皇后专恣，海内不与，请废之。"其结果出现了"上每视事，则后垂帘于后，政无大小，皆与闻之。天下大权，悉归中宫"。即武后垂帘听政、"二圣"临朝。

这时正是武后辅佐高宗执政之时，武则天坐到了皇帝的身后，可能此时的她仍无亲自做皇帝的想法。但武则天垂帘九年，不断向皇帝的位子上接近。到上元二年（675年），高宗身体状况渐坏，而武后与他共同执政近十年，对武后信赖，欲让武后摄政。中书侍郎郝处俊、李义琰坚决反对，理由是"杜祸乱之萌"。朝中大臣再度示高宗，若让皇后摄政，大权将旁落外姓，历史上有吕后之鉴。高宗听后，放弃了自己的想法。但从武则天本人考察，仍无要做皇帝的证据。

此后又十年，武则天主国政，高宗名为皇帝，形同虚设。但是她对健康状况不良的高宗仍体贴关爱，自认为是替高宗处理朝中事和国内事，忠心耿耿，尽责尽心，仍没有废皇帝、直接称帝之想。

弘道元年，高宗去世，她可以顺理成章登基称帝。但是，她仍扶皇太子李显继位，以皇太后辅政。但李显荒唐，因与辅弼大臣裴炎谋废中宗，另立李旦为君后，仍以辅佐幼孤为己任，虽仍没有称帝，但完全把握天下大权是她最想要的。因李旦无能，乃"幽之别殿"，以太后名义临朝称制。因太后临朝，惹起徐敬业叛乱，裴炎代表朝中大臣与叛乱配合，逼迫她交出政权。即使叛乱者以匡复庐陵王为号"讨伐"她，裴炎利用叛乱的声势逼她还政睿宗，只把她比作吕后等"女祸"，她也没有放下半点权力。

以上是武则天称帝前的主要表现。实质上，自从她当皇后不久，即遇上懦弱的高宗，从辅政、垂帘，共计三十年，她做的是皇帝的事，只是名称上仍是皇后而已。到高宗一死，她废中宗、代睿宗，已坐到了皇位上。这三十多年，反对者一直认为她要篡权当皇帝。尤其她连废二帝，才激起了徐敬业大规模起兵"讨伐"她。

作为一位杰出的政治家，自高宗去世后，她已经有了做皇帝的时机、能力、经验和资格，但她也知道高宗尸骨未冷就马上称帝，人们会怎么说她。所以，她仅以太后身份临朝，然而即使如此仍激起朝内朝外一片反对之声，甚至于起兵讨伐之。到了这时，反对者迫得她再无退路，她这时不能不想：辅佐幼子、代表幼子，大家都骂她是吕后，莫如名正言顺、光明正大地当个女皇帝，反正是挨骂。所以她觉得自己还是干脆当皇帝算了。

何况，武则天本就有非凡的勇气，有敢于突破陈规的性格，这几十年来，她击败过成群结队的反对她的男人，她做的就是男人的事、皇帝的事，她自认为她能做好。既然已无退路，就真得做一做，做个前所未有的事。因此，在未曾宣布亲政为君之前，她已称"朕"，这是天子的自称，天子的专利。

在镇压了徐敬业叛乱、杀了辅弼宰相裴炎，召集群臣训话时，她口口声声自称为"朕"。满朝文武跪在她的龙座下，满口称"陛下"。她感到很习惯，就该如此，她向敢于反对的势力挑战，满朝文武对她唯唯而已。那个时候她已自认为是皇帝了，只等宣布罢了。

唐三彩妇女俑

垂拱四年，武则天有了亲自做皇帝的试探。那年一开春，她在神都洛阳立唐高祖、唐太宗、唐高宗的三庙，同时提出为她武氏的先人立庙祭祀。显然，立唐室李氏三庙，目的是欲立武氏的先庙。命令有司议论崇武氏先庙的室数，即为武氏建几代几室宗庙。司礼博士周悰已知武则天的真实用心，因为武则天不会不知道这个常识，明显别有用心。于是，奏言为武氏祖宗立七室，而同时减唐皇李家的祖庙为五室。如果按周悰的奏言办了，那文武大臣如果都同意，就意味着武氏代李氏，武则天可能在立庙祭祀时就要宣布称帝了。

但春官侍郎周大隐上奏劝止，他说："礼，天子七庙，诸侯五庙，百王不易之义。今周悰别引浮议，广述异闻，直崇临时权仪，不依国家常度。皇太后亲承顾托，光显大猷，其崇先庙室应如诸侯之数，国家宗庙不应辄有变移。"周大隐所言"周悰别引浮议，广述异闻"，不见其引述为何议何闻，实则武则天正需要有某些特别的"异闻""异兆"，供她制造做女皇帝的舆论。

早在一年多前，雍州（陕西秦岭以北、铜山以南地区）有人报告："新丰县东南有山踊出"，遂有小道消息：新丰县的山是一夜雷雨后，突然长出个三百尺高的山来，认为这是吉祥的兆头。武则天当时就想用这个"吉兆"制造做女皇帝的舆论，因为突然长出山峰的那个县就不是一般的地方，而是汉高祖刘邦为他老子特设的一个县。所以，武则天下令改新丰县为庆山县，四方人士都纷纷表示祝贺。但有个江陵人俞文俊却上书说：突然长出山峰不是吉兆，而是凶兆，是地气不和所致，就如人气不和身上长出疣赘那样。之所以出现凶兆，是因为武则天"以女主阳位，反易刚柔，故地气塞隔，而山变为灾"，并警告她赶紧退位，不然将大祸临头。

武则天本想利用"吉兆"为做女皇帝造舆论，而俞文俊竟说这是"凶兆"，让她还政睿宗，老老实实躲到后宫"修德以答天谴"。这反映当时朝廷内外反对力量很强大，她要做女皇帝也非易事。不久，又发生了宰相刘祎之的案子，也是因让她退居后宫，还政李旦而起的。

刘祎之是武则天一手提拔的宰相，和裴炎不同。他是常州晋陵（治所在今江苏省常州市）人，父亲在贞观朝任著作郎、弘文馆学士。刘祎之年少时即有学名，与孟利贞、高智周、郭正一被时人称为"刘、孟、高、郭"。高宗、武后用为昭文馆学士，再迁左史等职。因朝中旧官不为皇后所用，武后以召集著书为名，同与元万顷、高智周、郭正一等被召入禁宫，成为皇后培养的新人，称"北门学士"。后逐步升为朝议大夫、中书侍郎兼豫王会司马。因为他的姐姐是宫中的女官，武则天派他姐姐去看望荣国夫人，刘祎之也随去偷看，被流放。几年后武则天便把他召还，再升迁为校检中书侍郎等职。武后临朝，视之为亲信而重用，一直提拔其到宰相。尤其是裴炎因迫太后归政而被杀，朝中大臣不配合太后，武则天更重视"北门学士"出身的高官，以之为亲政中枢大臣。

正当武则天准备亲政做女皇帝时，作为心腹大臣的刘祎之也在背后议论武则天，让她归政睿宗。一次，他与凤阁舍人贾大隐说："太后既废昏立明，安用临朝称制？不如返正，以安天下之心。"贾大隐把他的话私告太后，太后很不高兴，谓左右曰："祎之我所引，乃复叛我！"恰在此时，有人向太后说，刘祎之接受归诚州都督孙万荣的贿赂，又与许敬宗的妾私通等不法事情。太后就派肃州刺史王本立调查刘祎之，当王本立向刘祎之出示太后的敕令时，刘祎之竟傲慢地说："不经凤阁鸾台，何名为敕？"王本立见刘祎之用高官压他，拒绝承认武则天的敕令，只好向武皇太后说明。

太后听说勃然大怒，原来自己提拔的刘祎之也如此看不起自己，骨子里也和顽固大臣一样，反对她是女人称制，本来并不想重办刘祎之，只想警告他一下。而她发现刘祎之竟拒绝承认她下发的敕令，便把他逮捕入狱。李旦听说了这件事，便向太后求情，为刘祎之申说。武则天更为恼怒，联想到刘祎之曾是李旦的老师，认为他们之间又有别情，乃决心杀死刘祎之，于是下诏刘祎之"赐死于家"。

武则天从这一系列反对她称制的实情看，她南面为君做女皇的阻力甚大，但以武则天的性格，既已至此，绝不后退。

垂拱四年四月，有个叫唐同泰的人向武则天上表进献一块刻有"圣母临人，永昌帝业"的石头，说是从洛水中捞上来的。而史书上则认为是武承嗣找一块白石，又把紫石砸成粉末，搅拌上药物，填在白石里，再刻上字，让雍州人唐同泰上表献给武则天的。史书的言外之意又是武则天指使他们搞的，是为其做女皇造舆论。

武则天获得了这块上天让她做女皇帝的瑞石，开始大做文章了。首先，她亲自命其名为"宝图"。何意呢？原来《周易》上有句话，叫"河出图，洛出书，圣人则之"。意思是古代黄河里曾发现图符，洛水里曾发现过文书（后人对此的解释多种多样），"河出图""洛出书"是上天授意于人间的真命天子，这个天子临朝，必然会德高功盛、国泰民安的。接着，她下诏书要亲拜洛水，去接受上天的授图；并去南郊祭祀昊天，表示对上天的感谢。

为此，她命令各州的都督、刺史、宗室、外戚在拜洛水受图大典之前的十天，都要赶往神都，准备参加大典。这又是一次盛大的庆典活动。到大典举行那一天，她亲率朝中百官和京外奔赴京师各类官宦人等，到洛水举行拜洛授图大典，典毕又去南郊祀天，祭罢天又御临明堂，和百官群臣相见。

在一系列大型活动之后，群臣为武则天加了个"圣母神皇"的封号。这个封号实际上已经是皇帝，而且是女皇帝。

因此，武则天又大赦天下。又下诏把"宝图"改名为"天授圣图"，把洛水命名为永昌洛水，又封洛神为显圣侯。禁止在洛水打鱼、垂钓，四时祭洛水。"宝图"出处称"圣图泉"，把出图那个县改名永昌县。接着又改嵩山为神岳，封嵩山神为"天中王"，拜嵩山神为太师，加拜神岳大都督。同样，禁止在嵩山放牧、砍柴、采集野菜等。还把首先发现瑞石的汜水，改为广武。

总之，武则天对一块石头如此大张旗鼓，其目的只有一个，为做女皇帝大造舆论。她要用这一系列行动，测验一下天下人对她当皇帝的态度；让天下人知道，她武则天就要做女皇帝的态度；让天下人知道，她武则天就要做女皇了，这个女皇是上天封授的，反对也没有用，反对就只有死路一条。

第
三
章

宗
室
齐
声
讨
武
曌

女
皇
轻
松
灭
诸
王

关于政权的争夺斗争向来是十分残酷的，武则天深知如此，她早
做好了血腥斗争的准备。

武则天做皇帝，会有谁最想起来反对呢？无疑是李唐宗室贵族。
在宗室诸王大规模叛乱前，已有了反对武则天进行武装叛乱的迹象。
如垂拱三年九月，虢州（治所在今河南灵宝）人杨初成诈称郎将，
又诈称奉皇帝命令（即受庐陵王李显旨命），在虢州州城里募集军
队，要到房州去将庐陵王接来，让他复辟帝位。结果杨初成被逮捕，
处以死刑。

这个案子的来龙去脉和背景如何，因史料不详，难以估计。事过
不久，就是唐同泰献"圣母临人，永昌帝业"瑞石的同时，太子通
事舍人（太子的东宫属官）郝象贤的家奴状告他谋反，郝象贤是郝
处俊的儿子。郝处俊是高宗时的中书侍郎，在高宗欲让武后摄政时，
以"杜祸乱"为由警告高宗，使武则天未得摄政，从而挑起朝臣反
对武则天的政治风浪。

郝处俊死后，官修史书对他极为称颂。武则天闻郝处俊的儿子谋
反，命周兴审理此案。图谋反罪乃封建社会的极端罪行，郝处俊又曾
极力反对过武则天。因此，周兴把郝象贤谋反定为灭族之罪。郝象贤
的家人到朝堂找监察御史任玄殖鸣冤，因郝象贤不只是本人为太子宫
属官，而且郝氏家族宗亲在朝中作高官者有之，"故江淮间有语曰贵

如郝许"（许圉师为郝处俊舅，同为朝中高官），故监察御史任玄殖为郝象贤解脱，向武则天奏称"郝象贤无反状"。

武则天早就想灭了郝氏一族，于是立即免了任玄殖的官，维持灭族原判。郝象贤被处决前，大骂武则天，把人们咒骂、诬蔑武则天的那些事全部翻出来痛骂不止。还夺过围观者手中的木棍痛打刑官，直到金吾卫士把他团团围住乱刀砍死才不骂。到底郝象贤家奴告其谋反是否有状，但这个人对武则天怀有巨大的仇恨和不满她的临朝，是明摆着的。

而武则天听说其临刑痛骂，大为恼火，命令肢解其尸，挖开他的祖坟，对郝处俊毁棺焚尸。

这是武则天欲做女皇帝，制造舆论过程中出现的反叛行为。使她进一步警觉，准备出现大规模的反叛集团跳出来。树欲静而风不止，顽固势力总要殊死反对进步潮流。原先武则天废中宗时，曾加封唐宗室王的高官显爵，因废中宗立睿宗仍是李氏王朝未变。宗室王虽然不满，仍未大动。当武则天大造舆论，准备取代李氏王朝自己为君时，李唐宗室们再也无法安静，要跳出来大闹一番了。

他们首先大造谣言，用谣言调动反抗情绪。谣言四起，或传言："太后正在密谋改朝换代，改朝换代之日，便要把李唐宗室，全部清除！"或说："太后在洛水受图之日，就召集宗室，屠戮于洛水畔！"或称："太后在明堂大会群臣时把宗室一网打尽！"这些谣言是根据武则天召集宗室、刺史、外戚赴神都参加受图大典时瞎编出来的，目的就是反对武则天亲政称帝。

李唐宗室诸王，是高祖之子侄、太宗之子侄，亦即高宗的叔辈、从兄弟或侄辈。历代王朝一样，诸亲王形成朝外之朝，有宽阔的封邑封地、豪阔的府第宫室、庞大的官属家奴，形成与朝廷相抗衡的特殊势力，是王朝极不安定的因素。历史上的宗亲王叛乱，造成王朝变乱和社会动乱，是历朝统治者极感棘手的大问题。

唐宗室至高宗去世，已积三世。宗室王昭穆瓜蔓，已形成了庞大的队伍，形成了新兴的豪族地主。他们既富且贵，高高在上，竞相奢

唐三彩女乐俑

华，过着鱼肉百姓、奢淫无度的生活。当武则天欲改变王朝统治，直接侵害了他们利益。一旦王朝易手，他们将不再是宗室王，后果如何，不堪闻问。因此，他们必然成为武则天改朝换代的死敌，他们同武则天的正面冲突在所难免。除非他们向武则天从服，欢迎新王朝的出现，但这种可能是极小的。

所以，当武则天有了明显的称皇行动后，并召集他们到神京去参加受图大典，他们便互相传言、密谋发动叛乱，消灭武则天，让睿宗复位，继续他们的高官王爵、继续他们穷奢极欲的生活。

密谋叛乱的宗室王是：绛州刺史韩王李元嘉、青州刺史霍王李元轨、邢州（今河北邢台）刺史鲁王李灵夔、豫州刺史越王李贞、通州（今四川达县一带）刺史黄公李譔（其为李元嘉之子）、金州（今陕西安康）刺史江都王李绪（其为李元轨之子）、申州（今河南信阳）刺史东莞公李融（其为虢王李凤之子）、范阳王李蔼（李灵夔之子）、博州（今山东聊城东）刺史琅琊王李冲（李贞之子）。

首先是黄公李譔写信给越王李贞说："内人病浸重，当速疗之，若至今冬，恐成痼疾。"这是暗语鬼话联络发动叛乱。随后又制造了睿宗皇帝的玺书，派人送给琅琊王李冲，玺书说："朕遭幽执，诸王宜各发兵救我。"李冲也学他假造皇帝玺书说："神皇欲移李氏社稷以授武氏。"

他们虽然书信相约，但因各自间地域分散，路途遥远，联络大费时日。因此，很难有个统一指挥和统一行动，甚至连一个统一的起事日期也难约定。何况如此重大事变，书信往还，尽管以暗语相示，实难保住秘密。

琅琊王李冲首先派长史萧德宗等招兵买马，并分别通知韩、霍、鲁、越诸王和贝州刺史纪王李慎，令各起兵向神州进发。然而，叛乱者尚未起兵，消息已为武则天得知，她立即命令左金吾将军丘神绩为清平道行军大总管，率兵讨伐叛乱。

丘神绩率兵向山东进发，讨伐李冲的叛乱。当大兵未达时，李冲以募得的五千兵马仓促起事。他想渡过黄河攻得济州（山东聊城以西地区），先进攻博州所属的武水县。县令郭务悌听说李冲反叛，连忙派人到魏州求援。博州莘县县令闭城据守。李冲用草车塞住南门，想借着风势用火攻城。点火后风向突转，反而烧了自己的兵马，只好急退，士气因此大挫。手下将领董玄寂对士兵说："琅琊王与国家交战，此乃反也！"其意是说因为造反，所以得不到上天保佑，风向才变的。李冲听了，杀死董玄寂，而招募的军队不听李冲指挥，一哄而散无法制止，身边只剩下几十个家丁了。李冲只好退回博州，刚至城门即为守门者杀死。李冲由起兵至被杀，为时只有七天。丘神绩率兵达博州，官兵素服出迎，丘神绩竟然全部杀害，进城破千余家。作为武则天的奴才，他也是凶恶至极！

越王李贞闻儿子李冲已起兵，也急忙在豫州起兵响应，攻陷了上蔡县城。九月，武则天命左豹韬大将军麴崇裕为中军大总管，岑长倩为后军大总管，领兵十万讨伐叛乱。越王李贞虽陷上蔡，闻儿李冲兵败，讨伐大兵将至，就想自缚投降。突然见到部将率两千人前来，就有点信心，便欺骗大家说："琅琊王已被魏、相数州，有兵二十万，朝夕至矣！"乃发属县兵五千余人，分五营令汝南县丞裴守德率领，一下加封五百余人九品以上的官衔，以此笼络人心。李贞又让和尚道士为部队念经祈胜，又给将兵们带上护身符以避刀枪。

朝廷大军至豫州城东四十里时，李贞派小儿子李规及裴守德拒战，一触即溃大败而回。李贞大惧，闭门自守。当兵临城下后，李贞束手无策，遂同小儿子及妻子一起自杀了。裴守德已被李贞封为大将军，至此也无可奈何，也自杀了事。李贞的叛乱前后也只有十七天。

其他宗室诸王还未来得及响应，听李贞父子失败都不敢起兵发难，唯等着束手就擒。倒是寿州刺史赵瑰的妻子常乐公主，她是高祖的女儿，见诸王如此便说："昔隋文帝将篡周室，尉迟迥，周之甥也，犹能举兵匡救社稷，功虽不成，威震海内，是为忠烈。况汝诸王，先帝之子，定得不以社稷为心！今李氏危若朝露，汝诸王不舍生取义，尚犹豫不发，欲何须邪！祸且至矣，大丈夫当为忠义鬼，无为徒死也！"但是，诸王的勇气消逝，无论常乐公主怎么说也鼓不起劲来了。

这次宗室王的叛乱未与武则天派去的军队交锋就失败了，开始时气势迫人，那么多王子起兵讨伐武则天一个女人，似乎很容易，结果连自己的封区也没打出来，便被自己管辖的县级官兵打败了。

诸王叛乱让武则天既失望又恼火。所以失望，在于她对宗室王估计过高，徐敬业就够差了，还和她派去的部队打上几仗，前后打了四个月。而诸王叛乱尚未同她的大部队照面，就或失败、或自杀、或投降，这些男人也太让她失望了。所以恼火，在于时至诸王叛乱之日，她都是以尊敬、优抚对待他们，一点一滴从未亏待。相比之下，她对自己的亲戚却很苛刻。既然他们不知好歹自己跳了出来，正好诛杀，省得再为祸害。于是，她派监察御史苏珦去处理。苏珦提问了叛乱人之后，报告给太后说查不到他们叛乱的证据。有人说，是他与叛乱的人通谋。太后就诏见苏珦问他是否和叛乱人有关系，不愿查或隐瞒了实况不愿说呢？苏珦竟一个字也不回答。太后知道这是个儒者，不是问案的材料，就派他去做了河西监军，另让周兴问案。

236

唐三彩马

其实叛乱罪按唐律都要处极刑、灭族的，苏珦不忍心这么做。周兴是有名的酷吏，案子到他手里就好办了。他把韩王李元嘉、鲁王李灵夔、黄公李譔、常乐公主等人抓到洛阳，勒令他们全部自杀就结案。武则天听说叛乱主犯全自杀了，也不问具体的问案情况，下令把诸王的姓改为"虺"，"虺"是毒蛇的意思，骆宾王曾在讨伐她的檄文里用毒蛇比喻她，现在就让叛乱者姓虺好了。同时下令把叛乱人的所有亲族党羽都杀光。

豫州是叛乱发动的特别区，越王李贞在这里组织军队，攻陷县城、私授官衔，涉及的人太多，情况复杂。武则天就派以审理罪案闻名当时的文昌左丞狄仁杰任豫州刺史，去办理豫州的平乱善后事宜。

狄仁杰到了豫州，此地已据律治越王李贞的党羽达六七百家，抓到监狱的五千多人，司刑者正准备一一杀戮。狄仁杰是通晓唐法的，这样办理也没有错，但他也知道，真正的叛乱死党只是少数，这么多人都是被牵连进去的，都不拥护叛乱，而罪魁祸首越王李贞父子都已

237

死了，杀这么多人只能引发更深的仇恨。所以，他接理案子后便给武则天写了个密奏，让部下送给了太后。武则天打开密奏，上面是这么样写的："彼皆诖误，臣欲显奏，似为道人申理；知而不言，恐乖陛下仁恤之旨。"就是说，这些被判有极刑、灭族罪者都是无辜受牵连者，如果臣把他们如何受牵连、造成诖误奏明了，就等于替他们鸣冤。可是如果臣明知他们和案情无关，又不说话，全把他们都杀了，这实在又违反了陛下仁恤爱民的旨意。

武则天是何等英明，她哪里是听了一两句好话就沾沾自喜、放弃原则和初衷的人呢？所以，《资治通鉴》用狄仁杰密奏给武则天戴上个"仁恤"花帽，就让她一高兴，全部赦免了罪犯，那个就太瞧不起武则天了！

实际上，武则天的想法和狄仁杰是一致的，李贞父子叛乱不得人心，既然已自寻了死路，也不想牵连太多。所以，她立即同意了狄仁杰的密奏意见，把犯人都流放到丰州（今内蒙古河套地）戍边。如果这些人在必杀之列，狄仁杰那句话是改变不了武则天的主意的。

据《资治通鉴》记载，这些人赦免死刑，流放河套，途经宁州。狄仁杰曾做过宁州刺史，那里有当地人为他竖立的德政碑。宁州百姓见到这么多被流放的人，便说："是我们的狄使君让你们活下来的吧？"就引他们到碑前设斋三天。

还有这样一件事，节制讨伐叛乱诸军的元帅张光辅还在豫州驻扎。将士们不断向地方勒索，提出各种无理要求，狄仁杰不理睬他们。张光辅见状大怒，向狄仁杰说："你一个州将怎么敢轻视我这个元帅！"狄仁杰回答："乱河南者，只是一个越王李贞。今天一个李贞死了，却有一个万个李贞出现！"张光辅问他，说这话是什么意思，狄仁杰说："您率领三十万大军，要杀的只有一个越王李贞，而城中闻官军至，出城投降的把城的四面都踩出路来，而您却纵将士暴掠，杀已投降的人邀功，血流遍野，这不是一万个李贞又能是什么？我恨无尚方宝剑斩杀你，如果有，杀了你之后我因此而死也视死如归！"张光辅见他大义凛然，只好无言而归。不久，张光辅上奏狄仁

238

杰对他不逊，狄仁杰被贬为复州（今湖北沔阳一带）刺史。这次唐宗室诸王叛乱，凡参加密谋者都难逃劫数。

当武则天召宗室赴洛阳参加洛水受"宝图"大典时，甲州刺史东莞公李融派人问东都受典的情况，传来的消息说："来就得死！"李融乃称病未赴。越王李贞起兵后，派人来约他一起叛乱。仓促间不仅未能响应李贞，还被逼无奈把李贞派去的使者交给了衙门。因此，被加了一个右赞善大夫的官衔。没过几天，他和李贞等王互约叛乱的事被人揭发出来，他在同年十月的一天被处死，家产被抄，全家人都被收为官奴。

济州刺史薛顗、其弟薛绪、薛弟驸马都尉薛绍，都曾与琅琊王李冲通谋。他们闻说李冲起兵，也都招募兵马、打造兵器，准备参加叛乱。等到李冲失败，他们又杀死济州录事参军高纂灭口。同年十一月，他们的事情败露，薛顗和薛绪被处死，薛绍因为是太平公主的丈夫，才被免除死刑，打了一百杖投入监狱，饿死于狱中。薛绍是武则天的唯一女婿，如此结局，也可见参与叛乱刑法之重，武则天对亲属也概不留情。

霍王李元轨是高祖之子，封官司徒、青州刺史。因为他们地位特殊，尽管也是叛乱的重要参与者，还是免予处死，被废黜王爵流放黔州。他一个老头子被押在囚车里向黔州进发，囚车行至陈仓时就颠沛而亡了。江都王李绪、殿中监裴承先参与谋叛，都被处死。裴承先是唐朝开国功臣裴寂的孙子，为宗室诸王所惑，也赔上了性命。

李唐宗室叛乱的迅速失败，再次说明当时在数代王朝统治下，社会趋于稳固，天下民众反对战争，渴望和平安宁。对宗室发动的武装叛乱，从官府到民众都不予支持。李贞和李冲起兵，连自己辖区的县级武装也难能攻下，正说明社会基层的稳定性，大家都极力反对战争叛乱，极力维护现有的稳固社会结构。同时说明，李唐宗室已成为反动的豪强地主集团，这一集团的反动腐朽，已与下层庶族地主产生了尖锐矛盾。而武则天始终代表了庶族地主，所以，当宗室王起兵讨伐武则天时，不待武则天所派大军到达，地方阶层就自觉地打击宗室反动武装，自觉保卫武则天政权。如果是武则天不得民心，人民群众将借宗室起兵，一呼万应，揭竿而起，武则天真就会完蛋。所以，反对武则天者，的确是上层顽固官僚，从宗室起事的人民向背，可足以证明。

但是，虽然宗室叛乱没能造成大规模战争，对社会生产与生活影响不大，而武则天派去的军队，却凶残地屠杀、抢掠地方。豫州六七百家、五千人一次被流放，也是个社会悲剧。武则天只是痛恨李氏宗室，却不料被迫害者多数仍是受牵连者和地方百姓，天下局势也为之有所动荡。

第四章
接班人纠结难定　武则天终嗣亲子

在这个世界上，只是时间是最公平的，无论是对帝王还是平民百姓，时间从不偏袒于谁，只按自己的脚步走着，霸道乖戾如武则天，也拗不过时间之刀的锋利。

圣历元年时，武则天75岁了。这一年她突然感到自己老了，一切对她都已了然无趣。几十年敢作敢为的豪气没了，也缺少了年轻时的敏感，似乎对人对事有点无所谓，甚至有点麻木。而在大臣眼里，以前从未敢拿正眼去看的女皇帝，这两年也开始变得慈祥和有趣一些了，虽然她的威严犹在，但没有了以前那种逼人的锋芒和让人不寒而栗的凶戾之气。

年龄大了，身体也跟着软弱，以前女皇很热爱祭祀活动，泰山、嵩山封禅的祭祀、洛水受图的祭祀，女皇兴奋又昂扬，登上则天门的宣赦，犹如一座天神、一个从天而降的女神。然而，如今的祭祀活动中，大臣们只能看到女皇的虔诚、一个老年妇人的虔诚，动作迟滞、脚步踉跄。

看到女皇的老态，朝中大臣都在想着一个问题，女皇身后接班人的问题。但是，女皇不说，大家都不开口。大家再也不想逼她，都由争斗变成了同情，为女皇的难以抉择感到同情。

在继嗣问题上能说得上话的大臣，也都是老人了，他们的争斗心似乎也不存在了。因此，大家都在等待着。但是，有些人却着急，这

241

就是女皇的侄儿武承嗣和武三思。他们看姑母一天天老去，与大臣们的关系一天天融洽。中枢大臣由狄仁杰、娄师德、王及善、杜景俭、王方庆、姚元崇、魏元忠等人把持。这些人都稳重、忠直，全是忠于李唐王朝的能臣，姑母偶尔也让他们任宰相，但总不让他们掌中枢，姑母到底是要把位子再让给李唐，还是让武周延嗣，他们心里一点数也没有了。

没有数就得问出数来。于是，圣历元年二月里，就有几起人前来说女皇，他们说："自古天子未有以异姓为嗣者。"于是，数年不提的老话题又搬出来。对二武的心思和行动，朝中大臣个个消息灵通、一清二楚。

一天，女皇宴请众宰相。席间有人提起二武为皇嗣的事，狄仁杰说："文皇帝栉风沐雨，亲冒锋镝，以定天下，传之子孙。大帝以二子托陛下。陛下今乃欲移之他族，无乃非天意乎！且姑侄之与母儿孰亲？陛下立子，则千秋万岁后，配食太庙，承继无穷；立侄，则未闻侄为天子而祔姑于庙者也。"

狄仁杰此时说这些话，女皇一点也不感到惊奇。但她平静了这么多年，一听就厌烦，就对狄仁杰说："此朕家事，卿勿预知。"狄仁杰一听有点着急，赶紧拿女皇《臣轨》中的观点劝说女皇，意思是君臣股肱，乃为一体，分不出国事和家事来。

接着，王方庆、王及善也缓缓插言，劝说女皇，并劝女皇召还庐陵王，使母子相见。

武则天听了众臣之言，叹口气说："朕老矣，不中用矣！"

之后不久，女皇忽召狄仁杰说："朕梦大鹦鹉两翼皆折，何也？"狄仁杰一听，便知武则天在问立嗣的事，他度量女皇的意思，然后回答："武者，陛下之姓；两翼，二子也。陛下起二子，则两翼振矣！"同时这话也是在告诉武则天，若用武氏为嗣，那么她的两儿子将会为武氏所害。

年迈的武则天至此更加清楚，大臣们仍然是李唐的大臣，他们只是在她的淫威下屈从了她这个皇帝，却没有认可武姓皇族。认可她，也只是认可她是唐室的第四代皇帝，而不是武周的开国皇帝。她深信自己可以做一个开国皇帝，但是她就得再次跨上征鞍，扬起利剑，杀死这些忠于唐室的大臣，杀掉自己的亲生儿子与自己的孙子们。因为，他们会誓死保卫李唐宗脉，狄仁杰们一定做得出来。

然而，武则天毕竟年纪大了，她已经不想斗争的事了，她已经亲手杀死了三个自己的孩子，也不忍再向自己的子孙动刀了。因为她一天天在向坟墓走近，死了要埋到哪儿呢，还是埋到李氏皇陵吧，那儿有她崇敬的名君李世民，有同她厮守几十年的丈夫李治。他们正向她招手，到了那里她将是李治的妻子、太宗的儿媳。如果立武氏为嗣，那时见到了他们她将如何交代？难道能说"我把你们的子孙全杀光了，现在已是姓武的天下了"吗？

武则天想想，已经有十几年不见她的显儿了，作为母亲，她开始有些想念他了。

一个月后，武则天托言庐陵王有病，派遣职方员外郎徐彦伯前往召庐陵王及其妃和诸子，入都疗疾。七月，庐陵王到神都，潜居宫中。狄仁杰等大臣知庐陵王被召回，就进宫求见。

武则天见宰相前来，满面春风地说："朕知爱卿所来何事，庐陵王已还宫矣！"狄仁杰却故作不知地说："真是喜事，臣何不知？"武则天即使人挽起帘幕，庐陵王从帘后走出，拜伏于地。武则天扶起庐陵王，牵着儿子的手到狄仁杰面前，说："朕还卿庐陵王！"又对儿子说："今全我母子团聚者，国老也！儿当拜国老！"

狄仁杰免冠顿首，哽咽泪涌，跪地答拜。左右扶起狄仁杰，狄公继奏："陛下母子团聚，家国之大幸事，庐陵王留过在房州，天下所悉知。今日在内，臣亦不知。宫外难免议论，其如明迎之，使朝内外尽知也。"武则天答应了狄仁杰的奏请，乃令庐陵王去石像驿安置，由皇帝"具法驾，陈百僚，就迎之"。于是，满朝文武皆知皇上将嗣位于庐陵王。

圣历元年九月，皇嗣李旦坚请逊太子位于庐陵王，得到皇帝允准，于是改立庐陵王为太子，复名李显，李旦册为相王。太子太保魏王武承嗣见继嗣落空，郁郁成病，一命呜呼。武三思为人乖巧，见形势急变，乃向庐陵王靠拢。

唐中宗李显像

第五章
张柬之神龙革命
武则天寿终正寝

　　神龙元年是武则天建立的大周王朝最后的一年，也是她在世的最后一年。这年年初，武则天因病重不能视朝，张柬之乘机联合了复辟势力，乘其不备发动了军事政变，逼迫武则天退位并传位于太子李显，宣告了武周王朝就此结束。

　　张柬之，字孟将，襄州襄阳人。少年时补进太学，后擢进士第，补青城县丞，但一直很不得志。永昌元年（689年），武则天征召贤良，同时受举者千余人，张柬之是其中之一，这年他已65岁。入仕后被女皇授予监察御史，后迁凤阁舍人，时因突厥默啜以女向大周求婚，女皇以武延秀娶默啜女，以解决民族纠纷。而张柬之思想顽固不化，也不懂民族关系，以华夏夷狄观念阻止之，被女皇放远州刺史。后迁为荆州都督长史。

　　狄仁杰生前，女皇曾让他推荐宰相，仁杰一再推张柬之，称赞他"其人虽老，将相才也"！因女皇未马上拜之为相，反被狄仁杰所怪。但把他调回中央，历任司刑少卿、秋官侍郎。长安四年九月，宰相姚元崇出任灵武道安抚大使，行前女皇要他推荐可为宰相者，元崇也推荐张柬之，称赞他："沉厚有谋，能断大事，且其人年老，唯陛下急用之！"于是张柬之当天便被武则天召见，不久便拜他为相，此时的张柬之已是八十老人。

　　其实，张柬之虽年老，却久有复辟之志。在接任原荆州长史杨元琰此职时，二人曾泛舟长江，言及武周代唐，议诸武封王之事，二人立时愤慨连连，表示都以匡复唐室为志，意气相投。杨元琰是虢周阌乡（今河南省灵宝县）人，曾历任县令、刺史和都督等职，也深受女皇的信任，曾累次玺书褒美。

张柬之像

张柬之做宰相后，就推荐杨元琰为右羽林军将军，其到职之时，又暗自对他说："君颇记江中之言乎？今日非轻授也。"杨元琰点头称是。接着张柬之又以桓彦范、敬晖和右散骑常侍李湛为左、右羽林将军，使他们控制了禁军。

都说生姜还是老的辣，此话不假，张柬之得拜相位，便立即迅速地进行复辟搞政变的准备，并且做得悄无声息。

桓彦范是润州人，以门荫调补三卫之一的右翊卫，有一次狄仁杰与他交谈，赞其才识，曾说他"才识如是，必能自至远大"。桓彦范为官历任监察御史、司刑少卿。有一次宋璟奏请将张昌宗治罪，女皇不许时，桓彦范批评女皇"纵成其乱"，要求把张昌宗交付三司审判。又曾先后上十疏，奏请女皇赦免所有的政治犯，辞气激切，被女皇采纳。张柬之发动叛乱，他是一员干将，密谋先行控制军权，调为左羽林将军，共举政变。

敬晖也是狄仁杰向女皇推荐的官员，敬晖字仲晔，绛州平阳（今山西临汾市）人，20岁中明经举入仕，武则天圣历初年（698年），任卫州（今河南汲县）刺史。敬晖到卫州任时值秋收时节，但官府却征集民工赶筑城池，防备突厥。敬晖见状当即对筑城的吏民说："金汤非粟而不守，岂有弃收获而缮城郭哉？"随之将筑城民众罢散，此举深得当地吏民的称颂。

卫州任后，敬晖迁任夏官侍郎，并以该职身份出任泰州刺史。大足元年（701年），他又迁洛州长史。洛州为唐东京洛阳所在地，时武则天在此居住。不久，武则天幸长安，令敬晖为东京整留守（实主管全面工作）。敬晖任职以清廉善治著称，为此，武则天特下玺书慰劳，并赐物百段。长安三年（703年），敬晖拜封为中台右丞，加银青光禄大夫。他也是神龙兵变的密谋策划人，兵变前被张柬之迁为左羽林将军。

崔玄玮是博陵崔氏高门大姓，明经出身，历任尚书省库部员外郎、天官郎中、凤阁舍人等要职，长安元年超拔为文章左丞，是武则天晚年的宰相。此人异常清介，升任宰相后官员们都设斋庆贺，武则天曾因此以为他们要做什么坏事，赶紧又把他调回天官侍郎旧任。但见他居官清正廉明，再拜为相、兼太子左庶子。他建议斥逐"二张"，让太子、相王侍疾女皇。其弟玄升为司刑少卿，亦主张诛"二张"。"神龙革命"，崔玄玮亦谋其事者。

但神龙政变的发起、发动和领导者都是张柬之，他大约在这五六年前就企图"匡复唐室"，入廷拜相后便专心于拿下武则天，他从控制兵权入手，当羽林军被控制后，又去策动靺鞨族的羽林卫大将军李多祚。史载他在和李多祚对话时间说："将军在此间几年了？"答曰："三十年矣。"张柬之马上激励他："将军击钟鼎食，腰悬金紫绶，贵宠当代，位极武臣，岂非大帝之恩？将军既盛大帝殊泽，能有报乎？大帝之子见在宫中，逆竖张易之兄弟擅权，朝夕危逼，宗社之重，在于将军；诚能报恩，正属今日啊！"

李多祚见其慷慨，遂感动说："苟缘王室，惟相公所使，终不承妻子性命！"因即引天地神祇为誓，表示愿与张柬之一起去周复唐。

张柬之见时机成熟，便把他们找到一起密谋，又进一步为桓彦范、敬晖、李湛鼓志，并分别控制禁军各部、渐渐进入政变状态。

接着，已调为左林军将军的敬晖又问计于冬官（工部）侍郎朱敬则，朱敬则教他说："公告假皇太子之令，举北军诛易之兄弟，两飞骑之力耳！"于是张柬之果取此策。因为北军是驻屯是玄武门的左右羽林军等禁军的统称，要兵变成功，必先控制北军。

张柬之还另外活动了许多人。如成王李千里，他也在张柬之的动员下"附会（陈）平（周）勃，竟兴明命"，"协谋宰相（张柬之）"。女皇的孙女婿、任典膳郎的王同皎，也参与其事，使其岳父升位。女皇的表外甥杨执一，时任右卫郎将也在张柬之的组织下"协心五王（指张柬之、崔玄玮、敬晖、桓彦范、袁恕己五人），戡剿二竖（指张易之兄弟）。奋飞北落，推戴中宗，嗣唐配天"。此外，尚有羽林军将领赵承恩、司刑详事冀仲甫、检校司农少卿翟世言等人，也皆参与政变。

另外还有一个重要人物，就是武则天长安年间两度为相的姚元崇，前段时间出使灵武，于神龙元年正月还京，张柬之等人一见他便说："事济矣！"说明他们早就将兵变的事商量过了，姚元崇是兵部老长官、资深望重，还朝即入兵变领导班子。

以张柬之为首的政变者采取兵变形成发动叛乱，密谋组织已久，打的旗号是"诛二张"，即谓"二张""擅权，朝夕危逼，宗社之重，在于将军"，这是张柬之蒙骗李多祚的话。实际上张易之兄弟是两个小儿，虽然史书上也有"谋乱"的字眼，但他们既无兵权，又无依靠，拿什么去"危逼社稷"，史书上说的"易之兄弟谋反"不可信，其真正目的，无非是推翻武周政权，扳倒武则天，恢复唐朝统治罢了。总而言之，张柬之是以除"二张"为号召，发动军事政变，以恢复李唐天下，成就他的"匡复之志"，以便青史留名。

对此，张柬之为首的政变者也说："诛易之兄弟，两飞骑之力耳！"怕是两个骑兵也不需要，张易之兄弟只会唱歌、写诗文，去一个披甲戴铠的武士，捉拿他们也足够了，何劳这么兴师动众的。他之所以兴师动众，是要推翻武则天政权，打倒武则天这位姓武而不姓李的女皇帝。他怕的是武则天，如果武则天不在重病之中，十个张柬之也难以成功。

神龙元年的大年初一，女皇已病卧不起，还下令赦天下，改元，这是女皇一生的最后一次以皇帝身份下达的诏令。她已多日不视朝，张柬之看得很准，要的就是女皇帝卧病不起，好发动政变行动。

正月二十二日是张柬之发动政变的阴谋日。为此，他们还组织三路叛乱军：

第一种是主叛军。由张柬之亲率，崔玄玮、杨元琰、薛思行胁从。率左、右羽林军及千骑五百人直至玄武门。目的是攻入皇宫，挟持女皇，如有抵抗，杀死也不足惜。

第二路是迎太子的叛军。由李多祚、李湛、王同皎率领，去东宫迎太子后，后到玄武门会合第一路。

第三路是警戒叛军。由司刑少卿、兼知相王府司马事袁恕己率南衙兵仗，以备非常。即在中央机关所在地的皇城警戒，临界控神都。

第二路军达东宫，太子李显闻兵变，疑惧闭门不出。女婿王同皎力劝："先帝以神器付殿下，横遭幽废，人神同愤，二十三年矣！今天诱其衷，北门、南衙同心协力，诛凶竖，复李氏社稷，愿殿下速至玄武门以孚众望！"

太子李显以惊吓母皇为理由拒绝，他说："凶竖诚当夷灭，然主上圣体不安，得无惊悸！诸公更为后图。"

李湛也说："诸将不顾家族以徇社稷，殿下奈何纳之鼎镬乎！"并要求李显出来，自去阻止那些叛乱者。

太子只要出来，王同皎抱太子上马，至玄武门同张柬之会合。然

249

后叛变女皇者拥着太子直趋女皇所在的迎仙宫，斩关而入。张易之、张昌宗在那里侍奉，听见动静出来看时，被张柬之命人拖到庑下（即宫门外小屋里）杀死。然后众人又拥着太子进至女皇的卧室长生殿，张柬之又命叛军包围了起来。女皇闻声惊醒坐了起来，问："乱者谁耶？"

谋乱者回答："张易之、昌宗谋反，臣等奉太子令诛之，恐有漏泄，故不敢以闻。称兵宫禁，罪当万死！"

女皇明白了，见到太子李显就说："乃汝耶？小子既诛，可还东宫？"

桓彦范说："太子安得更归！昔天皇以太子托陛下，今年齿已长，久居东宫，天意人心，久思李氏。群臣不忘太宗、天皇之德，故奉太子诛贼臣，愿陛下传位太子，以顺天人之望！"

女皇又看到了李湛，他是女皇早年心腹李义府之子，便说："汝亦为诛易之将军耶？我于汝父子不薄，乃有今日！"李湛嘴笨，没有以忠于国家之辞对之，只羞愧得说不出话。

武则天又看到宰相崔玄暐，质问他："他人皆因人而进，唯卿朕所自擢，亦在此耶？"崔玄暐答道："此乃所以报陛下之大德！"

武则天闻言苦笑不语，又见事已至此，不可挽回，加上身体虚弱，说了这些话后已疲倦，便躺下复又入睡。

当日，张易之的兄弟张昌期、张同仪、张同休被抓住斩首示众。

第二天，女皇下诏太子监国。诏书言：因身体不好，不料有人趁机谋反，因染风疾执政倦勤，故令太子监国云云。是日，太子分十使到各州宣慰。

第三天，即二十四日，女皇下诏传位太子。第四天，李显即皇帝位。此时国号尚未改。以相王为安国相王，拜太尉、同凤阁鸾台三品。以太平公主为镇国太平公主。李姓皇族被配没者，子孙皆酌量叙官。

第五天，女皇徙居上阳宫，由李湛守卫。女皇迁居，宰相姚元崇痛哭流涕，张柬之说："今日岂是啼泣时？恐公祸从此始！"元崇回答："事旧主岁久，乍此辞违，情发于衷，悲不能忍。且日前从公诛凶逆者，是臣子之常道，岂敢言功；今辞违旧悲泣者，亦臣子之终节，缘此获罪，实得甘心！"当日，被贬为亳州（今安徽省亳县）刺史。

神龙政变后，张柬之任夏官尚书、同凤阁鸾台三品，崔玄玮为内史，袁恕己同凤阁鸾台三品，敬晖、桓彦范皆为纳言。皆赐爵郡公。李多祚赐辽阳郡王爵，王同皎为琅琊郡公，李湛为右羽林大将军、赵国公。其余参加政变的，也都升官获奖。

政变的第六天，中宗李显率百官到上阳宫拜见女皇，给女皇上尊号为则天大圣皇帝。此后，中宗每十天往视一次女皇的起居。这年十一月二十六日，一代女皇武则天驾崩上阳宫，死时 82 岁，她的时代总算结束了。

　　从神龙政变女皇退位至去世，共有二百六十多天，在这一段时间里，武则天基本没再过问朝政，史书上除说其颁布了一个极为简单的《遗制》之外，再也不见她的任何记载。她的《遗制》是："祔庙、归陵、去帝号，称则天大圣皇后。其王、萧二族及褚遂良、韩瑗、柳奭子孙亲属当时缘累者，咸令复业。"

　　这个《遗制》说明，临终时的武则天开始承认自己是李家媳妇，于是她去掉自己的皇帝号，称高宗皇帝的皇后，永久地陪伴着丈夫李治。

　　武则天自己称皇后了，那么，生前在后宫争斗过的王皇后和萧淑妃就是她的姐妹了，死后愿她们不计前仇。拼命反对她的褚遂良等人及其家属也一并解放，也愿他们能不计生前之仇。女皇逝世前特留这遗嘱，是想将一切生前的恩怨解除，还自己的灵魂以自由。

　　从这份遗嘱可以看出，女皇死得很安详。根据她的遗制，中宗李显尊她为"大唐则天大圣皇后"，决定母后合葬乾陵。但当时有人反对，有给事中严善思上疏。表面他是说，开乾陵合葬，怕惊动了高宗，不如"于乾陵之旁，更择吉地，取生墓之法，另起一陵，既得从葬之仪，又成固本之业"。但经一番议论，中宗仍令："准遗诏从葬之。"就是说仍按"遗诏"合葬于乾陵。当时的中宗和朝臣表示承认她是大唐的皇后，没有承认她是已经亡国的"大周皇帝"。而严善思等人，怕是连大唐皇后也不想承认，不想让她合葬于高宗的乾陵中，让她"别起一陵"。

唐高宗乾陵

然而，中宗皇帝李显还一切遵从《遗诏》，让他的父母亲合葬一起。翌年五月二十八日，武则天祔葬乾陵，长随于高宗身边。

中国帝后陵寝向无立碑之例，而高宗死后，乾陵的朱雀门外，司马道西侧破例竖有一座高大的石碑，碑文开头即称"述圣记"，应是帝陵空前绝后者，为武则天所制，嗣皇帝李显所书。武则天死后祔葬乾陵，于此碑的司马道东侧对面也竖立了一座高大的石碑，碑上并无一字，人称无字碑，这座无字碑是李显及其臣子们为武则天而立。

乾陵为天皇立了碑，这是不为习俗传统所羁的武则天的创造。但即便如此，这座碑的碑文也仅称《述圣记》，而不称碑和碑文。一定是当年武则天居然打破传统为丈夫立了碑，但碑文却不知如何写法。皇帝一生事业广大、功德浩荡，仅用一碑难能述及，故称《述圣记》

而不称碑。所以，当后来的唐明皇在开元二年，提出为其生母昭成皇后在洛阳的靖陵立碑时，中书侍郎苏颋阻止说："帝王及后，礼无神道碑。近则天皇后崇尚家代，犹不敢称碑，刻为述圣记。……若靖陵独走，即陛下祖宗之陵，皆须追建。"唐明皇闻奏，才没有建碑。

武则天尚"不敢称碑"，所以一般人认为，帝王的事业太大，一座石碑，一幅碑文实难说全，即所谓"浩浩荡荡，民莫能名"，为臣为子，哪敢随便为皇帝立碑。

乾陵既有武则天为高宗立了一座碑，武则天祔葬后也就为她再立一碑而作对称。既立了碑也可以再写个《述圣记》之类。然而，对于李显来说，武则天既是母后，又是皇帝；对于大臣来说，她既是皇帝，又是皇后。更为尴尬的是，她是被大臣们推翻的皇帝，也是被李显取代的皇帝。所以，即使写个《述圣记》什么的，又该如何写法？既不易述也不易论，还是干脆留着后人评说吧。

武则天的碑文不好写还不是一般帝王事业广大"民莫能名"的问题，而连她的身份都"莫能名"，遑论对她的功过评说了。就连她自己的子孙们也"莫能名"，遑论后人了。

第七章 唐中宗昏庸至极 韦皇后为所欲为

中宗复辟成功，一切改归复原样，具体就是"复国号日唐。郊庙、社稷、陵寝、百官、旗帜、服色、文字皆如永淳（高宗年号）以前故事。复以神都为东都，北都为并州，老君为玄元皇帝"。这就是张柬之等人所要的结果，即把女皇太位的所有皆抹灭。他们踌躇满志，打算辅佐正统的真龙天子中宗，复兴大唐，建功立业。

自此，关乎武则天在大唐政坛中的一切才基本宣告结束，女皇的时代终于飘然远去了。

然而，张柬之等人的政治眼光短浅，自以为推翻女皇，咸于复旧，一发就会平安无事。孰料，没过几天，形势变化，便令他们欲哭无泪。

张柬之发动"神龙革命"拥戴复辟的中宗李显，是被女皇定论为不可造就的庸才，因此果断黜贬。如今被他们推为中兴皇帝，期待着他能有所为。

中宗上台所做的第一件大事是追尊皇后之父韦玄贞为上洛王，母崔氏为王妃。李显之所以被女皇黜贬，就是因为他初为皇帝，便提拔韦玄贞为纳言，还要把天下让给韦氏。所以，他这次复辟后，接着二十年前的未竟"理想"，追赠死了的岳父大人为王。

他的荒唐举动立即遭到大臣反对，左拾遗贾虚己上疏："异姓不王，古今通制。今中兴之始，万姓喁喁，以观陛下之政，而先生后

255

族，非所以广德美于天下也。……若以恩制以行，宜令皇后固让，则益增谦冲之德矣!"这个贾虚己想得太美，他还给中宗出主意，让韦后出来"固让"，会更增加美德。

他哪里晓得，正是那个韦皇后让李显这么做的，她们要把二十年的损失全补回来。这二十年被贬，终日担惊受怕。韦氏所生一子郡王李重润曾封皇太孙，被女皇鞭毙。长女宁公主下嫁参与政变的王同皎。次女安乐公主，生于李显被流放的途中。在房陵二十年，两人备尝艰辛，李显每闻有朝廷敕使至，辄惶恐欲自杀。韦氏就会说："祸福无常，宁失一死，何遽如是?"中宗向韦氏私誓："异时幸复见天日，当惟卿所欲，不相禁制。"

因此，中宗果然复辟，韦后"所欲"，首先是加封其父母封号，接着就要参与朝政。他们也学着当年"二圣"时的样子，对坐听朝。韦后野心勃勃，俨然武则天第二自居，大臣们上朝都能听到男女两个声音，韦后也把自己隐于帘后，坐听朝政。

那几个搞政变出身的宰相一见傻了眼，于是纷纷劝谏，把以前顽固大臣骂武则天那些话全搬了出来。什么"牝鸡司晨，惟家之索"，"以阴乘阳，违天也；以妇陵夫，违人也"。极力谏皇后"勿出外朝，干国政"。但中宗、韦后根本不听他们那一套，照常一同上朝。

韦氏干政，是想以武则天为榜样做一番大事业，这也是唐朝的女性开放的例子。但她的才能和德行距武则天相差太远，她作出的第一个决定，便是加封一个游方和尚慧范银青光禄大夫、上庸县公的官爵。这是个"以妖妄游权贵之门"的花和尚，中宗和韦后却倍加器重，经常鬼混一起。宰相们又劝谏一顿，高宗、韦后也根本不听。

第八章 武三思韦后通奸 诸功臣尽皆被戮

唐中宗做上皇帝后，做的事基本都是胡作非为，最让张柬之们气恼和害怕的是，他们花费数年时间，冒着被灭族的危险，豁出性命为中宗复辟成功，不想这个皇帝未出一个月便和他们先前的死仇大敌武三思沆瀣一气，武三思不仅和唐中宗共同把持朝政，而且与唐中宗的老婆韦皇后私通乱性，让人为之震惊和不耻。

张氏兄弟被杀时，诸武并未与闻，当是除去诸武之良机。对此，洛州长史薛季昶劝张柬之等人说："二凶虽除，产、禄犹在，去草不去根，终当复生。"（产、禄是西汉吕后的族人吕产、吕禄，这里比之武三思等武则天的人）但张柬之等人却说："大事已定，彼犹几上肉耳，夫何能为？"薛季昶闻言叹息说："吾不知死所矣！"朝臣县尉刘幽求也劝桓彦范和敬晖："武三思尚存，公辈终无葬地；若不早图，噬脐无及！"但他们也都不听。

然而，曾被武则天寄予厚望的武三思又岂是等闲之辈？要不是满朝大臣都坚持让她立自己的孩子为嗣，武则天极有可能会立武三思为帝的，这个油滑之徒自庐陵王复为太子，便主动巴结之。女皇也抱着愧疚心理，亲自做媒，把太子女安乐公主，嫁给武三思之子武崇训，使太子与武三思成了儿女亲家。

自侥幸逃脱了神龙政变后，武三思更深知自己的身家性命便系于中宗身上，于是愈加巴结中宗和韦后，两家往来亲热，不想武三思竟

257

与韦后勾搭成奸，瞒着中宗做苟且之事。

而为两人促成好事的牵线人便是上官婉儿。上官婉儿才情出众，但也甚为风流，随侍女皇时已与张昌宗偷摸成奸。曾被女皇发现其私情，但以为并未成奸，还把她送给李显，又成了李显的婕妤，专司诏书。待武三思与李显成了儿女亲家，上官婉儿混迹其间，又与武三思成就露水姻缘。韦后与上官婉儿同侍奉中宗，共同认为中宗的房事无能。上官婉儿为讨好韦后，便把武三思介绍给她，于是，韦后又与武三思勾搭一起。

韦后既与之通，又言于中宗，劝谏重用。于是，武三思便成了中宗的宰相，张柬之等朝中宰相"皆受制于三思矣"。

这么复杂的变故，都发生于中宗复辟后的一个月内。在中宗即位的第二十四天，前太子宾客武三思便被任命为司空、同中书门下三品，原右散骑常侍、安定王武攸暨被任命为司徒、定王，武懿宗也受到重用，典掌东都军权，武三思公然出入宫禁，"上便韦后与三思双陆，而自居旁为之点筹，三思遂与后通，由是武氏三势复振"。这也是《资治通鉴》的记述，意思是中宗让武三思坐在韦后和他的龙床上，让他们俩玩双陆游戏，自己在旁边为他们点筹码。这可真是古今罕见的昏庸皇帝，百姓常言："自己被人卖了还替人点钱。"中宗比百姓说的还要严重一些的。外面也纷传着他们的更多丑闻。

至此，张柬之等人才知不妙，但为时已晚。张柬之又急切地劝谏："革命之际！宗室诸李，诛夷略尽，今赖天地之灵，陛下返正，而武氏滥官僭爵，安堵如故，岂远近所望耶！愿颇抑损其禄位以慰天下！"中宗仍不理睬。张柬之等人议论说："主上昔为英王，时称勇烈，吾所以不诛诸武者，欲使上自诛之以张天子之威耳。今反如是，事势已去，知复奈何！"一个个懊悔不已，有的"抚床叹愤"，有的"弹指出血"。

中宗还经常离殿微服去武三思家里玩乐，御史崔皎密奏："国命初复，则天皇帝在西宫，人心犹有附会；周之旧臣，列居朝廷，陛下奈何轻有外游，不察豫且之祸！"中宗竟把密折给武三思看，武三思更对张柬之等人深恨之。

张柬之见武三思等专权，后果不堪，乃令敬晖为首，率百官共同跪谏，请求中宗罢诸武官位以安人心，中宗仍不听。又怕武三思进谗加害，便让考功员外郎崔湜为耳目，监视武三思的动静。而崔湜见皇上与武三思关系密切，便把张柬之、敬晖的安排告诉了武三思。

为搜罗消息和暗中做坏事，武三思结交和豢养了许多亲信，最得力的有御史周利用、冉祖雍，光禄丞宋之逊，太仆丞李俊，监察御史姚绍五人，这五人在当时被称为"三思五狗"。"五狗"给武三思出了不少坏主意。

殿中侍御史郑愔因与"二张"友善被贬为宣州司士参军，这人是棵墙头草，见谁得势便靠向谁，他见武三思得势，便决定向其告密，某一天他潜回洛阳，私谒武三思，告诉他说："大王虽得到天子喜欢，但张柬之等五人皆有将相之权，胆略过人，能颠覆女皇政权。这五人日夜切齿痛恨你，若不及早去此五人，则危如朝露啊！"武三思听了大悦，乃以其与崔湜同为身边谋士。

武三思便找韦后商量对策，以为张柬之等五人确属大害，必须除掉。他二人轮番游说中宗，说："张柬之等恃功专权，将不利于社稷！"皇帝问计将安出，武三思献策："不如封其五人为王，罢其政事，外不失尊宠，内实夺其权。"中宗以为此策甚佳。

于是，中宗下诏：张柬之为汉阳王、敬晖为平阳王、桓彦范为扶阳王、袁恕己为南阳王、崔玄玮为博陵王，皆罢知政事，令其离开京师。五人被剥夺朝中宰相大权，皆知大事已坏。而杨元琰知大祸将临，乃请求弃官为僧，五人以为他是玩笑话，杨元琰说："功成名遂，不退将危。此乃由衷之请，非徒然也。"及张柬之等获罪，杨之琰独得全身免祸。

张柬之见势头不对，也急流勇退，申请归里养疾。中宗诏准，以为襄州刺史，但不做刺史要做的事，朝廷发给全俸，张柬之遂告老还乡。

张柬之们的"神龙革命"，使中宗复辟，没过几天朝局混乱，令

"革命"功臣甚为失望。那么，他们的最终结局又是怎样？

张柬之等人，因发动"神龙革命"被人俗称为"五王"，五个月后果被封王，但那是武三思把他们逐出朝廷的计谋。他们也知道，但毫无办法。被逐出朝廷，最终也未逃一死。

先是张柬之企图逃脱罗网，告病回籍，做挂名襄州刺史。随后"四王"也相继出为刺史：敬晖为滑州刺史、袁恕己为豫州刺史。但是，驸马都尉王同皎对武三思等不满，常与亲友谈论之，终被武三思诬告"谋废皇后"，王同皎被斩。

武三思继诬"五王"与之同谋，说他们"虽云废后，实谋大逆，请族诛之"，中宗命法司执行。经过多人议论，才把他们处以流刑，流放岭南。五家老少被押解南行，张柬之、崔玄玮死于途中。其他三人又在流放途中被杀，死得都很惨。敬晖被处剐刑，凌迟肉尽而死。袁恕己被逼喝野葛藤毒汁不死，痛苦得以手抓地，爪甲脱落，后被捶杀。桓彦范被缚在竹槎上，几个人用竹签剔其肉，肉尽至骨，然后杖杀。

被武则天贬黜的宰相魏元忠，"神龙革命"后被召还朝。被中宗拜为宰相，他深晓中宗昏庸，不敢有所作为，反亲附权贵苟活，但仍不免于难，神龙四年被贬为县尉，途中死亡。

李多祚是"神龙革命"的军事支柱，政变后得到辽阳郡王爵位。神龙三年，又拥太子李重俊发动政变。他邀同将军发羽林军杀武三思亲党十余人，再率军进攻皇宫，中宗、韦后逃上玄武门楼，李多祚与守军作战，战败被杀，诸将军和政变军或死或逃。

这几人胸怀一颗为李唐继大统的忠心，以颠覆女皇、拥立李氏正统皇帝为目标，费尽心机冒死助唐中宗复位，结果成功后却被唐中宗如此处死，实为可悲可叹。

姚元崇因哭武则天而遭贬，睿宗李旦即位后任他为相，玄宗李隆基即位又拜为宰相，后为避开元年号，更名姚崇。多有建树，是唐代名相之一，死于开元九年，七十二岁。

宋璟一生刚正不阿，神龙年为武三思排挤出京，检校贝州刺史。

后与姚崇同为玄宗宰相，《唐书》宰相传称二人为"姚宋"。他死于开元二十五年，享年七十五。

唐代石窟佛像

　　武三思勾结韦后除掉了五大臣。气焰更加嚣张，他曾得意扬扬地对亲信们说："我不知道什么是好人，什么是坏人，只要和我好的，就全是好人。"一时间，奸佞之徒都被他网罗到身边。

　　韦后的女儿安乐公主也是个野心极大的人，一心想做第二个武则天。安乐公主本名李裹儿，是李显最小的女儿。中宗被废黜皇位后，与韦氏赴房州时韦氏在途中分娩的。因当时情况窘迫，匆忙中解下衣服做褓裸裹住了她，所以取名为裹儿。李裹儿十多岁时，资性聪慧，容貌美艳，中宗与韦氏对她十分宠爱，自幼听其所欲，无不允许，所以安乐公主从小就养成了骄横任性的脾气。待中宗被召回到东宫后，武则天看见李裹儿，也格外欣赏她的秀外慧中，遂封为安乐郡主。据说安乐公主极其美貌，后有人誉其"唐代第一美人"之称，可见其美貌应该不下于后来唐玄宗的爱妃杨玉环。

　　武三思的儿子武崇训，年纪比安乐公主大一岁，常在宫中出入。武崇训常在宫中偷香窃玉，和宫女做下许多风流事情，以致外面沸沸扬扬谣传武崇训上丞祖姑母，传在武则天耳中，觉得太不堪了，便把安乐公主指配与武崇训，以平息浮言。临嫁时贵戚显宦，无不往贺。宰相李峤、苏味道，及郎官沈佺期、宋之问等都献入诗文称颂。其实安乐公主与武崇训早已在暗中淫乱上了，她下嫁武崇训以后，未出六个月便产下一男婴。

在韦后纵容下，安乐公主跋扈宫中，凌辱大臣，无视王法，为所欲为。尤其对太子李重俊更是忌恨。她曾以自己是韦后的亲生女，李重俊不是韦氏所生，要求中宗立自己为皇太女，以顶替李重俊皇太子的地位，将来自己好像武则天那样做皇帝。

对上述一切，左仆射魏元忠向中宗表示反对，安乐公主竟对中宗说："元忠是山东傻瓜，他有什么资格议论国家大事。阿武子（宫中对武则天的称呼）还可以做天子，难道天子的女儿就不能当皇帝吗？"中宗听言，却抚着公主的脖子开玩笑说："等你母后做了女皇帝，再立你为皇太女也不迟。"

于是安乐公主便天天在背地里怂恿母亲韦后，让她效仿武则天临朝听政。韦后因中宗体弱多病，便自行开始独断独行，气焰一天盛似一天。而中宗终日躲在宫中，找几个美貌的宫女调笑解闷，所有军国大事，全听韦后一个人主持。

一天安乐公主忽发奇想，想起南海泥洹寺里佛像的五绺须，是以东晋谢灵运的真须装的，于是打发黄门官去将佛须一齐割下来，寺僧根本就不敢阻拦。原来晋朝时候的谢灵运须髯很美，他自己也十分珍爱，每晚临睡时候，便用纱囊装起来。后来，谢灵运被杀临刑的时候，便自愿把须髯割下来，施给泥洹寺僧，为装塑佛像之用。那寺中僧人，每见有人来随喜，便得意地将佛须指示与人看，如今见安乐公主把佛须一齐割去，心中万分痛苦。

到了端午节，公主妃嫔都聚集在昆明池盛宴斗草。正斗得热闹，安乐公主忽然拿出谢灵运的真须来，众人都万分惊诧。

安乐公主的儿子，只有八岁。一天韦后把孩子抱在膝上，下手诏拜为太常卿、镐国公，食邑五百户。中宗见韦皇后擅自做主下旨，不把他放在眼中，当时便拦住韦后的手诏说："且慢下诏！待朕回宫去，再做计较。"韦后听了，冷冷地说道："什么计较不计较？陛下在房州时候，不是说将来一切听妾所为吗？为何如今又要来干涉呢？"中宗心中愈觉耐不住了，便一句话不说，传旨起驾回宫。韦后早已不把中宗放在眼中，见中宗负气回宫，也毫不惊惧，在安乐公主府中饮酒作乐直到深夜。

有个时期，安乐公主为谋私利，常常自己写好了诏书，掩住正文拿去让中宗盖印，李显竟看也不看地把印盖上。就是这样，中宗听凭她母女俩弄权，自己则只顾过着淫靡的生活。

不仅如此，安乐公主还向中宗提出，把昆明池作为她自己的私人湖泊，中宗以没有先例为由委婉拒绝。于是安乐公主大怒，她命人挖掘一个定昆池，长达数里。安乐公主还派奴仆到民间抢夺女子，充当她府上的奴婢。

有人把这一情况上告到左台侍御史袁从一那里，袁从一秉公执法，逮捕了安乐公主的奴仆。安乐公上竟请中宗下令释放，软弱的中宗也竟然同意，以致袁从一气愤地说："皇上如此办事，何以治天下！"

安乐公主一心要当皇太女和女天子，又和武三思等人狼狈为奸、祸国殃民，使太子李重俊感到极大威胁和深深不满。神龙三年七月十一日，李重俊联合在羽林将军李多祚率领三百名羽林军冲入武三思府中，杀死了武三思父子及全家。随后，又带兵从肃罩门冲入宫中，想擒杀武三思的同伙上官婉儿、安乐公主和韦后。

这时，中宗夜宴刚刚结束，忽听右羽林将军刘景仁报告说太子谋反，急忙带领韦后、安乐公主、上官婉儿登上玄武门。由于刘景仁调动了右羽林军，李重俊等寡不敌众，又由于中宗在玄武门上颁布诏书，宣布赦免起事人员，李重俊的一百名羽林军人心动摇，丧失斗志。结果，太子李重俊攻打玄武门失利。左羽林将军李多祚被部下杀死，李重俊出逃鄠部县（今陕西卢县）后，也为部下谋害。

平定了太子李重俊之乱后，安乐公主和韦后更加肆无忌惮。每当中宗临朝听政，韦后也都要上朝坐在帘子后面训示，景龙元年（707年）二月，韦后自称她衣箱中裙子上有五色祥云升起，命画工画下图，让文武百官看。

韦后还指使右骁卫将军，知太史事迦叶志忠上表说："当初，高祖当皇帝前，天下歌'桃李子'，太宗当皇帝前，天下歌'秦王破阵乐'，高宗当皇帝前，天下歌'侧堂堂'，则天皇帝当皇帝前，天下歌'武媚娘'，陛下当皇帝前，天下歌'英王石州'，'桑条书'，于此可见人心。现在皇上皇后仁德归心，一统天下，臣谨进'桑条歌'十二篇，请宣示中外，进入乐府。"中宗高兴地表示同意。于是。这歌颂韦后的桑条歌十二篇广泛流传开了。韦后和安乐公主的野心已暴露无遗，朝中大臣群情激愤，议论纷纷。

这时，前许州（今河南许昌）司兵参军燕钦融上书中宗，指斥韦后干预朝政，安乐公主危害国家，揭露她们图谋不轨，告诫皇上不可不防。中宗阅后，召燕钦融上朝当面询问。燕钦融慷慨陈词，毫无惧色。中宗沉吟许多，无话可说，便让燕钦融暂时退下。谁知燕钦融还没有走出朝门，韦后便指使亲信兵部尚书宗楚客派人把燕钦融追回，当着中宗的面，在大殿的庭石上把他摔死了。

第十章 韦皇后淫乱无节 唐中宗死于非命

当李显还是孩子的时候，武则天便觉得他不是当皇帝的料，此人做不成任何事，当了皇帝的唐中宗李显也果然未出武则天所料，他可以说是中国历史上难得一见的昏君。他在"神龙革命"后共做了五年复辟皇帝，但在这五年中，他于内受制于韦后、女儿，外又被挟于武三思及其党羽，其虽为皇帝，大权却旁落于韦后和武三思。

武三思和韦后的关系十分暧昧，隔几天两人就会跑到一起缠绵一回，有一天，两人刚刚"完事"，便在床上衣衫不整地赌钱，唐中宗上完早朝回来之后，见二人正赌，还兴致勃勃地帮人家数筹码，不一会儿，安乐公主来了，几人越发快乐尽兴！

唐中宗唯一的嗜好就是耽于玩乐。有一年夏天，山东、河北二十多州又发生旱灾，饿死、病死的总计数千人。但是，对这一切，中宗和韦后并不放在心上。韦后会对中宗说："十多年的苦难我们已经受够了，现在就要过自由自在的天子生活了。"

在韦后怂恿下，中宗即位当年的十一月，他们就一起到洛阳城南门楼观看了泼寒胡战。当时天气严寒，北风凛冽，北方胡人裸身挥水，舞蹈自如。中宗和韦后身穿轻裘，从早到晚，不知疲倦。神龙三年二月，中宗、韦后又和近臣们一起登上玄武门，观看宫女聚会饮酒。韦后还觉得不开心，又请求中宗命宫女左右分队，互相殴斗，以决胜负。

他们还派遣宫女开办集市，令百官公卿扮作商人前往交易，因买卖不公，大臣和宫女们互相辱骂，言辞卑猥。中宗和韦后看了以后却哈哈大笑。

他还拿大臣结婚开玩笑，于景龙二年（708年）大年三十除夕夜，敕令百官入阁守岁。酒酣之时，突然对御史大夫窦从一说："我听说卿没有老婆随着前来，朕甚忧之。今夕除岁，为卿成婚。"窦从一被吓了一跳，但也只得唯唯拜谢。

不一会儿，内侍引灯笼、步障、金缕罗扇自西廊而上，扇后有女子穿着结婚的礼服，头插花钗。皇帝命扇后人与御史窦从一相对而坐，又命窦从一朗诵《却扇诗》，其为当时成婚时的习俗，新郎诵后，新娘从扇后出，故曰"却扇"。如李商隐有《代董秀才却扇诗》云："莫将画扇出帷来，遮掩春山滞上才。若道团圆是明月，此中须放桂花开。"待窦从一诵诗后，那女子撤去扇子，又拿掉头上的顶巾走了过来，大家徐徐视之，原来竟是皇后的老乳母王氏。皇帝和满堂大臣顿时皆大笑。当即诏封王氏莒国夫人，嫁与窦从一为妻，时乳母王氏岁数大过御史窦从一数十岁，因皇帝主婚，窦从一只好认可。

有一年的元宵节，中宗在韦皇后的怂恿下，带着公主和宫女数千人，全都换上平民的服装出宫逛灯市，赶热闹。到夜深回宫，一查点，数千宫女逃走了十之五六。怕声张出去有损体面，中宗也只得不了了。又有一次，中宗在皇宫内召见百官，命令三品以上的官员抛球和拔河，供他和韦后欣赏。朝臣多数是文官，不好嬉戏，直弄得他们个个丑态百出，尤其是那几个上了年纪的大臣，体力不支，拔河时随着长绳扑倒在地，一时站不起来，手脚乱爬。中宗和韦后见了，还都开怀大笑。

韦后天性嗜淫，性生活方面非常混乱，先后与武三思、光禄寺卿杨均、散骑常侍马秦客等私通。其丑行宫内外无人不知，中宗有所耳闻，问之于韦后，韦后见行迹败露，乃生杀中宗意。《资治通鉴》这样记述："散骑常侍马秦客以医术，光禄少卿杨均以善烹调，皆出入宫掖，行幸于韦后，恐事泄被诛；安乐公主劝韦后临朝，自为皇太

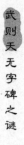

女，乃相与合谋准备杀掉中宗。"

韦皇后也很怕中宗查究她的淫乱之事，安乐公主则希望母后临朝称制，效法武则天，自己好在将来继承皇位，于是母女两人便密谋害死中宗。

韦皇后知道中宗喜欢吃饼，于是命令情夫马秦客配置了毒药，她亲自将毒药拌入饼中，蒸熟，命令宫女送入神龙殿。中宗正在翻阅奏章，见饼送来，随手取来就吃。不一会儿，忽然腹中绞痛，扑倒在榻上乱滚，太监急忙去报告韦皇后，韦皇后故意磨蹭，拖了许久才来，见中宗痛苦的样子，还假装问中宗怎么了。中宗已经说不出话来，只是用手指着嘴呜咽哭泣，没多久便死于长安宫中的卧榻上，终年 55 岁，葬于定陵（今陕西省富平县西北 15 里的龙泉山）。

第十一章 李隆基唐隆政变 韦皇后家族被诛

　　韦后和安乐公主合谋进鸩毒死了唐中宗。下一步怎么办呢？韦后心里并没有过细的筹划，这正是她远不如武则天的地方。特别是想到对于中宗之死，朝中大臣可能出现的议论、猜测和指责，她就更加感到不安。

　　于是，韦后对中宗秘不发丧，先把自己的亲信召入宫中，商议安身之策。他们讨论后决定，由刑部尚书裴谈，工部尚书张锡处理国政，在东都留守；命令左金吾大将军赵承恩，左监门卫大将军薛崇简率领五百精兵前往均川，防备谯王李重福。李重福是中宗的第二子，由于韦后陷害，早在中宗即位之初，就被贬谪到均州，负责当地防守，不许过问朝政，也不准前来京师。韦后心里有鬼，害怕李重福在中宗死后闹事，便对他采取了防范措施。

　　韦后还和她的哥哥，任太子少保（辅佐太子的官员）的韦温商定，决定立温王李重茂为皇太子。李重茂是中宗的第四子。母亲不详，非韦后所生。圣历三年被封为北海王，神龙初年（705 年）受封温王，且任右卫大将军兼遥领并州大都督。中宗猝死时年仅 16 岁。

　　韦后又下令从各府调来五万人马，分左右营屯驻京城，以韦温总负其责，韦温的儿子和韦后的其他兄弟分晋左、右营和羽林军，保卫皇宫，一切布置妥当，韦后开始在太极殿为中宗发表，宣布遗制，临朝掌政。三天以后，太子李重茂在枢前即位，尊韦后为皇太后，皇太后临朝摄政。

此时天下人刚从武则天专政的局面中缓过神来，却发现马上又出现了一个韦后专政，李氏唐族刚刚从武周政权中接过大权，不想马上又要变成韦家的了，李唐宗室及一些朝中大臣和将领都坐不住了，一场风雨又在秘密的酝酿之中。

此时，在唐室皇亲中，李旦的三儿子李隆基非常有才干，被欲反对韦氏专政的人视为李唐复兴的希望，有个叫冯道力的道士最先看上了李隆基的才干，有一天，冯道士来到李隆基家中，对他说："您居住的地方名叫隆庆，许多人说'隆'就是'龙'，现在韦氏又改'唐隆'，和您的名字正相符合，这正是您成就帝业的时候。"

唐玄宗李隆基像

李隆基听后非常高兴，便找姑姑太平公主商量除掉韦后的办法。太平公主是高宗的幼女，相王李旦的妹妹。当时三十多岁，长得体态丰满，端庄文静，又富于权谋，很像武则天。武则天活着的时候，经常让她参与机密大事的讨论，每次又都嘱咐她宫禁严峻，不得外出泄露。这样，太平公主逐渐养成了谨慎处事、言语不多的习惯。

在武则天当政的二十多年中，那么多皇亲国戚，只有太平公主一人独享太平，没有卷入变乱中去，没有由荣到辱、从升到降的慨叹，父为帝，母为后，夫为亲王，子为郡王，贵盛无比。在武则天晚年，中宗复位过程中，太平公主参与了除掉张易之的行动，拥立中宗有功，被中宗进号为镇国太平公主。她的住宅周围有卫士保护，居住的房屋附近十步一岗、五步一哨，和皇宫相似。鉴于太平公主处事机敏，以及在朝廷中举足轻重的地位，所以李隆基在考虑除掉韦后的时候，便首先想到要和太平公主商量。太平公主很赞成李隆基的政变计划，还派了她的儿子薛崇简做李隆基的助手，一起行动。

一天，李隆基和薛崇简、刘幽求、麻嗣宗、葛福顺、李仙凫、普润等人一起讨论行动方案。这些人中，除普润是宝昌寺的和尚外，其他人大多是宫廷羽林军的将领。讨论中曾有人提出，行动计划要征得相王同意才好执行。相王即李隆基的父亲原睿宗李旦。对此，李隆基表示了不同的意见。他斩钉截铁地说："我拯救国家的危难，处理君父焦虑的问题，此事如果成功，这是国家的幸运，倘若失败，也算是我以身殉国，忠孝两全，有什么必要先让父王知道呢？再者，如果请示父王，他同意这样做，这是让父王参与了危险的活动；如果他不同意，那我们怎么办？"归根结底，请示父王李旦有弊无利。经过认真的讨论，大家最后同意了李隆基的意见。

唐隆元年六月二十日这天深夜，李隆基率领刘幽求、钟绍京等人冲入玄武门，袭杀了羽林将军韦播、中郎将高嵩等，然后斩关夺门，冲入后宫。左万骑从左进，右万骑从右入，最后会合到凌烟阁前。当时，在太极殿前宿卫中宗梓宫的卫士听到喊杀声，也都披挂整齐投入了战斗。一时间，后宫里刀枪相击，火光闪闪，杀声连天，一片混战。但由于计划周密，准备充分，没用多久，李隆基带领的军队便取得了胜利。

在混战之时，韦后惊闻兵变，就慌慌张张地跑进了飞骑营，企图得到他们的保卫，不料被乱兵所杀。其有临朝之志的女儿安乐公主，死前一刻还在梳妆描眉，梳妆后准备与丈夫武崇训狂欢，但妆未化完便死在乱刀之下。

上官婉儿一代才女，极有权谋。中宗时的诏敕文均为她草写，许多政事她也参与决断。但她趋附韦后和武三思，同纵淫乐，无所不为。太子重俊起兵时，攻入内宫，欲获其问勾引武三思入宫之罪，但因政变失败，使她暂免于难，之后她与安乐公主竞相奢华，所建私第被称为洛阳第一家。李隆基政变率兵入宫时，上官婉儿见风使舵，她高举红烛，率宫人迎接，并出示中宗死后她亲拟的制书草稿，证明有"相王辅弼"的内容，诏来为韦氏篡改，证明其已忠于皇室。然而李隆基根本就不听，挥剑把她杀死。

结束了宫廷政变的战斗后，李隆基立即前去拜见了他的父亲相王李旦，请求宽恕未能事先请示之罪。相王急忙向前抱住李隆基，流着泪说："国家的危难，多亏我儿才得以消除；百姓的动乱，也都依靠你才得以安定。"

次日，小皇帝和他的叔叔安国相王李旦登上城楼，说："韦皇后窥伺神器已被诛灭，百姓不要惊慌。"为安抚百姓，下令免除全城百姓全年赋税的一半。此后，李隆基被晋封为平王，薛崇简为立节郡王，钟绍京为中书侍郎，刘幽求为中书舍人，都参与朝廷政务。此外，还派遣使者前往均州慰问谯王李重福。

未过几日，李重茂在太平公主的教唆之下，下诏将皇位传给自己的叔叔李旦。李旦因为在政变中没有任何作为，身份尴尬所以坚辞不就。政变各人轮番上阵劝说李旦，李旦才答应做皇帝。

甲辰日在太平公主的挟持之下，李重茂上朝。因为中宗李显刚刚驾崩，还属于国丧期间，所以皇帝的御座就在东面，坐东朝西。西面就是中宗李显的梓宫，旁边还站着相王李旦。群臣为首者就是太平公主。太平公主一见群臣各就各位，就说："国家不安，皇帝为了稳定国家要传位相王李旦。"唐隆政变的大谋士刘幽求也适时地拿出早就写好的传位诏书替李重茂宣读起来："叔父相王，高宗之子，昔以天下让于先帝。神龙之初，已有明旨，将立大弟，以为副君。请叔父相王即皇帝位，朕退守本藩，归于旧邸。"

李重茂知道自己皇位难保，但没有想到来得这么快，当时就傻在那里。这样就形成了一个尴尬局面，传位诏书宣读完毕，新皇帝等着接班，小皇帝愣是不动。太平公主当即三步两步来到御座前，对着他说道："人心已经都归向相王，孩子，这个位置不是你的了！"一把拉住领子扔在一边，到棺材旁拉着李旦的手扶上皇位，下去率领群臣山呼万岁。

就这样，李重茂被废掉皇帝身份，被降封为温王，又改封楚王。史称唐殇帝，又称唐少帝。不久，李重茂兄、谯王李重福以为自己是中宗年纪最长的儿子，理应即皇帝位。就假传圣旨到了洛阳，诏告天下自己是皇帝了，改元"中原克复"。又给现任皇帝和废皇帝安排了工作——睿宗李旦封为"皇继叔"，少帝李重茂封为"皇太弟"。但是没几天，洛阳留守官员在没有中央指挥的情况下就挫败了重福叛乱，李重福兵败身死。殇帝李重茂也受到牵连，被贬往地方，没过一年就不明不白地死于驻地。

于是，相王李旦再次即皇帝位，仍称为唐睿宗。平王李隆基被立为皇太子。睿宗并在这一年改元景云。

睿宗共有六子，长子李成器，次子李成义，三子李隆基，四子李隆范，五子李隆业，六子李隆悌，除第六子早亡外，其余五子之间的关系向来和睦、笃顺。据说，李隆基曾经特制一个大枕头和一床大被子，兄弟五人共同枕盖，以示友悌之好。的确，唐朝宫禁中像睿宗五子之间这样友好相爱的，还不多见。不仅如此，就是睿宗和平王李隆基父子之间，也充满了爱护和谅解，这方面最突出的例子，是睿宗把皇位禅让给李隆基。

那是延和元年六月，不知从什么地方传出一股谣言说："根据星象，皇帝有灾，皇太子应当即位。"显然，制造这个谣言的目的是为了挑拨睿宗和太子李隆基之间的关系。谁知，睿宗听后不但不恼怒，反而说："传德可以避灾，我的主意打定了。"

到了七月，睿宗便颁布诏令，把帝位传给皇太子。据说，李隆基知道这一情况后，往拜睿宗，一边叩头，一边流泪表示拒绝。睿宗却

唐睿宗像

心平气和地对他说："我是因为你立的功才能够第二次即皇帝位，现在根据星象，帝位有灾，我想退位回避。只有圣德和大功大勋，才可以转祸为福。现在把帝位传给你，已经有些晚了，你何必拒绝呢？难道非要等到灵柩前即位才算是孝吗？"

李隆基听后，只好点头答应。就这样，睿宗自称太上皇，把帝位传给了李隆基。除军政大事外，三品以下官员的除授和刑罚，李隆基都可以决定，李隆基就是历史上的唐玄宗。

第十二章 太平公主预谋皇位 李隆基先下手为强

太平公主在协助李隆基政变，除掉韦后以后，依仗功大，日益骄奢，不可一世。更甚的是，她是个有政治野心的女人，她身上流的是武则天的血液，有着和母亲一样的权力欲望和心机。

睿宗即位为帝，太平公主心里是很不平衡的，她自认为自己才是母亲最有才干的孩子，而且武则天的临朝称制，使得之后的很多女人开始认为自己也能做皇帝，于是太平的心里不平衡了，她很想代替哥哥承继母亲的伟业。但要想除掉睿宗，首先必须先除掉他那能干的三儿子——已被定为太子的李隆基，而要想除掉李隆基，必须先离间他和睿宗的关系。为此，她开始怂恿睿宗选一个弱小者为太子。但这又需要制造种种事端废掉李隆基。在几年的时间里，她不仅造舆论说李隆基不是长子，不当立为太子，甚至召集宰相要求将太子换掉。在这些行动中，唐睿宗是站在太平公主一边的。例如一次唐睿宗召宰相韦安石，说他担心大臣都心向太子，韦安石说"此必太平之计"。当时"太平于帘中窃听之"，大怒，立即想将韦安石下狱。这件事说明太平公主经常在唐睿宗处密谋关于太子的事情。

在向往政治权力的同时，太平公主也穷奢极欲，她的田园面积越来越大，几乎包括了京城附近所有的肥田沃土。她宫中的器物越来越精细、繁多，专门为她采购的人在四川、江南和岭南地区的道路上络绎不绝。她使用的车马仪仗和皇宫中帝后们用的没有丝毫区别。她的

陪侍仅少年男子就有数百人，而且都是身披罗绮。至于上了年纪的老妇，更有几千人之多。各地送给她的狗马等玩物，多得不计其数。

太平公主在私生活方面也越来越堕落，当时她的丈夫武攸暨刚死不久，有个叫惠范的胡僧家中豪富，财宝很多，很善于巴结权贵。于是，太平公主便和他狼狈为奸。太平公主曾专门为惠范和尚在玄宗那里谋得圣善寺寺主位置，加三品，封公爵。

但这时的李隆基却不是个傻子，他很快听说了太平公主对他不利的事，知道她内结将相，外连王公，专谋异计。当时，朝中宰相七人，有五个和太平公主关系密切。一个叫萧志忠的，因为依附了太平公主，就由一个州官晋升为刑部尚书、中书令。他随便出入太平公主府第，早晚环伺在公主的周围，成了公主一个忠实的奴仆。还有掌握皇宫禁兵的常元楷、李慈，也常在私下里拜谒太平公主。

先天二年七月三日，尚书左仆射窦怀贞，侍中岑羲，中书令萧至忠、崔湜，雍州长史李晋，左羽林大将军常元楷，右羽林将军李慈，应太平公主之召，来公主府上密谋，议定第二天，由羽林军作乱发动政变，以羽林兵从北面、以南衙兵从南面起兵，推翻唐睿宗，拥立太平公主登基当皇帝。

但是，这个阴谋很快被李隆基发现了，于是他决定先下手为强，七月三日深夜，李隆基颁布密旨，命岐王李范，薛王李业，兵部尚书郭元振，将军王毛仲，取马厩中闲散马匹以及家丁二百多人，率太仆寺少卿李令问、王守一，内侍高力士，果毅李守德等亲信十数人，出武德门，入度化门，出其不意地在皇宫北门门洞内杀死了常元楷和李慈，又活捉了萧至忠、岑义等人。这些人先后被砍了脑袋。

太平公主发现形势不妙，急忙逃进圣善寺，在那里住了几天以后才又回到家中。不过，最后她还是被赐死。随同太平公主一起死的，还有她的儿子及党羽数十人。

从太平公主家中查抄出来的货物堆积如山，珍奇宝物和皇宫中的也相差无几，土地和牲畜遍布在许多地方，征敛几年还没有完成。在太平公主宠幸的惠范和尚家中，也查抄出了价值达数十万贯的家资。

第十三章 武后霸政终成昨 开元盛世终到来

粉碎太平公主政变阴谋的第二天，睿宗以喜悦的心情颁发诏谕，宣布把一切权力完全移交给李隆基，他自己则高居无为，名副其实地当起了太上皇。这样，李隆基便成了皇帝，就是唐玄宗，他完全掌握了国家的权力。这一年十二月，他改年号为"开元"。直到此时，武则天霸政之毒才终于流尽，唐朝的全盛时期开始到来。

唐玄宗即位之初，很注意德政。为了更好地管理国家，他让姚崇当宰相。姚崇在唐睿宗时期当过兵部尚书，后因得罪太平公主，被贬到同州（今陕西大荔）做刺史。

据说，姚崇应召来到京城长安的时候，正值唐玄宗在郊外打猎。玄宗问姚崇："你会打猎吗？"姚崇回答："我二十多岁时常常骑马逐兽，后来才读书。现在虽然老了，但还可以骑马射箭。"玄宗便让他参加打猎活动，姚崇果然箭无虚发。玄宗非常高兴，就命他做宰相，谁知姚崇却推托不干。玄宗惊问是什么原因，姚崇说："臣有十件大事，不知皇上是否采纳，所以不敢受任。"

玄宗追问那十件大事，姚崇提出："第一件，以仁德治政，不用苛刑；第二件，十年之内，不对外打仗；第三件，不许宦官干预朝政；第四件，皇亲国戚不得占据朝廷要职；第五件，王公犯法与民同罪；第六件，租税以外不得额外加征；第七件，不崇佛，不营造佛寺；第八件，待臣以礼；第九件，允许朝臣发表不同意见；第十件，严禁外戚干预政事。"唐玄宗听后表示同意，姚崇于是负起了宰相之责。

唐代"开元通宝"钱币

在经过了近三十年的宫廷动乱之后，唐玄宗和姚崇君臣之间齐心协力治理国家，开元年间，后宫没有问政，诸王没有争斗，外戚没有专权，宦官没有谋私，唐朝政治清明，国力强盛，百姓安居乐业，历史由此进入了繁荣昌盛的"开元盛世"时期。

第六编

死去元知万事空
石碑巍然悄无声

第一章 女皇地位终被否 尊号屡改成皇后

武则天死后数年中，唐代时局和皇室情况一直在发生着让人意料不到的变化，所以关于对武则天的评价也争论不休，这也是她的石碑之所以无字的原因之一。

而关于武则天的名号问题，数年中也有多次改动。唐睿宗执政期间把"则天大圣皇后"改称"天后"，"天后"是与"天皇"相并的称号，显然要比"皇后"尊贵，有点皇帝的味道，这可能是太平公主的意思。延和元年八月，李旦传位给太子李隆基，在传位前一个多月时，又改"大圣天后"为"天后圣帝"，这个名号是"后"，又是"帝"，按语法习惯前面是后面的定语，那么这个尊号就是"帝"，那么武则天又被尊为皇帝。但唐明皇称帝后没几天，又把"圣帝"改为"圣后"。此时，太平公主与明皇竞争，去"圣帝"对她有鼓励作用。开元四年（716年），十二月，又改回"天后"，连"圣"字也被取消，此时太平公主被赐死，睿宗李旦也死亡。再到天宝八年（749年），李隆基追尊为"则天顺圣皇后"，遂成定称。

武则天在天宝前，尊号屡改，因为她的子女还在，因此这段时间被史家戏称"后则天时期"。由于子女对她的态度不同，才出现了上述尊号屡改的情况。而自唐明皇以后，男系皇帝的位置确立，他就完全按"女性只能是皇后"的序列改定，不再有"天圣""圣帝"的称谓，更完全没有了大周女皇帝的认可，即只承认她是李家的媳妇，不

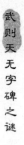

承认她曾经是大周女皇。那么，对她曾称帝的一段，只能认为是受先帝顾命，从权暂时称制，从权暂时保护李唐的神器。或说代管天子的神器宝鼎，无权称制，等到李唐的接班人到来，再物归原主。因此，那二十多年，武则天仍然是李家的媳妇，不是皇帝。

唐明皇为武则天定位后，史臣们便按照皇帝为她的定位，在大唐正史里为她特立"本纪"。她的"本纪"不是皇帝本纪，而是《则天皇后本纪》（《旧唐书》）、《则天顺圣武皇后本纪》（《新唐书》）。这表示，武则天必须回归男性父权社会才能被承认，被承认是男性皇帝的皇后。女性都要附着在男人身上，女皇帝的地位和称号根本是没有的，要被承认，就只能是皇后。不然，就是怪物。按照史臣们的设想，幸好武则天临终前自己去掉了帝号、自认是李家的媳妇，史书上才给她个皇后的位置。不然，就把她放到如骆宾王说的"窥视神器"的"贼后"的行列里。

可是玄宗皇帝虽然把她规定在"顺圣皇后"的行列里，史臣们也把她列入皇后身份的正史中。可她在历史上毕竟真的做了十五年的皇帝、称制也有六年之久，实际上做了二十多年的皇帝，还辅佐高宗三十年。根据史学研究的断限，唐朝前期共有高祖、太宗、高宗、武则天、中宗、睿宗、玄宗七代皇帝，除去开始七年的战乱，到天宝十四年（755年）安史之乱，共有130年时间。其中五分之二是武则天当政的时间，武则天的生命占去了其中三分之二，这段时间，被后世称为封建社会的鼎盛时期。史学研究和新旧史家们又把唐代的强大归功于唐太宗的"贞观之治"和唐玄宗的"开元盛世"。"贞观之治"的好长一段是隋末历史大混乱的恢复时期，武则天之后才是"开元盛世"，就是说唐太宗、武则天、唐玄宗分别代表了唐代前期的恢复、发展和鼎盛三个阶段。如果只承认唐太宗的"贞观之治"和唐玄宗的"开元盛世"，把武则天的五分之二的历史割了去，那么"贞观"和"开元"如何能连得起来？

如果说"贞观之治"是建设，"开元盛世"也是建设，而武则天这五分之二的时间是破坏，"贞观之治"早被武则天破坏净尽，何有

"开元盛世"的存在？实质上唐明皇和那些史官们仅仅是不让武则天说自己是皇帝，她自己明明白白做了那么多年的皇帝，为死后能得到后代子孙的承认，能得到所谓的"血食"，即在宗庙、陵堂里有牌位，受到祭祀，才不得不只承认是李家的媳妇、高宗的皇后的。

我们说武则天是个非凡的女政治家，就是因为她以一个绝对不允许做皇帝的女人，真的就做了那么多年的皇帝，不管史臣们承认与否，也不管武则天本人临终前为了死后的"血食"配祭，而去掉了自己的帝号。女人不做皇帝是中国数千年封建社会的规矩，儒家传统的规定，男权社会的章程。

也就是说，在中国封建社会这个极度的男权社会里，一个女人要同皇帝的头衔联系在一起，要面对多么巨大的困难，要冲破多大的观念上的障碍，要有多么大的勇气，要有多么非凡的毅力和政治才干。武则天经历数十年的艰难和曲折，她面对整个男权社会的压力，凭着自己的聪明和才智，凭着自己的百折不挠的毅力，让男权社会向她低头，让男权社会为她付出代价。终于抢夺了男权社会的主导权，使历史的列车脱离轨道，扭到她的轨道之中，悲壮地向历史宣布，女人也能做皇帝，但是这其间的是是非非、善善恶恶，不是容易说清楚的，所以无字碑上，说功讲德不是，自我检讨也不是，还是不着一文的好吧，所有的一切，留于后人评说。

　　不仅是武则天死后的名号一改再改，关于她生前的名字，也是个谜，至今人们也没搞清楚她起先叫什么名字。

　　史载武则天名"曌"，字明空，唐太宗赐名武媚（也有妩媚一说），称帝后以武曌为名。但她的本名叫什么，她的这些名字又是什么时候起的，均没有定论。

　　古代女性有名也有字，唐代及之前的朝代都很开放，如汉朝常不分男女，名、字可通用，南北朝之后男女名、字才有区别，女性多以花草姣美、贞柔明媚等代表阴柔之美的文字取名，以区别于阳刚之气的男性名字。

　　《新唐书》和《旧唐书》说武氏名"曌"，但是"曌"是武氏称帝之后造的字，所以不可能为父母所起的名字。

　　"武则天"这个名字也不是她本来的名字。首先，"则天"这个词不是名字，她是武则天退位之后，新皇帝给她上的尊号的一部分。（则天大圣皇帝→则天大圣皇后→天后→大圣天后→天后圣帝→圣后）

　　《旧唐书·孙处约传》记载"寻避中宫讳，改名茂道"，由此可见，武氏原名与处、约二字有关。孙处约名处约，字茂道，取消名，以字行之，这与唐朝的情况多有相同，武氏父武士彟就是以字行之，武氏的兄弟等也都是以字行之。

《新唐书·韦思谦传》："本名仁约，字韦思，以音类则天父讳，故称字焉。"但是武士彟名稷，字士彟，所以这个记录有问题，应该是讳武则天的名，所以改的。为什么不说是"处"呢，简单，因为武氏称二圣的时候，有宰相郝处俊，如果是处，那么郝处俊也一定会改，但是他没有改，那就不是"处"。

为什么确定武则天的字是明空呢？首先武则天的母亲杨氏，崇尚佛教，她极有可能给武则天取一个与佛教有关的名字。"曌"是武则天称帝之后造的字，但是明空是她称帝之前曾用过一段时间的名字。史书记载"朕宜以'明空'为名"，之后才用"曌"为名。明空也有可能是武氏在感业寺时用的法号，但是她的姐姐名顺，字明则，她姐姐没有做过尼姑，所以根据史书等研究，明空是武则天的字，后来她用字做了法号，然后又有一段时间依照家族惯例以字行之。

武则天原来的名字可能有"约"字，约有预期、简要、节省、穷乏等意思，明空也有这个意思，所以根据古代起名的规律，这意思是相配的，杨氏信佛，所以更有可能为武氏以明空为字，以约为名。

《新唐书·武后传》记载："太宗闻士彟女美，召为才人，方十四岁。母……母题……既见帝，赐号'武媚'。"所以武媚是太宗赐，至于武媚娘则不可查，可能是因为习惯，在后面加了一个"娘"字，所以成了武媚娘。

第三章
女皇生平是非多
诸般自有后人说

对于武则天生平事迹的评价，史学家和历史名人曾有不少评价，我们先来看看史书上对她的定论。

《旧唐书》评价：史臣曰：治乱，时也，存亡，势也。使桀、纣在上，虽十尧不能治；使尧、舜在上，虽十桀不能乱；使懦夫女子乘时得势，亦足坐制群生之命，肆行不义之威。观夫武氏称制之年，英才接轸，靡不痛心于家索，扼腕于朝危，竟不能报先帝之恩，卫吾君之子。俄至无辜被陷，引颈就诛，天地为笼，去将安所？悲夫！

昔掩鼻之谗，古称其毒；人彘之酷，世以为冤。武后夺嫡之谋也，扼喉绝襁褓之儿，菹醢碎椒涂之骨，其不道也甚矣，亦奸人妒妇之恒态也。然犹泛延说议，时礼正人。初虽牝鸡司晨，终能复子明辟，飞语辩元忠之罪，善言慰仁杰之心，尊时宪而抑幸臣，听忠言而诛酷吏。有旨哉，有旨哉！

赞曰：龙漦易貌，丙殿昌储。胡为穹昊，生此夔魖？夺攘神器，秽亵皇居。穷妖白首，降鉴何如。

《新唐书》评价：昔者孔子作《春秋》而乱臣贼子惧，其于杀君篡国之主，皆不黜绝之，岂以其盗而有之者，莫大之罪也，不没其实，所以著其大恶而不隐欤？自司马迁、班固皆作《高后纪》，吕氏虽非篡汉，而盗执其国政，遂不敢没其实，岂其得圣人之意欤？抑亦偶合于《春秋》之法也。唐之旧史因之，列武后于本纪，盖其所从来远矣。

夫吉凶之于人，犹影响也，而为善者得吉常多，其不幸而罹于凶者有矣；为恶者未始不及于凶，其幸而免者亦时有焉。而小人之虑，遂以为天道难知，为善未必福，而为恶未必祸也。武后之恶，不及于大戮，所谓幸免者也。至中宗韦氏，则祸不旋踵矣。然其亲遭母后之难，而躬自蹈之，所谓下愚之不移者欤！

对于武则天其人，毛泽东曾评价说：武则天确实是个治国之才，她既有容人之量，又有识人之智，还有用人之术。她提拔过不少人，也杀了不少人。刚刚提拔又杀了的也不少。

郭沫若对她的评价是：政启开元治宏贞观，芳流剑阁光被利州。

宋庆龄对她的评价是：武则天是封建时代杰出的女政治家。但就家庭角色而言，不难看出武则天也是个好妻子。

在号称八百里秦川腹地的陕西渭北山地，蕴藏着自然界鬼斧神工造就的山川灵秀。在这群优美峻秀、巍峨峭拔的锥状山峰中，分布着数十座中国汉唐帝王的山陵，给三百里的渭北山原形成了一道蔚为壮观的风景线。其中，位于陕西乾县城北的梁山因埋葬着中国历史上一位叱咤风云的女人而蜚声中外，唐代其他皇帝的陵寝和乾陵一起围绕京师长安呈扇形。

从古都西安驱车，沿 312 国道西行约 70 公里进入乾县境内时，极目西北方向，就会看见苍茫烟云衬托着三座挺拔峻峭的山峰，呈北高南低之势，耸立于茫茫苍穹之下，远望就像一新浴之后的少妇披着长发，头北足南，仰面躺在蓝天白云之下，这就是梁山，是有"历代诸皇陵之冠"和"睡美人"之称的中国历史上唯一的女皇帝武则天与其夫唐高宗李治的合葬地——乾陵。

乾陵本是唐高宗李治的陵墓，陵号乾陵。实际上是一帝、一后的合葬墓。自郭沫若以来，现代人认为这是二帝合葬墓，但这并不符合古代（包括唐朝人）的观点。因为神龙政变之后，武则天被迫将大唐江山归还给李氏皇族。为了死后能有栖身之所，武则天自己宣布废去自己的帝号，请求她的儿子（唐中宗李显）将自己以唐高宗皇后的身份祔葬于唐高宗的乾陵。唐中宗答应了母亲的这个请求。所以在礼制上乾陵仍然属于一帝、一后的合葬墓。

自古以来，乾陵在史书中一直像其他的帝后合葬墓一样，被视作唐高宗的陵墓，武则天是祔葬于其中的皇后。中华人民共和国成立后，由于郭沫若对武则天非常推崇，于是带头把唐高宗乾陵称为二帝合葬墓。加之现代为促进旅游，一些不顾历史事实的宣传，把乾陵称为武则天陵。

乾陵的梁山自周、秦即为名胜之地。史载，周太王（古公亶父）逾梁山而载弘基，秦始皇筑宫梁山而御夷狄，汉张骞越梁山而通西域，以至唐代的"丝绸之路"都经过此山。梁山主峰海拔1047.9米，山石崔嵬，地势险峻，为东西交通之咽喉，是古代兵家的必争之地。

登上梁山峰巅，东望九嵕（唐太宗昭陵所在地），山势突兀，孤耸回绝；南望太白（山）终南（山），积雪皑皑；北望五峰（山），遥相辉映；西接翠屏（山），层峦叠嶂。脚下梁山，三峰特起，主峰苍润高峻，泔河环其东，漠水绕其西，整个山麓林木葱茏，古柏参天，环境雅致肃穆。

据堪舆家（风水先生）认为，梁山大有利于女主。所以，代唐为周的女皇武则天便把梁山选为其夫唐高宗和自己百年后的"万年寿域"。

进入乾陵后，有一条直道，被称为"司马道"，从梁山南二峰的天然双阙起，往北的建筑依次对称排列。端立首位的是1对高达8米有余的八棱柱石华表，这是帝王陵墓的标志，其造型昭示着生命长存的理念和古代先民对人类生殖行为的崇拜。接着是1对昂首挺胸、浑圆壮观的石刻翼马，马身两翼雕以卷云纹，似有腾飞之势。翼马之北是1对优美的高浮雕鸵鸟，它是唐王朝同西域人民文化交流与友好往来的象征。紧接鸵鸟的是5对配有驭手的石仗马和10对高4米左右的石翁仲（或称直阁将军）。传说翁仲姓阮，是秦朝镇守临洮的大将，威震夷狄。秦始皇竖翁仲像于咸阳宫司马门外，后世的帝王以翁仲石像守卫陵园。

最前面有一块"唐高宗乾陵"墓碑，高2米，是陕西巡抚毕沅为高宗所立，原碑已毁，现在这块碑是清乾隆年间重建的。此碑右前侧另一块墓碑，是郭沫若题写的"唐高宗李治与则天皇帝之墓"12个大字。另外在南门外有为高宗皇帝和武则天歌功颂德的"述圣记碑"和"无字碑"二通以及参加高宗葬礼的中国少数民族首领和友好国家使臣的石刻像 61 尊。

陵园内城的四门之外，还蹲踞着 4 对 8 尊高大雄伟的石狮，以朱雀门外的最为雄伟。这对石狮昂首挺胸，巨头披鬃，瞋目阔口，两足前伸，身躯后蹲，凛然挺拔如泰山。置石狮于陵前，增加了陵园的神圣和威严气势。

《唐会要》记载，贞元十四年（798 年），乾陵修葺时曾造屋 378间。此后，置的 120 余件精美绝伦的大型石刻群，成为盛唐社会蓬勃发展的真实写照，让人感受到它所体现的盛唐时代精神。

在中国历史上，陵前石刻的数目、种类和安放位置是从乾陵开始才有了固定制度的，一直沿袭到清代，历代大同小异。

陈运和诗《乾陵》为此景而作："一段历史与一片风云 合葬在这儿 当朝廷沿着仄仄平平、平平仄仄的驿道 颠簸进入绝句律诗"，"无字碑上没记事 石人石马失声息 古遗址延伸出一道圣旨 被今日游客踩成现实"。

乾陵也被称为"天下第一陵"，乾陵陪葬墓共计 17 座。计有太子墓二（章怀太子李贤、懿德太子李重润），王墓三（泽王李上金、许王李素、彬王李守礼），公主墓四（义阳公主、新都公主、安兴公主、永泰公主），大臣墓八（王及善、薛元超、杨再思、刘审礼、豆卢钦望、刘仁轨、李谨行、高侃）。1960—1971 年已先后发掘了永泰公主、章怀太子、懿德太子、中书令薛元超、燕国公李谨行等 5 座陪葬墓，出土珍贵文物 4300 多件。其中有 100 多幅绚烂多彩的墓室壁画，堪称中国古代瑰丽奇绝的艺术画廊，《马球图》《客使图》《观鸟捕蝉图》《出猎图》《仪仗图》等壁画，不仅对研究唐代绘画，而且对研究唐代建筑、服饰、风俗习惯、体育活动、宫廷生活、外事往来等具有重要价值。

乾陵营建时，正值盛唐，国力充盈，陵园规模宏大，建筑雄伟富丽，堪称"历代诸皇陵之冠"。唐初，太宗李世民汲取从古至今，没有不亡之国、亦无不掘之墓的历史教训，从他与长孙皇后的昭陵起，开创了"因山为陵"的葬制，由当时著名的艺术大师阎立德、阎立本兄弟主持设计，陵墓由建筑群与雕刻群相结合，参差布置于有"龙盘凤翥"之势的山峦之上。

唐高宗与武则天的乾陵，发展、完善了昭陵的形制，陵园仿唐都长安城的格局营建，分为皇城、宫城和外郭城，其南北主轴线长达4.9公里。文献记载，乾陵陵园"周八十里"，原有城垣两重，内城置四门，东曰青龙门，南曰朱雀门，西曰白虎门，北曰玄武门。经考古工作者勘查得知，陵园内城约为正方形，其南北墙各长1450米，东墙长1582米，西墙长1438米，总面积约230万平方米。城内有献殿、偏房、回廊、阙楼、狄仁杰等60朝臣像祠堂、下宫等辉煌建筑群多处。"安史之乱"后，乾陵历经1300多年的风雨沧桑，乾陵地面的宏丽建筑已荡然无存。

第五章
乾陵选址有讲究
武曌得利成女皇

　　关于乾陵的选址，有这样一个有趣的传说：唐高宗登基不久，就派自己的舅父长孙无忌和专管天文历法的太史令李淳风为自己选择陵寝之地。一日，二人巡视到梁山上，只见此山三峰高耸，主峰直插天际。东隔乌水与九嵕山相望，西有漆水与娄敬山、岐山相连。乌、漆二水在山前相合抱，形成水垣，围住地中龙气，于是都认为梁山乃是世间少有的一块"龙脉圣地"。

　　长孙无忌和李淳风选好陵址后，回京禀报高宗。但时任火井令的风水大师袁天罡听说后极力反对，原来他曾为高祖选陵址到过梁山，深知此山风水的优劣之处。他对高宗说："梁山从外表上看是一块风水宝地，但细看有许多不足之处：一是梁山虽东西两面环水，能围住龙气，但与太宗龙脉隔断，假如百姓选祖茔于此，是可以兴盛三代，但作为帝王之山陵址，恐三代后江山有危。大唐龙脉从昆仑山分出一支过黄河，入关中，以岐山为首向东蔓延至九嵕山、金粟山、嵯峨山、尧山。今太宗已葬九嵕山，为龙首。陛下不可以后居前，况梁山又非龙首，而是周代龙脉之尾，尾气必衰，主陛下治国无力。二是梁山北峰居高，前有两峰似女乳状，整个山形远观似少妇平躺一般。陛下选陵于此，恐从此后为女人所控。三是梁山主峰直秀，属木格，南二峰圆利，属金格。三座山峰虽挺拔，但远看方平，为土相。金能克木，土能生金，整座山形龙气助金，地宫营主峰之下，主陛下必为金格之人所控。依臣愚见，若陵址定于此山，陛下日后必为女人所伤！"听了袁天罡一番宏论，高宗犹豫不决，遂退朝不议。

但袁天罡此言说出，早有武则天亲信告知武氏，武氏听了十分高兴，她暗自思忖：小时候听父亲说，袁天罡说我将来能做女皇帝，看来要应验了。到了晚上，她就给高宗吹了一阵枕边风，自然是褒扬长孙无忌和李淳风，贬低袁天罡了。

第二天早朝时，高宗传出圣旨，定梁山为陵址。袁天罡一听，仰天叹曰："代唐者，必武昭仪。"他怕将来受牵连，就辞官不做，出外云游去了。

陵址选好后，如何定名，群臣争论不休。有大臣建议：太宗山陵名曰昭陵，有昭示帝气之意，陛下陵就定名为承陵，以承接太宗恩泽。长孙无忌奏曰："梁山位于长安西北，在八卦中属乾位，乾为阳，为天，为帝。长安是陛下今世帝都，梁山自然为陛下万年寿域的天堂帝都，人间、天堂，天地合一，乾坤相合，主定陛下永世为帝王。依臣之见，就定名为乾陵吧！"高宗闻听十分高兴，遂定名为乾陵。长孙无忌哪里知道，袁天罡所言，是说梁山阴气弥漫，不能选作陵址。今定名为乾陵，岂不注定有女人为帝吗？后来的一切发展都应了袁天罡的预言。

传说毕竟是传说。据文献记载，弘道元年高宗死后，但武则天遵照高宗"得还长安，死亦无憾"的遗愿，在关中渭北高原选择了吉地，命吏部尚书韦待价为山陵使，户部郎中韦泰真为将作大匠，动用兵士和民工20余万人，按照"因山为陵"的葬制，将梁山主峰作为陵冢，在山腰凿洞修建地下玄宫。《新唐书·陈子昂传》载："山陵穿复必资徒役，率羸弊之众，兴数万之军，调发近畿，督扶稚老，铲山背石，驱以就功。"经过三百多个昼夜的紧张施工，到文明元年（684年）八月安葬时，主要工程竣工。埋葬高宗后乾陵营建工程继续进行。

22年后，武则天于神龙元年病故。在安葬武则天的问题上，朝廷发生了一番争论，中宗欲满足母后"归陵"的遗愿，大臣严善思

乾陵复原图

极力反对。他说："尊者先葬，卑者不宜动尊者而后葬入。则天太后卑于天皇大帝，今若开陵合葬，即是以卑动尊，恐惊龙脉。臣闻乾陵玄阙，其门以石闭塞，其石缝隙，铸铁以固其中，今若开陵，必须镌凿。动众加功，为害益深。望于乾陵之旁，更择吉地，别起一陵，既得从葬之仪，又成固本之业。若神道有知，幽途自当通会，若以无知，合之何益。"

宽厚仁慈的中宗皇帝，没有接受这个建议，为了表示孝心，命人挖开乾陵埏道，启开墓门，于神龙二年五月将武则天合葬入乾陵玄宫。从此，乾陵成为中国古代帝王陵墓中唯一的一座一陵葬两帝的陵园。

合葬武则天后，中宗、睿宗朝又将二太子、三王、四公主、八大臣等17人陪葬乾陵。因此，乾陵陵园的所有营建工程经历了武则天、中宗至睿宗朝初期才始告全部竣工，历时长达57年之久。

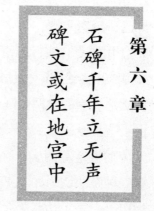

第六章
石碑千年立无声
碑文或在地宫中

第六编

死去元知万事空，石碑巍然悄无声

根据有关史书记载，唐高宗死后，乾陵的选址、设计以及营建，都是在武则天直接指导下进行的。作为乾陵地面的主要大型石雕——无字碑也很有可能是当时竖立的。又从无字碑与述圣纪碑相互对应来看，很可能两碑是同时竖起的。由此看来，无字碑无疑是武则天竖立的。

这块武则天精心设计并竖立的无字碑在整个乾陵陵园的石雕中，不仅因处于显著位置而引人注目，而且以其精湛的雕刻艺术、独特的风姿韵味，以及种种富于传奇色彩的传说故事而备受青睐，名播八方。游客们到乾陵来，几乎都要在无字碑前驻足，或凝眸注视，或摄影留念，或指点评说。无字碑在无数游人眼中不仅是乾陵的象征，更是女皇武则天的象征。

看了本书所描述的武则天的人生事迹、唐朝故事及后世评价，相信您也对其碑上无字原因有了大概的了解，下面我们归纳总结一下，大致是如下几种原因或说法。

第一种说法就如本书第二篇所述：武则天立"无字碑"是因为自知罪孽重大，感到还是不写碑文为好。

其原因主要有如下四点。

1. 武则天以阿谀奉承的手段取得信任，从地位较低的"才人"，爬到掌握大权的皇后之位，最后又窃据皇位；

2. 培养党羽、建立宫廷奸党集团，并打着李唐"朝廷"的旗号，消灭异己，废唐立周；

3. 任用酷吏，实行告密和滥刑的恐怖政策；

4. 唐初社会经济发展呈马鞍形，先期的贞观之治和后期的开元盛世都比她统治的时期要好一些。

由于这些原因，武则天无法为自己歌功颂德，而只能以"无字碑"来为后世定基调。

第二种说法认为如本书第三篇所述：武则天立"无字碑"是用以夸耀自己，表示功高德大非文字所能表达。

武则天从655年做皇后开始，到705年被迫退位，前后参与和掌握最高权力达五十年之久。如果从唐高宗死时算起，也有二十一年，其间她做了许多有利于国家和社会的大事，归纳有以下几点。

1. 在政治上打击豪门世族，抑制了豪门垄断，使社会阶层更加平等；

2. 通过发展科举制度，使得大量人才进入政治舞台；

3. 奖励农桑、兴修水利，减轻徭役并整顿均田制，使社会经济不断上升，民户数不断增长；

4. 知人善任，破格用人，鼓励各级官吏举荐人才，并虚心纳谏，于是"累朝得多士之用"；

5. 加强封建国家的边防，改善与边境各族的关系。

总之，武则天是一个富有政治才干和理想的人，在她统治期间做过许多符合民众利益的事，稳固和发展了"贞观之治"，把历史推进一大步，并对后来"开元之治"起到了承前启后的作用。

第三种说法就如本书第四篇所述，武则天是一个有自知之明的人，立"无字碑"是聪明之举，功过是非让后人去评论，这是最好的办法。

正因为武则天有可以肯定的地方，也有应该否定的地方，所以说好不是说坏也不是。

武则天当政期间，贞观以来经济发展的趋势仍在继续，在处理唐高宗去世前后的复杂局面中，她表现了不平凡的个人才干；就"纳谏"和"用人"这两点，连许多具有封建正统思想的人士，为之赞叹不已。但是，武则天的消极面也十分突出。她为了巩固个人的地位，任用"酷吏"，也曾滥杀无辜；崇信佛教，奢侈浪费。特别是统治后期，朝廷政治日趋腐败，形成一批为武则天所纵容支持的新的特权贵族。武则天被迫交出权力，还政于唐中宗，她知道对自己的一生，人们会有各种各样的评价，碑文写好写坏都是难事，因此决定立"无字碑"，由后人去评价。

第四种说法则是如本书第五篇所述，武则天死后的唐朝政局太过动荡，皇室没有时间作出大家都同意的评价，一直争论不休，由于没完没了，那碑就始终空着。再者就是有的作出了评价，却于不久后掌权者被推翻，评价也被推翻，于是难以作出定论，最后只能不了了之。

另外，还有几种说法认为是如下。

1. 继位的唐中宗李显对武则天无法称谓，是称武则天为先帝呢，还是称其为太后？

2. 唐中宗虽然是武则天的儿子，却曾被废而复立，因而心怀嫉妒，在李唐王朝中插进一个21年的"武周"更是奇耻大辱，为了雪恨，故意立碑却不着字，让她出丑难堪。

3. 武则天离世后，政局动荡，无人过多关注，待人们重新关注，她的那段历史早已众说纷纭，真假难辨，所以还是让她无字的好。

近年来，一些史学家又提出了新的见解："无字碑"当初立碑时已经拟好了碑文，但因各种原因碑文没有铭刻到墓碑上，而极有可能被埋藏在乾陵地宫里。

这一看法是陕西文物研究所在一次考察后提出来的，因为他们无意间发现在无字碑的阳面，从上到下刻满了方格子，经考证，这些并不是后人刻上去的。这些方格子每个长4厘米、宽5厘米，排列整齐。只有一种可能，它们就是当初准备在石碑上刻字用的，而且已经准备好了碑文。根据留在碑面上的格子计算，碑文有3300多字。那

么，为什么已经准备好的碑文没有刻在石碑上呢？历史学家作出了这样的推测：

武则天生前已经撰写好了碑文，并交给了李显，武则天叱咤风云几十年，但"神龙政变"后，武则天被迫让位给李显，将国号"周"恢复为"唐"，李显虽是武则天的亲生儿子，却长期在惶恐中度日，重登皇位后虽然不能发泄憎恨，但也讲不出对母亲歌功颂德的好话，只好不说不刻，为武则天留下了一块无字碑。

第七章 好事游人乱涂鸦 无字碑成有字碑

《雍州金石记》记载："（武则天墓碑）碑侧镌龙凤形，其正面及阴俱无字。"但这座无字碑屹立到现在，已不能说是真正意义上的无字碑，因为后世有不少好事的人在上面题了字。据说是宋金（960—1234 年）以后才有游人题字于碑，终使它成了有字碑。

从北宋崇宁二年（1103 年）至明崇祯六年（1633 年）的 530 年间有"往来登眺者题咏诗篇刊其上"，计 39 人 42 段。对此，《乾县新志》记载："向无字。金元后，往来登眺，有题咏诗篇刊其上。"

但是，这些人大都没有正统观念和尊重历史的态度，只顾自己宣泄，逮着一块地方就舞起文来，弄得偌大一通碑成了老和尚的百衲衣，前面的文字漫漶不清，后面的文字又镌刻上去，叠床架屋，一盆糨糊。有感慨莫名的："女主前朝事，千年恨未平"；有感慨当地百姓对武氏怀念和尊重的，诗云："乾陵松柏遭兵燹，满野牛羊青草齐。唯有乾人怀旧德，年年麦饭祀昭仪。"郭沫若《咏乾陵》云："千秋公案翻云雨，百顷良田变土田。无字碑头镌满字，谁人能识古坤元。"

由于年代久远，前人后人无法沟通、协调和照应，搞得鸡零狗碎，毫无章法，其中唯有 1135 年女真文字（契丹文字）刻下的《大金皇弟都统经略郎君行记》保存比较完整（旁有汉字译文）。女真文字现已绝迹，故有"二十世纪之谜"之称，因此，碑上的文字成为研究女真文字和中国少数民族历史文化不可多得的珍贵资料。

巍巍无字碑，历经宋、金、元、明、清各代，镌刻了许多文字，不仅在内容上自然形成了评价武则天的"碑文"，而且在书法上真、草、隶、篆、行五体皆备。说得形象一点，它的确称得上是一部跨朝代的石质巨书。这可能正符合武则天当初立碑的本意。

后 记

有感于武则天生平事，本书作者以小小说形式为其撰写了无字碑文，如下。

大唐神龙元年十一月初一日，东都洛阳上阳宫内，一位头发花白的老妇人坐于案前，神情落寞。时为昭容的宫中才女上官婉儿跪于地上，手捧一纸文章献曰："大圣则天皇帝，陵碑之文已成，请过目。"

这老妇人便是武则天，中国历史上唯一的女皇帝，时年已82岁，因张柬之神龙政变，她实已被废掉皇帝称号，时唐中宗在位，她幽居于宫中，终日只枯坐，思平生之事，忽如朝闻道，只觉造恶太多，将死之际，每念及此，追悔不已。

武则天接文阅览，却见婉儿满篇皆是赞美之辞，不由边读边笑，一目十行，读毕言道：吾斗天斗地斗人皆能胜，唯斗不过伦理纲常，罢了罢了。武氏话未说完，便将文章从中间一撕两段，叠起又撕，直撕了个粉碎，然后双手一扬，纸屑满室飞舞，把上官婉儿看了个目瞪口呆。撕毕，武氏对婉儿说："此文所述不妥，我将自写碑文，拿笔墨来！"

婉儿退去，笔墨少时备上，武氏拿起笔，面对一页帛纸，却又不知如何下笔，不由长叹一声，默然无语，两眼呆滞，神情恍惚，只觉老景颓废，万般难挽回，何可言之哉？复又陷入了深思之中，良久，复又叹息，然后才执笔写道：

皇天后土，国之中枢，皇家帝室，擎天之柱，为帝宜显扬

301

正教，为后宜轨正人伦。陵下所栖者，武周之圣神皇帝，李唐之则天皇后是也。自名武曌，并州人氏，应国公女，十四入宫，得封才人，赐号武媚。慕太宗之风度，更衣入侍，恨先皇之不宠，落发为尼。感业寺古佛青灯，谁人垂怜？石榴裙洒泪赋诗，君恩眷顾。复得高宗厚爱，又入唐宫之门；扼喉绝襁褓之儿，夺皇后之位，菹醢碎椒涂之骨，开帝业之基。

人常谓：论至德者不和于俗，成大功者不谋于众。然其肆施不义之威，坐制群生之命；以粗暴为能，奉凶残为法。昔有掩鼻之谗，难比其心之毒；戚姬人彘之酷，未过徐萧之冤；血洗后宫，岂止蛾眉善妒？诛杀朝臣，实为消灭异己！建国号周，未施三母兴周之德；临朝称制，却行吕后篡汉之径；盗唐室国柄，改李家天下；牝鸡司晨，夺攘神器，燕啄皇孙，秽亵皇居；以酷吏为利刃，一手遮天，用杀戮为手段，咸悉不言。

显扬正教，轨正人伦，俱是做人功夫。叹圣人所教，不入耳目，先贤所奉，弃如敝屣。夫妻结义，人伦至大，夫妇好合，如鼓如瑟。然事夫而失关雎之情，空自看朱成碧；为后而夺夫君之位，不与执手偕老；虽有死生契阔，违负与子成说。欺君柔弱，至其先绝，自守失德，何以言贞？养面首于后宫，施尽私欲；效贾后之淫威，过其浊秽。

兄弟姊妹，棠棣共华，鹡鸰在原，桃李高义。然寻衅以诛家兄，因妒而戗亲姊，手足尽斩，同室遭戮，燃其煎豆，其焦豆烂。

母子连心，人伦至亲。二子乘舟，泛泛其景，愿言思子，中心养养。然手扼襁褓可怜女，鸩杀弱冠亲生子，比虎毒百倍，蛇蝎犹不及。思如种瓜黄台，未熟而摘，一摘而少，再摘而稀，三摘将尽，抱蔓而泣。

溯往察今，叹自天地开辟，女娲抟人，未见有如此恶女。野心似海，背圣贤淡泊修身之要义；权欲熏天，争女主改朝称帝之霸图；不知鹪鹩巢林，不过一枝；偃鼠饮河，只得满腹；

皇陵如山，身占不过七尺；龙躯凤骨，终剩一把寒灰。虽营盖世功业，不过欲望所驱，纵能登宝座以御八极，开疆土于万里之外；承贞观而靖天下，宣国威于宇内八荒，亦为诈谋剩技，为人不齿。

　　回味平生，总而言之，乃一嗜杀之淫姬，贪权之毒妇尔！胡为穹昊，生此夔魅？题碑以记恶，留骂于万古。

　　武氏写毕，只觉胸中大快，仿佛平生悔事尽数有了交代，遂召上官婉儿前来，让其着人照文刻碑，并嘱其曰：务须将此文刻于墓碑之上，也算向亲友故人及后人来者有所交代。但婉儿观文后冷汗淋漓，不敢做主，拿给中宗过目，中宗阅毕，叹息一声说：此文虽诚，终不能刻成碑文传示后人，罢了，还是不要写碑文了。

　　于是，乾陵巍巍，石碑无言，武曌功过是非，留于后人评说。

附录 1 唐朝历代皇帝年号

唐高祖李渊：618—626 年，年号为武德 。

唐太宗李世民：627—649 年，年号为贞观。

唐高宗李治：650—655 年，年号为永徽；656—661 年，年号为显庆；661—663 年，年号为龙朔；664—665 年，年号为麟德；666—668 年，年号为乾封；668—670 年，年号为总章；670—674 年，年号为咸亨；674—676 年，年号为上元；676—679 年，年号为仪凤；679—680 年，年号为调露；680—681 年，年号为永隆；681—682 年，年号为开耀；682—683 年，年号为永淳；683 年，年号为弘道。

唐中宗李显：684 年，年号为嗣圣。

唐睿宗李旦：684 年，年号为文明；武后，684 年，年号为光宅；685—688 年，年号为垂拱；689 年，年号为永昌；690 年，年号为载初。

武后称帝，改国号为周：690—692 年，年号为天授；692 年，年号为如意；692—694 年，年号为长寿；694 年，年号为延载；695 年，年号为证圣；695—696 年，年号为天册万岁；696 年，年号为万岁登封；696—697 年，年号为万岁通天；697 年，年号为神功；698—700 年，年号为圣历；700 年，年号为久视；701 年，年号为大足；701—704 年，年号为长安。

唐中宗李显：705—707 年，年号为神龙；707—710 年，年号为景龙。

唐少帝李重茂：710 年，年号为唐隆。

唐睿宗李旦：710—711 年，年号为景云；712 年，年号为太极；712

年，年号为延和。

唐玄宗李隆基：712—713 年，年号为先天；713—741 年，年号为开元；742—756 年，年号为天宝。

唐肃宗李亨：756—758 年，年号为至德；758—760 年，年号为乾元；760—761 年，年号为上元。

唐代宗李豫：762—763 年，年号为宝应；763—764 年，年号为广德；765—766 年，年号为永泰；766—779 年，年号为大历。

唐德宗李适：780—783 年，年号为建中；784 年，年号为兴元；785—805 年，年号为贞元。

唐顺宗李诵：805 年，年号为永贞。

唐宪宗李纯：806—820 年，年号为元和。

唐穆宗李恒：821—824 年，年号为长庆。

唐敬宗李湛：825—826 年，年号为宝历。

唐文宗李昂：826—827 年，年号宝历；827—835 年，年号为大和；836—840 年，年号为开成。

唐武宗李炎：841—846 年，年号为会昌。

唐宣宗李忱：847—859 年，年号为大中。

唐懿宗李漼：859—860 年，年号为大中；860—873 年，年号为咸通。

唐僖宗李儇：873—874 年，年号为咸通；874—879 年，年号为乾符；880—881 年，年号为广明；881—885 年，年号为中和；885—888 年，年号为光启；888 年，年号为文德。

唐昭宗李晔：889 年，年号为龙纪；890—891 年，年号为大顺；892—893 年，年号为景福；894—898 年，年号为乾宁；898—901 年，年号为光化；901—904 年，年号为天复；904 年，年号为天祐。

唐废帝李裕：900—901 年，年号为光化。

唐哀帝李柷：904—907 年，年号为天祐。

附录 2　武则天主要亲属姓名简介

外祖父：隋朝皇族杨达，名臣杨素称其有"君子之貌，君子之心"。

父亲：武士彠（字信），59 岁逝世。

母亲：杨氏，一说名牡丹，号太真（或太贞）夫人，封荣国夫人，92 岁逝世。

长兄：武元庆。

次兄：武元爽。

姐：武顺（字明则），即后来的韩国夫人。死后追封郑国夫人。

妹：名不详，夭折。

第一任丈夫兼公爹：唐太宗李世民。

第二任丈夫 ：唐高宗李治。

儿子：

长子：代王李弘，后封为太子，死后谥"孝敬皇帝"。

次子：潞王李贤，李弘死后，封为太子，死后谥"章怀太子"。

三子：唐中宗李显（曾用名李哲）。

四子：唐睿宗李旦（曾用名李旭轮、李轮、武轮）。

女儿：

长女：安定思公主，公主早夭，麟德元年追封安定公主，谥曰思。

次女：太平公主，名不详，现有人根据《全唐文·代皇太子上食表》一文认为她的本名是李令月。

侄子：

武三思，谥"梁宣王"。

武承嗣，官至宰相。

外甥子：贺兰敏之（？—671年），字常住。父亲为贺兰安石，母亲武顺，贺兰敏之逼奸太平公主宫女（一说为太平公主本人），此事引起武则天大怒，加上之前他奸污了内定的未来太子妃，武则天最终把他流放，流放途中处死他。

外甥女：贺兰氏（？—665年），贺兰敏之之妹，即魏国夫人，曾被唐高宗李治宠幸，因不自量力死在武则天手中。

附录3 武则天生平年谱大事记

1岁，武德七年（624年），生于利州。父，武士彟，年48岁，任工部尚书，判六曹尚书事。母，杨氏，年46岁。异母兄元庆、元爽稍长，姐一人尚幼。

2岁，武德八年（625年）六月初四，李世民发动"玄武门之变"，杀其兄建成、弟元吉。初七，李世民被立为太子。八月初八，高祖李渊传位于太子李世民。九日，太子李世民即位，为太宗。封武士彟为豫州都督。

5岁，贞观二年（628年）六月十五日，李治（唐高宗）诞生。本年，袁天罡为武相面，在当地留下了朝天关、望云埔等传说。

12岁，贞观九年（635年）五月初六日，高祖死于长安大安宫垂拱殿。武士彟在痛悼高祖中患病身亡，享年59岁。十月二十七日，葬高祖于陕西三原献陵，庙号高祖，与太穆皇后合葬。之后，与母亲杨氏回文水葬父。

14岁，贞观十一年（637年），太宗李世民听说武士彟之女美丽聪明有才华，召入宫中，立为才人，赐号"武媚"。

16岁，贞观十三年（639年），全国有州府358，县1551。高句丽、新罗、西突厥、吐火罗、康国、安国、波斯、疏勒、于阗、焉耆、高昌、林邑、昆明等酋长相继遣使朝贡。

20岁，贞观十七年（643年）四月初七，太宗立李治为太子。

23岁，贞观二十年（646年）三月初九，太宗病重，下诏军国机务并委太子李治处理。此后，太子隔日听政，朝罢，入侍药膳，武与太子开始接触，两人同在太宗身边侍疾。

25 岁，贞观二十二年（648 年）正月，太宗作《帝范》12 篇，赐太子李治。

26 岁，贞观二十三年（649 年）五月二十六日，太宗下诏长孙无忌、褚遂良辅佐太子李治。太宗驾崩。二十八日，武在感业寺出家为尼。六月初一，太子李治即位，为高宗，时年 22 岁。八月二十八日，葬太宗于昭陵，与长孙皇后合葬。

27 岁，永徽元年（650 年）正月初六，高宗立妃王氏为皇后。五月二十六日，太宗忌日，高宗到感业寺行香，见到武。武氏哭泣，高宗伤感落泪。王皇后暗示武氏留长发，并劝皇上接其回宫。

28 岁，永徽二年（651 年）八月，武入宫，为一般宫女，在王皇后身边。

29 岁，永徽三年（652 年）七月初二，立李忠（即陈王忠）为太子。十二日，户部奏：全国有户 380 万。本年冬，武生长子李弘。

31 岁，永徽五年（654 年）三月，封武为昭仪。三月十四日，唐高宗应武之请求，加赠武德功臣屈突通、武士彟等 13 人官。六月，王皇后的舅父看出皇后宠衰的现实，自请罢官，改封为吏部尚书。十二月十七日，高宗离京师谒昭陵，武从行，生次子李贤于途中。

32 岁，永徽六年（655 年）三月，武著《内训》一篇。六月，王皇后与其母柳氏为"厌胜"事发，高宗大怒，令柳氏不得入宫，后舅罢知政事。此时，在皇后废立问题上朝臣分为两派：长孙无忌、褚遂良、韩瑗、来济等反对立武则天为皇后；许敬宗、李义府、崔义玄、袁公瑜等拥护立武则天为后。十月十三日，王皇后、萧淑妃废为庶人。十九日，高宗下诏立武昭仪为皇后。十一月初一，举行隆重的册立皇后仪式，文武百官及蕃夷酋长朝皇后于肃仪门。初七，追赠武后父武士彟为司空。本月，武后处死王皇后、萧淑妃。

33 岁，显庆元年（656 年）正月初六，降太子李忠为梁王、梁州刺史，立武后子李弘为太子。二月十七日，追赠武后父武士彟为司徒，赐爵周国公。三月十七日，武后祀先蚕于北郊。四月十四日，高宗与武后在安福门楼观玄奘迎御制慈恩寺碑文。自魏晋以来，佛事活动从无如此之盛大。九月十二日，武后制《外戚诫》献于朝。十一月初五，武后生第三子李显于长安。

34岁，显庆二年（657年）二月十二日，封李显为周王。

36岁，显庆四年（659年）六月二十二日，高宗下诏改《氏族志》为《姓氏录》，以皇族与后族为第一等，皇朝得五品官者皆刊入士流。七月，杀长孙无忌及柳奭。九月，高宗下诏以石、米、史、大安、小安、曹、拔汗那、悒怛、疏勒、朱驹半等国置州县府127个，全国疆域进一步扩大。

37岁，显庆五年（660年）正月，高宗与武后及太子在东都洛阳过春节。二十三日，离洛阳到并州。二月初十，至并州。十五日，会见随从官员、诸亲及并州官属父老等。三月初五，武后宴请亲戚故旧邻里于朝堂，宴妇人于内殿。初八，高宗讲武于并州城西，引群臣阅兵。四月初八，高宗、武后一行离并回东都。十月九日，改封武后母代国夫人杨氏为荣国夫人，品第一。本月，高宗初患风眩病，委武后处理部分政务，从此，武后参与朝政，处事都符合高宗旨意。

38岁，龙朔元年（661年）正月，武后请禁止天下妇女为俳优之戏（古代指演滑稽戏的艺人），高宗采纳并下诏。四月，高宗欲亲率大军进攻高句丽，武后抗表进谏以为不可，被采纳。

39岁，龙朔二年（662年）六月初一，武后生第四子李旦于蓬莱宫含凉殿，于殿内作佛事，供玉像。七月初一，以皇子李旦满月，大赦天下，赐宴三日。

41岁，麟德元年（664年）十二月，西台侍郎上官仪谋废皇后失败下狱。十三日，杀上官仪等，赐废太子忠死。此后，高宗视朝，武后垂帘于后，中外称之为"二圣"。约于本年，武后生太平公主。

42岁，麟德二年（665年）十月二十八日，高宗、武后与太子去泰山封禅，从驾文武仪仗数百里不绝，东自高句丽，西尽波斯，各国朝会者随从。本年，又获丰收。

43岁，乾封元年（666年）正月初一，高宗祀昊天上帝于泰山之南。初二，封于泰山之上。初三，禅于社首山，武后为亚献。初五，礼毕，高宗御朝觐坛受朝贺，赦天下，改元乾封。六日，宴群臣。十九日，离泰山。二十四日，至曲阜，赠孔子为太师。二月二十二日，还至亳州，高宗等祭老君庙，尊之为太上玄元皇帝。三月十一日，高宗、武后回东都洛阳。令刻《登封记号文》，立于泰山。

44 岁，乾封二年（667 年）九月初三，高宗久病不愈，令太子弘监国，改封殷王李旦为相王。

45 岁，总章元年（668 年）闰二月，高宗欲建明堂。二十五日，分长安、万年二县置乾封、明堂二县，以明志。九月十二日，李勣攻克平壤，擒高句丽王高藏及其大臣男建等，完全征服高句丽。

46 岁，总章二年（669 年）正月，封诸王嫡子皆为郡王。十二月初三，李勣病死。

47 岁，咸亨元年（670 年）正月初七，刘仁轨因年老辞官。三月十九日，许敬宗退休养老。八月初二，武后母杨氏病死于九成宫，享年92 岁。

48 岁，咸亨二年（671 年）正月初七，高宗与武后离京师长安到东都，留太子李弘监国，令戴至德、李敬玄等辅政。

49 岁，咸亨三年（672 年）正月，以梁积寿为帅，发兵讨叛"蛮"。昆明蛮 3 万户归顺，设殷、敦、总三州。

50 岁，咸亨四年（673 年）八月，高宗患疟疾，病重，令太子李弘于延福殿受诸司奏事。十一月，高宗监制乐章，有《上元》《二仪》《三才》《四时》《五行》《六律》《七政》《八风》《九官》《十洲》《得一》《庆云》等曲。

51 岁，上元元年（674 年）八月十五日，高宗追尊其祖先，以高祖为神尧皇帝，太宗为文武圣皇帝，高宗自称天皇，武后称天后，改元上元，大赦天下。九月初七，高宗下诏复长孙无忌官爵，陪葬昭陵，其曾孙长孙翼袭爵赵公。十月二十七日，武后上意见十二条，高宗赞同，令施行。

52 岁，上元二年（675 年）三月十三日，武后祀先蚕于邙山之南。本月，高宗风眩病加重，不能听政，政事皆由武后处理。高宗欲逊位于武后，宰相郝处俊谏止。武后引文学之士于宫中著书，参决表奏，被人

311

们称为"北门学士"。四月二十五日，太子李弘病死。五月初五，追谥太子李弘为孝敬皇帝。六月初五，立雍王李贤为太子，大赦天下。八月十九日，葬太子李弘于河南偃师恭陵，高宗亲撰《孝敬皇帝睿德纪》。

53岁，仪凤元年（676年）二月初七，武后劝高宗封禅中岳嵩山。十五日，高宗下诏今冬有事于嵩山。闰三月，吐善攻鄯、廓、河、芳四州，高宗下诏停封禅，遣相王李旦等率军抵御吐蕃。

55岁，仪凤三年（678年）正月初四，百官及四夷酋长朝武后于光顺门。

56岁，调露元年（679年）五月初七，高宗令太子李贤监国。

57岁，永隆元年（680年）正月十九日，武后登洛阳城门楼，宴请诸王诸司三品以上及诸州都督刺史，太常奏新编《六合还淳》舞。八月二十二日，废太子李贤为庶人。二十三日，立英王李显为太子，改元永隆，大赦天下。

58岁，开耀元年（681年）正月初十，以太子初立，宴请百官及命妇于大明宫。二十九日，高宗下诏免雍、岐、华、同四州两年地税。河南、河北遭水灾处免税一年。二月，武后表请赦杞王上金、鄱阳王素节之罪，乃以上金为沔州刺史，素节为岳州刺史，仍不许朝集。七月二十二日，太平公主下嫁薛绍。闰七月二十四日，高宗病，令太子李显监国。十一月初八，令废太子贤迁巴州。

59岁，永淳元年（682年）二月十九日，皇孙重照满月，改元永淳，大赦天下。三月二十五日，立皇孙重照为皇太孙。

60岁，永淳二年（683年）七月，高宗下诏今年十一月有事于嵩山，不久因高宗病重改为来年正月。十一月初三，高宗病情加重，下诏罢来年封嵩山。十二月初四，改元弘道，大赦天下，高宗欲登则天门楼宣诏，气逆不能上马，乃召百姓入殿前宣诏。当夜，高宗崩于洛阳宫贞观殿，终年56岁。遗诏皇太子柩前即位，裴炎等辅政，军国大事有不决者，兼取武后进止。十一日，太子李显即位，为中宗。尊武后为皇太后。

61岁，光宅元年（684年）正月初一，改元嗣圣，大赦天下，中宗立韦氏为皇后。武太后撰写《高宗天皇大帝谥议》及《述圣记》。二月六日，武太后与裴炎等废中宗为庐陵王，幽于别所。七日，立相王李旦为皇帝，为睿宗，改元文明，政事由武太后处理。八日，废皇太孙重照为庶人，流韦玄贞于钦州。九日，令丘神绩往巴州监视废太子李贤，以备外虞。以韦待价为山陵修作使，率兵民营造乾陵。三月初五，废太子李贤在巴州自杀。四月二十二日，迁庐陵王李显于房州，二十六日迁均州。五月十五日，高宗灵柩运往长安，武太后作《高宗天皇大帝哀册文》，留镇洛阳。八月十一日，葬高宗于乾陵，庙号高宗，刻述圣记碑立于陵前。九月初六，武太后改元光宅，改东都为神都。二十一日，武太后追王其祖：五代祖克己为鲁靖公，高祖居常为太尉、北平恭肃王，曾祖俭为太尉、金城义康王，祖华为太原安成王，父士彟为魏忠孝王。立五代祠堂于文水。二十九日，徐敬业以匡复为名在扬州起兵。十月初六，武太后令李孝逸等率兵 30 万讨伐徐敬业。十八日，斩裴炎于都亭。十一月初四，武太后令左鹰扬卫大将军黑齿常之为江南道行军大总管讨伐徐敬业。十八日，徐敬业败逃，部将王那相杀徐敬业后投降。李孝逸令追捕余党，平定扬州。

62 岁，垂拱元年（685 年）正月初一，因平息徐敬业反叛，改元垂拱，大赦天下。二月初七，武太后下诏："朝堂所置肺石及登闻鼓不预防守。有上朝堂诉冤者，御史受状以闻。"三月二十一日，再迁庐陵王李显于房州。四月，下《求贤制》，制令自举。十一月，武太后作《方广大庄严经序》，撰《臣轨》两卷，普赐臣僚，以教为臣之道。

63 岁，垂拱二年（686 年）正月，武太后欲复政于睿宗李旦，李旦固让，请武太后继续理政。武太后开始起用酷吏。三月初八，武太后令铸铜匦，这是一个功能齐全的意见箱。十二月，免并州百姓庸、调二税，终其身。

64 岁，垂拱三年（687 年）正月初二，武太后封皇孙成美为恒王，隆基为楚王，隆业为赵王。

65 岁，垂拱四年（688 年）正月初五，武太后在神都洛阳立高祖、太宗、高宗三庙，令四时享祀如京师太庙之仪。十一日，令毁乾元殿，就地建造明堂，由薛怀义督办。四月，武承嗣造瑞石，让唐同泰献上，其文曰："圣母临人，永昌帝业。"武太后命名为"宝图"。五月十八日，武太后加尊号称"圣母神皇"。七月初一，武太后更名"宝图"为"天授圣图"，改洛水为永昌洛水，"宝图"所出为"圣图泉"，设永昌县于泉侧。封洛水神为"显圣侯"，嵩山为"神岳天中王"。又以先于汜水得瑞石，改汜水为广武。八月十七日，琅琊王李冲起兵反对武太后。武太后令丘神绩讨伐，未至，李冲已为地方军所败。二十三日李冲被其旧部杀掉。二十五日，越王李贞起兵于豫州，攻陷上蔡。九月初一，武太后令左豹韬卫大将军崇裕为中军大总管，岑长倩为后军大总管，讨伐李贞，削李贞属籍，改姓虺氏。

67岁，载初元年（690年），武则天废睿宗，正式称帝。自号"圣神皇帝"，改国号为周。

69岁，长寿元年（692年），武则天派王孝杰帅军收复安西四镇，在龟兹国恢复设置了安西都护府。并遣军常驻，从而结束了唐蕃在西域反复争夺的局面。

72岁，天册万岁元年（695年）十月，突厥默啜可汗遣使请降。武则天册授他为左卫大将军、归国公。

73岁，天册万岁二年（696年）十二月，武则天封禅嵩山。

74岁，万岁通天二年（697年），杀来俊臣，结束了酷吏政治。

75岁，圣历元年（698年）三月，复立被废的庐陵王李显为太子。

79岁，长安二年（702年），于庭州（今新疆吉木萨尔北破城子）置北庭都护府，取代金山都护府，统辖天山以北包括阿尔泰山和巴尔喀什湖以西的广大地区，仍隶属于安西都护府。

82岁，神龙元年（705年），宰相张柬之等人发动政变杀死二张兄弟，逼迫武则天退位，武则天被迫将皇位让给儿子中宗李显，复唐国号。同年十一月病逝于洛阳上阳宫，留遗诏去帝号，称"则天大圣皇后"，与高宗合葬于乾陵。

参 考 资 料

1. 黄永年译注：《旧唐书选译》，凤凰出版社 2011 年版。

2. 雷巧玲，李成甲译注：《新唐书选译》，凤凰出版社 2011 年版。

3. （宋）司马光著，黄锦鋐主编：《白话资治通鉴》，新世界出版社 2011 年版。

4. （清）王夫之著，舒士彦整理：《读通鉴论》，中华书局 1975 年版。

5. 柏杨著：《读通鉴·论历史》，海南出版社 2006 年版。

6. 陈寅恪著：《隋唐制度渊源略论稿 唐代政治史述论稿》，商务印书馆 2011 年版。

7. 马驰著：《唐代番将》，三秦出版社 2011 年版。

8. 赖瑞和著：《唐代中层文官》，中华书局 2011 年版。

9. 李硕主编：《梦回千年的盛世气象——唐代》，时代文艺出版社 2011 年版。

10. 万军杰著：《唐代女性的生前与卒后——围绕墓志资料展开的若干探讨》，天津古籍出版社 2011 年版。

11. 杜文玉著：《唐代宫廷史》，百花文艺出版社 2010 年版。

12. 吴宗国著：《唐代科举制度研究》，北京大学出版社 2010 年版。

13. 陈弱水著：《隐蔽的光景——唐代的妇女文化与家庭生活》，广西师范大学出版社 2009 年版。

14. 向达著：《唐代长安与西域文明》，重庆出版社 2009 年版。

15. 胡宝华著：《唐代监察制度研究——中国社会历史与文化研究》，商务印书馆 2005 年版。

16. 周绍良主编：《唐代墓志汇编》，上海古籍出版社 1992 年版。

17. [英] 杜希德著，黄宝华译：《唐代官修史籍考》，上海古籍出版社 2010 年版。

18. 胡可先著：《唐代重大历史事件与文学研究》，浙江大学出版社

2007 年版。

19. 王吉林著：《君相之间：唐代宰相与政治》，中国人民大学出版社 2007 年版。

20. 朱孟阳编著：《细说唐代二十朝》，京华出版社 2005 年版。

21. 郑显文著：《唐代律令制研究——法史论丛》，北京大学出版社 2004 年版。

22. 彭炳金著：《唐代官吏：职务犯罪研究》，中国社会科学出版社 2008 年版。

23. 刘向阳著：《唐代帝王陵墓——周秦汉唐文化工程·文物考古文库》，三秦出版社 2006 年版。

24. 黄新亚著：《消逝的太阳：唐代城市生活长卷》，湖南人民出版社 2006 年版。

25. 荣新江主编：《唐代宗教信仰与社会——北京大学盛唐研究丛书》，上海辞书出版社 2003 年版。

26. 林语堂著：《武则天正传》，湖南文艺出版社 2012 年版。

27. 阴怿编著：《传奇女人武则天》，重庆出版社 2011 年版。

28. 苏童著：《武则天》，上海文艺出版社 2010 年版。

29. 冬雪心境著：《唐朝那些事儿之三——武则天卷》，工人出版社 2012 年版。

30. 赵锐勇等著：《武则天秘史》，江苏文艺出版社 2011 年版。

31. 黄晨淳编著：《大谋略家丛书：武则天》，岳麓书社 2008 年版。

32. 王觉仁著：《血腥的盛唐 3：武则天夺权》，凤凰出版社 2012 年版。

33. 何群编著：《女皇武则天》，吉林出版集团有限责任公司 2012 年版。

34. 宋晓宇著：《开心读——武则天秘史》，中国法制出版社 2011 年版。

35. 蒙曼著：《蒙曼说唐：武则天》，广西师范大学出版社 2008 年版。

36. 池墨著：《武则天发迹史——全民读史（武则天的心术操练与宫斗绝技）》，中国法制出版社 2011 年版。

37. 何贵编著：《唐高宗皇后武则天传》，吉林人民出版社 2010 年版。

38. 清秋子著：《武则天：从尼姑到女皇的政治博弈》，河南文艺出版社 2008 年版。

39. 雷家骥著：《武则天传——中国历代帝王传记》，人民出版社 2001 年版。

40. 吴江著：《一代女皇武则天全传》，企业管理出版社 2012 年版。

41. 何国松主编：《武则天传：武则天传奇性和争议性的一生》，吉林人民出版社 2010 年版。

42. 马东玉著：《出轨的历史——真实的武则天》，团结出版社 2008 年版。

43. 黄新亚著：《点评武则天》，湖南人民出版社 2008 年版。

44. 萧让著：《武则天——女皇之路》，陕西师范大学出版社 2008 年版。

45. 孟宪实著：《唐高宗的真相》，北京大学出版社 2008 年版。

46. 程桐著：《唐太宗李世民全传》，企业管理出版社 2012 年版。

47. 汪篯著：《唐太宗与贞观之治》，中共中央党校出版社 2011 年版。

48. 赵良著：《帝王心理病例解密：帝王的隐秘》，上海文艺出版社 2006 年版。